巨大倒産

「絶対潰れない会社」を潰した社長たち

有森 隆
Arimori Takashi

さくら舎

はじめに

「企業の倒産を招く原因の多くは、経営者の怠慢《たいまん》です。利己的な経営や放漫《ほうまん》経営が会社のタガを緩《ゆる》め、社員の勤労意欲をなくさせているケースが多いのです。上から下まで自己主張にばかり明け暮れているから倒産するのです」

早川種三《はやかわたねぞう》が企業の倒産について述べた名言である。早川は日本特殊鋼、佐藤造機（のちの三菱マヒンドラ農機）、興人などの管財人を引き受け、みごとに再建した。再建をなし遂げると経営からはいさぎよく身を引き、「再建の神様」と称《たた》えられた。

世の経営者やビジネスマンは、早川のような「神様」ではないから、自分のエゴに気づかない。企業倒産の原因は、経営者の怠慢にあるとの指摘には説得力がある。

トップが経営の判断を一歩間違っただけで、それまでの業績が崩れ落ちていく。日々、目にすることだ。どんな企業も倒産のリスクと背中合わせにあるのだ。

本書は、名経営者と称讃されたリーダーが率いる企業が、どうして崩壊していったのか、彼らは、いかに時代と切り結び、敗れたのか、その分岐点となった判断ミスに迫る。

最初に2017年、負債総額1兆7000億円という製造業として戦後最大・最悪の倒産となったエアバッグ、シートベルトで世界シェア2位のタカタを取り上げた。

「会社の良し悪しは、経営者で決まる」――タカタの倒産は、言い古された言葉だが、この単純な真理に行き着く。創業家の三代目、高田重久《たかだしげひさ》はトップの器ではなかった。リーダーは、事をひとりで決めなければならない孤独な存在だ。もとより、他人の意見を聞くことは大事だが、最後は自分ひとりで決断する。

その決定を他人に任せたら、結局、その任せた人に支配される。タカタは母親の高田暁子《あきこ》が最終決定権者だった。経営者・三代目は、意思決定を他人任せにしたことが最大の失敗だった。

その後には、日本一の百貨店チェーンを築き上げた、そごうの水島廣雄《みずしまひろお》、住宅業界に旋風を巻き起こしたミサワホームの三澤千代治《みさわちよじ》、造船業界の救世主と崇《あが》められた佐世保重工業の坪内寿夫《つぼうちひさお》、十大商社の一角を占めた安宅《あたか》産業の安宅英一《えいいち》、セゾン文化を生み出したセゾングループの堤清二《つつみせいじ》、液晶《えきしょう》テレビで世界を席巻したシャープの町田勝彦《まちだかつひこ》、財テク商法のパイオニア、三光《さんこう》汽船の河本敏夫《こうもととしお》と岡庭博《おかにわひろし》のコンビ。世界の名画を買い漁《あさ》った大昭和製紙の齊藤了英《さいとうりょうえい》がつづく。

いずれも、一時期は傑出した経営者といわれ、一世を風靡《ふうび》した。しかし、経営が悪化して、倒産、グループの解体へと追いやられた。スーパースターだった彼らは経済・産業界の表舞台から、あっけなく姿を消した。

彼らが成功したのは、時代精神の体現者であったからである。高度経済成長の波に乗り、各分野で勝利者になった。しかし、時代は低成長経済へと大きく転換した。

新しい時代には、新しい息吹《いぶき》を生み出す強いリーダーが求められる。

駅伝に喩《たと》えると、わかりやすい。一区の走者が、二区、三区と連続して走りつづけることはない。次の走者にバトンタッチしていく。

だが、本書に登場する経営者は成功体験に縛《しば》られ、バトンタッチすることを怠《おこた》った。走りつづけ、新しい時代の覇者《はしゃ》でありつづけようとした。そのため、引き際を誤って晩節を汚すこととなった。

傲慢《ごうまん》は人間と企業を滅ぼす最も重い病気である。

ただ、10人の歩いてきた道程《みちのり》を伝えるだけにはしたくなかった。筆者の言葉で事実を解釈したつもりだ。

敬称は略させていただいた。

有森隆《ありもりたかし》

目次◆巨大倒産──「絶対潰れない会社」を潰した社長たち

第2章　大昭和製紙——会社を私物化した社長がやりたい放題

第3章 佐世保重工業——再建王が粉骨砕身したドロ沼労使紛争

第4章 ミサワホーム——社長暴走でトヨタに乗っ取られる

第5章 そごう——日本一の百貨店王の栄光と没落

第6章　安宅産業——組織を腐蝕させた創業家の壟断

第7章 セゾングループ——時代をつくり自壊した感性経営

第8章　三光汽船——大バクチに敗れた世界一のタンカー会社

第9章 シャープ――エセ同族経営が招いた天国と地獄

巨大倒産

――「絶対潰れない会社」を潰した社長たち

第1章　タカタ――三代目が世界シェア2位企業を潰した

負債総額1兆7000億円、戦後最悪の倒産

欠陥エアバッグのリコール（回収・無償修理）問題で迷走をつづけてきたタカタと子会社タカタ九州、タカタサービスの3社は2017年6月26日、東京地方裁判所に民事再生法の適用を申請。海外子会社TKホールディングスなど12社は6月25日（米国東部時間）、米国デラウェア州連邦破産裁判所に、日本の民事再生法にあたる米国連邦破産法11条（チャプター11）を提出した。

国内外計15社の負債総額は3820億円（2017年3月末時点）だが、ここには各自動車メーカーがタカタに代わって負担したリコール費用は含まれていない。

自動車メーカーがリコール費用を肩代わりした額は1兆3000億円に達しており、これを含めるとタカタの負債総額は1兆7000億円になる。製造業の倒産としては戦後最悪だ。

メーカーへの恨み節に終始する社長・高田重久

2017年6月26日午前11時半、東京駅前のJPタワーの高層フロア。タカタの民事再生法の申請代理

人である小林信明《こばやしのぶあき》弁護士が所属する長島・大野・常松法律事務所の一室で記者会見がおこなわれ、数百人の報道陣がつめかけた。

創業家の高田《たかだ》重久《しげひさ》会長兼社長が出席する記者会見は、米国運輸省高速道路交通安全局（ＮＨＴＳＡ）から罰金を科された２０１５年11月以来、２回目だ。経営トップの高田重久は言い訳に終始し、倒産にいたってもなお、消費者軽視の姿勢は変わらなかった。

重久が発した言葉は、

「債権者の皆様、関係者に多大なご迷惑をおかけする事態となり、まことに申し訳なく、心より深くお詫び申し上げます」

民事再生法の適用を申請したことを報告し、頭を深々と下げたが、謝罪の対象になったのは、自動車メーカーや取引先、金融機関だけ。タカタ製のエアバッグの異常破裂が原因とみられる事故による、十数人の死者に対するお詫びの言葉は、一切なかった。

本来なら謝罪会見は、タカタ製のエアバッグの異常破裂が原因とみられる事故で亡くなった死者に対する弔意《ちょうい》からはじめるべきではないのか。クルマのユーザーに対する視点が、きれいさっぱり抜け落ちていた。

その一方で、自動車メーカーへの恨みつらみを縷々《るる》述べ、弁明に終始した。

「平成19（２００７）年頃からエアバッグの部品であるインフレーターの不具合により事故が発生した。リコール債務の拡大や米国での訴訟《そしょう》などで経営環境が悪化し、大変厳しい状況に追い込まれた。

当社は安全にかかわる部品を供給しており、供給が止まれば世界の自動車業界に与えるインパクトは大きい。製品の供給をぜひとも継続していかねばならない。民事再生手続き等の法的再建手続きではなく、（利害関係者の）同意に基づく（裁判所が関与しない）私的整理が望ましいと考えていた。

しかし、自動車メーカーと合意に達するのが難しかった。人材流出の懸念《けねん》が高まったほか、金融機関の姿勢も厳しくなった。スポンサー候補、弁護士からなる外部専門家委員会の意見をもとに、民事再生法での再建を決めた。2018年2月に、米司法省へ制裁金を支払う期限が控えていたことも（法的措置を決断した背景に）ある」

インフレーターとは、ガスを発生させてエアバッグを膨張させる部品。インフレーターが破裂し、その金属片で死亡事故が発生した。

「我々の想定よりも自動車メーカーとの意見調整は複雑で、1週間で回答をもらえると思った案件が1ヵ月たっても返ってこないこともあった」と語った。

「部品の安定供給が止まったら、困るのは自動車メーカーではないか。安定供給を受けるためにタカタを支援するのは当然ではないか。それなのに、私的整理に合意しなかった自動車メーカーはけしからん」といった趣旨の恨み節まで口にした。

会見では「何が悪かったのだろう」「当時のテストでは（事故の）予見は不可能」と、これまでの主張をくり返した。

タカタが民事再生法を申請したのは自動車メーカーのせい、と言わんばかりの内容だった。

報道陣とのあいだで、こうしたやりとりがあった。

――タカタがこういう事態におちいったのは？

「自動車メーカーのスペック（要求仕様）を何倍にも厳しくした試験を複数回くり返し、自信を持って出した製品だったが、一連の問題が起きてしまった。なぜ起きたのか非常に不可解だ。NHTSAにデータ提供して解析《かいせき》を進めてきたが、残念ながら決着がついていない」

この事態になっても、「なぜ起きたのか非常に不可解だ」と、まるで他人事《ひとごと》のようなセリフを口にする。

原因がはっきりしないのに、タカタだけが悪者にされ、ひたすら糾弾《きゅうだん》されている。高田重久はタカタも被害者だと言いたいのだろう。だから、こんな言い訳を臆面《おくめん》もなく、言い募《つの》るのである。

報道陣から厳しい質問が飛んだ。

――2015年11月の会見以来、公《おおやけ》の場には現れなかった。消費者軽視がはなはだしいのではないか？

「周囲から、外部専門委員会に任せるべきで、私見を述べたりコメントしたりするのは、適切ではないと言われてきた。私が唯一《ゆいいつ》言ってきた（やってきた）のは、（自動車メーカーに対する部品の）安定供給をつづけたいというお願いの行脚《あんぎゃ》だけだ」と答えた。

すべてが他人事。最高経営者としての責任をどう感じており、どう取るつもりだったかという覚悟のほどは、最後まで聞かれなかった。

創業社長が私的整理にこだわった理由

リコールの対象となったタカタ製エアバッグは日米で4000万個が未回収だ。法的整理により、リコールにともなう債務の支払いなどの業務を旧社に分離し、エアバッグやシートベルトなどの事業はスポンサー企業が買い取り、新会社で営業を継続する。

2018年3月までに、中国の自動車部品メーカー、寧波《ニンポー》均勝電子（Joyson Electronic Corp）傘下《さんか》の米自動車部品大手、キー・セイフティー・システムズ（KSS）が設立する新会社に、エアバッグ組み立てやシートベルトの事業を譲渡する。リコール費用などの弁済義務を負わない代わりに、新会社は旧社（タカタ）に1750億円を支払う。

高田会長兼社長は「譲渡する過程の適切な時期に辞任する」と会見で述べたが、引責辞任する時期さえ明確にしなかった。

高田重久にとってタカタは家業である。２０１６年2月、弁護士を中心とする外部専門家委員会に再建計画の策定を委嘱《いしょく》したが、重久自身は裁判所がかかわらない私的整理によって再建をはかりたいと、ずっと考えていた。

法的整理になれば、重久は経営責任を取って辞めなければならない。創業家一族が6割近くを保有しているタカタ株式は１００％減資にともない、ただの紙切れになる。一方、私的整理ならば社長を続投でき、創業家は大株主の地位にとどまることができる。

法的措置と私的整理では、天と地ほどの開きがある。私的整理が死守すべき最後の砦《とりで》だった。

これに対して、自動車メーカーは、たとえ、リコールに関する費用の回収が困難になったとしても、株主にきちんと説明ができる方法（法的措置）を主張した。

外部専門家委員会が、重久と創業家に都合のよい私的整理に同意するわけがないことは、子供でもわかる。米司法省との合意により、２０１８年2月までに９７７億円の制裁金を拠出する義務を負った。米企業への支払い手続きに半年以上かかることから、これ以上時間をかけて再建計画を練ることができないという時間的な制約もあった。

自動車メーカーと外部専門家委員会に見放されて、ファミリー会社を売却せざるを得なくなった高田重久は、最後まで未練たらたらだった。

家業と財産を失うことに悔《くや》しさを滲《にじ》ませたが、会見での発言や表情を見る限り、経営責任は露《つゆ》ほども感じていない様子だった。

なぜ中国系に破格の安値で売ったのか

タカタの第14回定時株主総会は２０１７年６月27日、東京・港区海岸一丁目のニューピア竹芝ノースタワー1階のニューピアホールで開催された。民事再生法を申請した翌日に開く、異例の総会となった。すでに7月27日に上場廃止が決まっており、上場企業としての最後の株主総会となる。

上場最後の決算となる２０１７年３月期決算の売上高は前期比７・７％減の６６２５億円、営業利益は同７・５％減の３８９億円、最終損益は７９５億円の赤字となった。

このうちエアバッグの売上高は２４２３億円で、全売り上げの36・６％を占めた。

２０１７年１月に合意した米司法省との司法取引で、エアバッグの試験データを改竄《かいざん》したことを認め、制裁金など計10億ドル（１１５０億円。以下、１ドル＝１１５円で換算）を支払うことで和解した。これを受けて９７５億円の特別損失を計上した結果、７９５億円の最終赤字。３期連続の最終赤字となった。

２０１６年３月期末に１２４５億円あった純資産は、３３１億円まで目減りした。エアバッグのリコール費用がさらに膨《ふく》らめば債務超過に転落するのは確実だった。

午前10時からはじまった株主総会は怒号が飛び交った。その様子を日本経済新聞はこう伝えた。

〈「多大なるご迷惑をおかけし、おわびします」。総会の冒頭、高田会長ら役員全員が頭を下げて陳謝《ちんしゃ》した。タカタ関係者によると「直前まで役員は何度も総会の練習をしていた」といい、開始から1時間はスムーズに議事が進行した。しかし、次第に会場は緊迫する。

「我々も損失を被っている。問題は会長の姿勢だ。家や不動産など私財を提供するつもりはないのか」との質問に高田は返答に窮《きゅう》した。後方に待機する関係者に助けを求め「議案に関する質問を優先したい」と明確な返答を避けた。

その後も「なぜ破格の値段で中国企業に売るのか」「取締役は現行のメンバーでいいのか」と厳しい質問が相次いだ。「もっとはっきり話せ」と怒号が飛び交う場面も。「（株の価値が）１％でも残る可能性はないのか」との質問には、債務超過に陥れば「価値はなくなる」と説明した〉（注1）

創業家に代わってタカタ再建を主導するスポンサー選びが本格化したのは、2016年10月。本命は経済産業省の自動車課が推す化学品メーカーのダイセルと米投資ファンド、ベインキャピタルの企業連合。対抗がエアバッグ世界最大手のオートリブ（スウェーデン）。これが関係者の一致した見方だった。

エアバッグ本体の製造実績がないダイセル陣営は欧米の自動車メーカーの厳しい洗礼を受け、受け皿としては「ノー」との結論になった。

エアバッグで世界首位のオートリブがシェア2位のタカタを買収すれば、圧倒的なシェアを握るため、各国の独占禁止法に抵触する。高田家が、ライバルだったオートリブの軍門に下るのをいさぎよしとしなかったとの見方もある。

こうした理由で本命、対抗が脱落した。

下馬評《げばひょう》にも上らなかったKSSが再建スポンサーになった。KSSは棚からボタ餅、漁夫《ぎょふ》の利を得たのである。世界2位のシェアを持つエアバッグ事業を、1750億円という超安値で手に入れたのだ。

株主総会で、株主からは、高田らの続投を疑問視する声が出たが、現在の取締役6人を再任する議案は可決された。総会後に提出された臨時報告書によると、高田重久の賛成率は83・78％だった。高田家の資産管理会社であるTKJが52・1％のタカタ株式を保有する筆頭株主で、高田一族で6割近くを保有しているわけだから、高田の再任が否決されるはずはなかった。

だが、現経営陣は、しょせん暫定《ざんてい》政権である。高田一族による同族支配は、KSSに身売りを決めた時点で終焉《しゅうえん》したのである。

リコール1億個が今後倍増する可能性も

タカタの民事再生法の適用申請を受けて、国内の自動車メーカー6社は2017年6月26日、タカタ製エアバッグのリコール関連費用について「回収不能の恐れがある」と発表した。

トヨタ自動車は請求すべきリコール費用が5700億円に上ることを明らかにした。大部分が回収不能になるが、すでに引当金を計上しており、業績への影響は軽微とした。

トヨタは世界で2700万台がリコールの対象となり、費用を立て替えて部品の交換を進めている。ホンダは2016年3月期までの2年間で、立て替え費用が5560億円になった。すでに引当金を計上しているため、決算への影響は限定的という。

日産自動車は907億円、SUBARU（スバル）が735億円、マツダが407億円のリコール費用を開示した。三菱自動車は開示していない。リコール費用は少なくとも合計で1兆3309億円に膨らんでいる。

これには海外メーカーのリコール費用は含まれていない。タカタの主要顧客は、ホンダ、仏ルノー・日産、米GM（ゼネラルモーターズ）、トヨタ、独VW（フォルクスワーゲン）で、全体の52・8％を占める（2017年3月期時点）。日系メーカーが43％で、欧米・アジア勢が57％の割合だ。

現在のリコールの対象となっている製品は硝酸《しょうさん》アンモニウムを火薬材料に使い、乾燥剤を含まないタイプ。異常破裂を防ぐとされる乾燥剤を含むエアバッグについては、リコールの有無は決まっていなかった。

ところが、2017年7月11日、NHTSA（米国運輸省高速道路交通安全局）は、新たに乾燥剤を含むエアバッグの一部、270万個をリコール対象とすると発表した。米フォード・モーター、日産、マツダの車両に搭載された製品が対象になる。

これまでタカタ製エアバッグは、日米を中心に世界で1億個がリコール対象になっている。いずれも経年劣化を防ぐための乾燥剤を含まない製品だった。一方、乾燥剤を含むエアバッグではこれまで不具合は報告されておらず、製造ミスのあった一部を除きリコールは実施されていない。今回追加リコールの対象になったのは、乾燥剤を含むエアバッグのうち、比較的初期につくられた製品である。

ただ、タカタはＮＨＴＳＡから２０１９年末までに乾燥剤を含むエアバッグの安全性を証明するよう求められている。乾燥剤を含むエアバッグの累計生産個数はおよそ1億個。ＮＨＴＳＡは安全性を証明できなければさらに追加リコールを求める。そうなれば、対象個数は従来の1億個から2億個に倍増する。

乾燥剤を含むエアバッグがすべてリコールの対象になった場合、１兆５０００億円近い交換費用が新たに発生すると予測されている。

債権額トップはアメリカ政府

タカタの最大の債権者はアメリカ合衆国（以下、米国政府）だった。東京商工リサーチがタカタの「再生手続開始申立書」に基づき、債権者のトップは米国政府で４１５億円だと発表した。（注２）

判明したリストによると、タカタ単体の一般債権者は７７１社で総額は１４１２億円。自動車メーカーが負担しているリコール費用は計上されていない。

債権額トップは米国政府の４１５億円。次いで、トヨタ自動車の２６６億円。以下、米国子会社のTAKATA International Finance B.V. の１２５億円、三井住友銀行の79億円、三菱東京ＵＦＪ銀行の61億円。国内子会社のタカタ九州は58億円、みずほ銀行の52億円、三井住友信託銀行の45億円、農林中央金庫の45億円、ダイセルの24億円とつづく。

ダイセルは化学品メーカー。当初、経産省の自動車課が示した再建のシナリオがダイセルによるタカタ救済だった。ダイセルは自動車用のエアバッグ用インフレーターで国内シェアトップ、世界３位。機械式インフレーターを世界で唯一《ゆいいつ》生産している。タカタへのインフレーターの納入代金が焦《こ》げついた。

米国政府が最大の債権者になったのは次のような理由による。

タカタと米司法省は2017年1月13日、被害者や自動車メーカーへの補償、試験データの報告不備に対する制裁金で、総額10億ドル（1150億円）の支払いで合意した。制裁金と被害者への補償は支払い済みだが、自動車メーカー向けの補償基金8億5000万ドル（977億円）が残った。

拠出金は、タカタと米国の現地法人であるTK HOLDING INC.でほぼ折半した。このため、タカタが支払いを履行すべき415億円が米国政府の債権として民事再生法の申立書に記載されたのである。

米国政府への支払い期限は2018年2月27日。民事再生法のもとでも、優先債権として全額支払う義務がある。

米国政府が最大の債権者になることの余波は大きそうだ。関係者には想定外であり、これが、国内外の一般債権者への弁済率に影響を与える懸念が出ている。一般債権者への弁済率は大幅に切り下げられることになろう。

創業家一族の資産2600億円はパーに

創業家の三代目である高田重久は家業を潰し、虎の子の株券を紙切れ（価値ゼロ）にした。創業家の株資産はピーク時に2600億円余あったが、これがゼロになるからだ。

【タカタの大株主】（2017年3月31日現在）

株主名	持ち株数（万株）	持ち株比率
TKJ株式会社	4336	52・1％

高田重久	２４０	２・９％
高田暁子	１７１	２・１％
三井住友銀行	１３０	１・６％
エスティー株式会社	１２５	１・５％
本田技研工業	１００	１・２％
高田和彦	85	１・０％
宮澤節子	78	０・９％
日本トラスティ・サービス信託銀行（信託口５）	66	０・８％（以下、四捨五入して同じ％）
三菱東京ＵＦＪ銀行	65	０・８％
農林中央金庫	65	０・８％
住友信託銀行（現在は三井住友信託銀行だけが名義は合併前のままだ）	65	０・８％

ＴＫＪとエスティーは高田家の資産管理会社。高田重久など個人名義の株主が４人。タカタの株価の高値は上場直後の２００７年３月１日の５１７０円。この株価で計算すると、一族が保有する株式の価値は２６０３億円になる。

ほんの数年前まで、株式の資産価値はゆうに１０００億円を超えていた。タカタの倒産によって、これがパーになったわけだ。

しかも、２０１４年３月期まで、１株当たり年30円の配当を実施していた。一族には毎年、15億円の配当収入があったことになるが、２０１５年３月期から無配に転落した。一族にとってタカタの倒産は天地がひっくり返るほどの大打撃なのである。

タカタは、親会社はタカタ総業株式会社だと開示している。同社はタカタの株主としては登場しない。タカタ総業はタカタの筆頭株主であるＴＫＪの親会社なのである。

株式上場にそなえて、２００４年４月１日、会社分割を実施した。タカタ事業企画株式会社がタカタ株式会社（初代）の自動車用安全事業を譲り受け、商号をタカタ株式会社（二代目）に変更した。旧タカタがＴＫＪになった。タカタ（二代目）は２００６年11月７日、東京証券取引所一部に上場した。

旧タカタの不動産などの財産を管理する会社が、タカタ総業なのである。

タカタ総業の株主は８人。株式会社伊関が30・１％、高田重久22・３％、高田暁子《あきこ》13・４％、公益財団法人タカタ財団12・０％、有限会社宇山８・５％、タカタ総業株式会社（自己株式）６・７％、高田弘久５・８％、株式会社クリエース１・２％。タカタ総業の社長は高田重久で、母の暁子と弟の弘久が取締役だ。

タカタ総業が１００％出資する子会社が、タカタの持ち株会社的存在のＴＫＪである。上場企業のタカタはタカタ総業の孫会社にあたる。

創業家である高田家は、タカタ総業の子会社のＴＫＪを通じて、上場企業のタカタを支配する仕組みを構築した。

株主総会で株主から私財の提供を迫られたのは、これらファミリー企業が保有する不動産を吐き出せという意味だ。タカタの倒産で、タカタの収益を高田一族が吸い上げる集金システムが寸断されてしまった。

三代目である御曹司《おんぞうし》、高田重久の頭の中にあったのは、高田家の財産を自分の代で失ってしまうことに対する恐怖だった。「経営トップとしての説明責任を果たしていない」「消費者への視点が抜け落ちている」といくら非難されようと、財産を守るために、最後の最後まで私的整理にこだわったのである。

日本初のシートベルトを製品化

タカタは１９３３（昭和８）年、滋賀県彦根《ひこね》市で高田武三によって、高田工場として創業された。武三は１９０８（明治41）年生まれ。琵琶《びわ》湖に面した彦根は紡績が盛んな町だった。豊田自動織機《しょっき》製作所社長でトヨタ自動車の初代社長の豊田利三郎《とよだりさぶろう》や、伊藤忠商事の元社長の越後正一《えちごまさかず》は彦根の出身だ。武三も織物業で身を立てることを志した。

創業から2年後の１９３５年、逓信《ていしん》省から船舶用救命索《さく》の製造免許を取得した。救命索とは航海中の船舶で、乗務員が大波にさらわれるのを防ぐために、甲板《かんぱん》上に縦横に張り渡すロープのことだ。

戦時色が強まった１９３９年、陸軍・海軍省の認定工場となり、軍事用パラシュートのひもの製造をおこなう。戦時中から長いあいだ、パラシュートのひものメーカーだった。

転機は１９５２（昭和27）年にやってきた。渡米した武三は、米空軍基地で軍用車に取りつけられたシートベルトを初めて目にした。米空軍では、戦死するパイロットの数より、休暇で軍用車を運転中に事故死する数が上回っていた。その対策として車にシートベルトが装備されたのだという。

武三はサンプルを日本に持ち帰り、パラシュートの技術を応用してシートベルトの開発に取り組んだ。日本の自動車の年間生産台数が３万９０００台にすぎなかった時代のことである。

武三は、やがて日本も米国のように自動車が普及すると考えた。自動車事故が増え、命を守る安全ベルトは必ず必要になると予感した。１９５６年11月、自動車用シートベルトや農工業用灌漑《かんがい》ホースなどの製造・販売を目的に、株式会社高田工場を設立した。

試行錯誤の末、１９６０年12月、「タカタシートベルト」として製品化した。日本初の２点式シートベルトだった。2点式は腰部で身体を固定するもの。いまでは胸部も固定する3点式シートベルトが普及している。

1961年、東京・赤坂プリンスホテルで日本初の発表会を開くが、製品の価格は1本2400円以上。大卒初任給の2割前後の価格だったこともあって、在庫の山をつくった。

そこで販売作戦を変更した。1962年秋、運輸省運輸技術研究所、警察庁科学警察研究所の協力を得て、日本で最初の自動車（実車）衝突実験を実施した。ダミー人形を使った公開実験は、新聞やテレビを通じてシートベルトの有効性を全国に知ってもらうきっかけとなった。

だが、すぐに普及したわけではない。自動車メーカーに標準装備してもらわなければダメである。シートベルトの本格的な売り込みは、創業家二代目の高田重一郎《じゅういちろう》に託されることになる。

二代目・重一郎がホンダの本田宗一郎に直談判

高田重一郎は1936（昭和11）年、滋賀県で武三の長男に生まれた。戦時中にパラシュートのひもの製造で成功した武三は、後継者となる長男の教育に熱心だった。シートベルトを海外に普及させるには、英語をしゃべれなければ困る。

1958年、慶應《けいおう》義塾大学経済学部を卒業した重一郎は、米国コロンビア大学に留学した。いまでこそ米国留学は珍しくないが、当時は庶民には逆立ちしても手が届かないものだった。重一郎は戦後の私費による海外留学の第一世代にあたる。

1962年にコロンビア大学でMBA（経営学修士）を取得して帰国した。同年4月、高田工場に入社した。

帰国早々、いまなお語り継がれる伝説が生まれることになる。シートベルトを自動車メーカーに売り込んだものの、反応はかんばしくなかった。

〈そこで重一郎氏はホンダ創業者、本田宗一郎《ほんだそういちろう》氏に面談を申し込み、直談判《じかだんぱん》した。

「お宅は大変性能のよい車を作られるが、これからは安全のことも考えてください」

本田宗一郎氏はこの直訴《じきそ》に即断したという。

「人命は大事だと思います。すぐやりましょう」

こうして、ホンダが63年に発売した「Ｓ５００」にタカタ製シートベルトが採用され、両社の「蜜《みつ》月《げつ》」が始まった〉（注３）

設計段階から参加してつくられたシートベルトを搭載《とうさい》したホンダ車が発売された。タカタは公式ホームページに、「１９６３年　日本国内で初めて量産車にシートベルトが標準装備され、タカタ製品が採用される」と誇らしげに書いている。

１９６５年、日本全国で人形を使った衝突実験をおこない、ＮＨＫの「スタジオ１０２」など数多くのマスコミがこの様子を伝えた。

ここからタカタ製のエアバッグが普及していくことになる。

会社の良し悪しは経営者で決まる

三井住友銀行元頭取の西川善文《にしかわよしふみ》は『ザ・ラストバンカー　西川善文回顧録』で、重一郎について書いている。取引先は差し障《さわ》りがあるので回顧録の類《たぐい》では触れないものだが、同世代の重一郎を西川はえらく気にいったようで、「会社の良し悪しは経営者で決まる」の見出しで、一節を割《さ》いた。

〈タカタは住友銀行の一行取引だった。１９６６年に京都支店の貸付係長から大阪本店の調査部に移っていた西川のもとに、「タカタさんから追加融資を頼まれているのだけど、どうも西川さん、おかしいんだ。いっぺん行ってみてください」と連絡が入った。

そこで、京都支店の行員と、滋賀県長浜市《ながはまし》にある工場を訪問した。灌漑《かんがい》用ホースをつくる新しい工場を銀行に黙《だま》って建てていた。このホースをソ連（当時）に輸出する大プロジェクトがあるのだという。どうしてこのプロジェクトに莫大《ばくだい》な資金が必要なのか、その理由がさっぱりわからなかった〉（注4）

工場で応対したのが、創業家二代目の重一郎だった。重一郎は1936年生まれ、西川は1938年生まれの同世代。20代後半から30歳の青年だった。

年下の西川は、大変失礼な物言いをしたという。

〈「大プロジェクトとおっしゃいますが、現実には何も進んでいないんじゃないか。大法螺《おおぼら》吹いてもらっては困ります。きちんと計画をおつくりになっているんだろうから、それを支店にわかるようにしていただかないと、いきなりお金が足りないと言われてもやりにくいですよ。高田さんとは切っても切れぬ間柄《あいだがら》なんだから、頼みます」

（中略）私の意見を受けて、タカタはまだ本格的生産に入っていなかった灌漑用ホースの製造計画を打ち切った。

一方で、まだまだ売上規模は小さかったがシートベルトのほうが将来性が大きく、タカタは工場内でテストコースを造成して検査をくり返していた。当時の日本では、シートベルトはまだ高級車のオプション装備に過ぎなかった。ところが、アメリカなどではすでに一般の自動車に対するシートベルトの設置義務が定められていて、いずれは日本も同様の規制がおこなわれることになるだろうと言われていたのだ。

実際に国は「道路運送車両の保安基準」を改正して、一九六九年四月一日以降に国内で生産された普通乗用車、一〇月一日以降に生産された軽自動車の運転席にシートベルトの設置を義務付けた。それとともにタカタにはシートベルトの発注が大量に押し寄せた。落下傘のひもからのみごとな業態転換だった。

シートベルトはその後、運転席だけでなく全座席設置が義務化されたし、エアバッグも義務化されているから、今では当時と比べものにならない優良企業に成長している。二代目の社長さんの手腕が大きかった。会社の良し悪しはやはり経営者で決まると再認識させられた〉(同注4)

重一郎は1972年1月、高田工場の専務取締役に就いた。2年後の74年1月、父・武三の後任として社長の椅子に座った。

ここから重一郎の時代がはじまる。

1975年の3点ベルト化。77年にチャイルドシート「ガーディアン」の製造・販売を開始、チャイルドシートをシートベルトに次ぐ第二の柱に育てた。85年の高速道路でのシートベルトの着用義務づけなど安全規制が強化され、日本の自動車メーカーの躍進とともに、タカタはシートベルトの生産でトップクラスにのしあがった。

日本人技術者が発明したエアバッグ

タカタが民事再生法を申請した翌日、毎日新聞のコラム『余録』は、太平洋戦争で日米両軍でよく比較されたのは日本の軍艦や飛行機の防御面の弱さ、とくに被弾した場合の損害をできるだけ小さくする「ダメージコントロール」の考え方だと指摘した。

〈今の形の車のエアバッグを考案したのは日本の技術者・小堀保三郎《こぼりやすざぶろう》という。ただその特許は世界的な普及の直前に切れた。自動車事故のダメージコントロールをめざす小堀の着想は最近注目の歩行者保護のエアバッグにも及んでいた。いわば、その志《こころざし》を継ぎエアバッグ生産で世界シェアの2割を占めたタカタが民事再生法を申請した。負債総額1兆円超、製造業で戦後最大の倒産をもたらしたのは、1億台以上がリコール対象となったエアバッグの異常破裂だった。すでに十数年前に異常破裂を知りながら対応が後手後手に回って死者も続出、米当局や議会から「責任逃れ」と集中砲火を浴びたタカタだった。不測の事態に手をこまねいて被害を広げた典型的なダメージコントロールの失敗である〉（注5）

小堀保三郎の名前を知る人は少ないが、彼はエアバッグの、正真正銘《しょうしんしょうめい》、世界で最初の発明者だ。

エアバッグは、万が一のときに、人の瞬《まばた》きよりも短い時間で膨らみ、乗員がハンドル、ダッシュボード、フロントガラスなどに直接ぶつかる衝撃を緩和《かんわ》する。

小堀保三郎は1899（明治32）年、栃木県に生まれた。小学校を出ると奉公に出て、独学で機械職人の道を歩む。戦前からのちの石川島播磨《はりま》重工業、大同工業など大手の重工業向けに工場内搬送・運搬機などを製作する中小企業の工場を経営していたが、62歳のときに工場を譲渡。1962年、新機種開発を目的としたGIC（グッドアイデアセンター）を設立した。

1964年、自動車の安全ネットとしてエアバッグの開発に着手した。小堀が考案した「衝突時乗員保護システム」は現在のものと比べて遜色《そんしょく》のないものだったといわれている。そのシステムは、衝撃加速度検出装置、弾性防御袋（エアバッグ）、気化ガス発生装置で構成された完璧《かんぺき》なものだったという。世界14ヵ国で特許を取得した。実用化される前に特許が切れて、小堀は、経済的に大きな果実を手にすることはなかった。

小堀のアイデアは、当時としてはあまりにも奇抜なものだったため、発表の場では日本の有力自動車メーカーの関係者から失笑を買い、相手にされることはなかった。失意のなか、開発費用の捻出《ねんしゅつ》に行き詰まった小堀は1975年、東京・三田の事務所内で妻・艶子とガス心中した。享年《きょうねん》76。

小堀の発明は20年以上早すぎたため、自動車メーカーに受け入れられず挫折《ざせつ》した。天才的発明家・小堀保三郎は卓越した機械職人で無類の機械好き、ホンダの創業者・本田宗一郎を彷彿《ほうふつ》させる人物だったと伝えられている。

日本人特有の先見性のなさなのか、帝国大学の伝統を引き継ぐアカデミズム偏重《へんちょう》の風潮によってか。自動車メーカーの技術者たちはアウトサイダーの小堀の発明に失笑した。無学歴の小堀に世界的な発明なんかできるわけがないと、頭から無視したのだ。

スマートフォンに次ぐといわれるほどのヒット商品になったであろう自動車用エアバッグという日本発の珠玉《しゅぎょく》を、日本の自動車メーカーは育てられなかったのである。

小堀保三郎が、自動車社会の発展に貢献した人々を顕彰《けんしょう》する「日本自動車殿堂」入りしたのは、彼が自殺してから31年後の2006年だった。顕彰理由は「芸術を愛したエアバッグの考案者」と記されている。

エアバッグで世界2位に成長したタカタ

1980年代になっても、日本の自動車メーカーはエアバッグに関心を示さなかったが、ドイツのダイムラー・ベンツ社はひそかに開発を進めていた。小堀のエアバッグに早くから着目していたという。80年にベンツ社は、世界で最初にエアバッグを装着した高級車Sクラスを発売した。

高田重一郎も小堀が発明したエアバッグに目をつけ、1976年から調査研究をはじめていた。

1983年、商号をタカタ株式会社に変更した。この年、米国運輸省（DOT）が主催するエアバッグ普及と安全効果確認のためのフリーテスト用として、米国のハイウェイパトロールカー800台にエアバッグを納入した。

タカタとホンダは、シートベルトを標準装着して以来、親密な関係がつづいていた。ホンダはエアバッグの開発を進めるなかで、当時から付き合いのあったタカタに量産を依頼した。

〈しかし、重一郎社長は、85年にいったん「エアバッグの部品で何か（事故が）あったら、タカタが潰れる。そんな危ない橋は渡れない」と断った。皮肉なことにこの懸念が、30年経って現実のものとなる。

結局、重一郎社長は、ホンダの幹部に頼み込まれて、エアバッグ開発を再開し、87年に初めてエアバッグが搭載された「レジェンド」が発売された〉（注6）

薄膜《はくまく》を付着したラテックス（合成ゴム）を立体的に縫製《ほうせい》し、小さく畳み込む。生地を織ってコーティングし縫製して畳み込む技術は、パラシュート製造で培《つちか》ってきたタカタならではのものだった。

日本車のグローバル化にともない、シートベルト、チャイルドシート、エアバッグでタカタは世界規模の会社に成長した。成長の過程で、欧米の企業を次々と買収し、タカタのシェアは2割を占めた。この時点で、世界規模での調達が可能な優良サプライヤー（部品供給業者）とタカタは位置づけられるようになった。

2006年11月7日、タカタ株式会社は東京証券取引所一部に上場した。2006年3月期の売上高は4659億円、経常利益は367億円。世界17ヵ国に拠点を持ち、売上高の8割が海外向け。ホンダやトヨタ、GMが主要顧客である。

完成車メーカーが数多くの部品会社を系列化していくなかで、タカタは独立独歩の道を歩んだ。

上場を機に重一郎は、長男の重久に社長の座を譲った。2007年6月27日の株主総会で重一郎は代表権のある会長となり、専務の重久が社長に昇格した。重久は41歳の若さだった。

パラシュートのひもをつくる町工場を、重一郎は連結売上高が5000億円に手が届く企業に成長させた。得意の語学を活かして世界を飛び回り、国際ビジネスマンとして辣腕《らつわん》ぶりを発揮した。重一郎は、タカタの〝中興の祖〟と呼ばれた。

重一郎は2005年にNHTSA（米国運輸省高速道路交通安全局）から自動車の安全に貢献したとし

て「ＮＨＴＳＡ特別功労賞」を受賞。２０１０年には衝突安全装置の開発と普及に尽力したとして「日本自動車殿堂」入りを果たした。

米フォーブス誌の日本の富豪40人（２０１０年）番付で資産額は８１９億円と評価され、重一郎は29位にランクされた。タカタの筆頭株主TKJ＝タカタ総業の株式資産が重一郎の個人資産と認定された。

当時は、リーマンショック後で株価が低迷し、そのうえ円高だったが、この金額になった。株価が回復し円安に振れた後には、資産総額は１０００億円を超えた。

世界の大富豪の仲間入りをした高田重一郎は２０１１年、呼吸不全のため、74歳で亡くなった。

２０１１年３月期に重一郎が受け取った最後の役員報酬《ほうしゅう》は６億９５００万円。ほとんどが役員退職金だが、その期の役員報酬ランキングで、重一郎は全国第４位だった。

この数年後に、重一郎が懸念していたエアバッグの破裂で、タカタの経営は大混乱におちいり、挙げ句の果てに倒産するなどとは、夢想だにしなかっただろう。

責任を取らず逃げまくる三代目・重久

タカタの幕引きをした三代目の重久は１９６６（昭和41）年、重一郎の長男に生まれた。重久は慶應の幼稚舎（小学校）からエスカレーターで大学の理工学部に進んだ、典型的な慶應ボーイだ。１９８８年３月、慶應義塾大学理工学部を卒業。他社で数年、他人の飯を食って武者修行するのが後継者育成の常道だが、重久は同年４月、いきなりタカタに入社した。

創業家のプリンスは瞬《また》く間に出世階段を駆け登った。１９９６年取締役、２００１年専務と昇進を重ね、２００７年、41歳の若さで父・重一郎の後を継いで社長になった。

タカタが経営破綻《はたん》した最大の原因は、経営の最高責任者である高田重久が説明責任を放棄して逃げ回ったことにある。ミスを認めずに自動車メーカーに責任を転嫁《てんか》した。重久の無責任な言動に、自動車メーカーや銀行は匙《さじ》を投げた。重久はトップとしてはあまりにもお粗末だった。

前出の三井住友銀行の西川善文は、父・重一郎について「会社の良し悪しは経営者で決まる」と賞賛したが、西川が経営幹部に求めたのは「逃げたらあかん」ということだった。説明責任を果たさず、記者会見から逃げまくっていた重久は、経営者としての資質に、決定的に欠けていたということだ。

いわゆるパソコンオタクで、とてもシャイだった。人前に立つのが苦手なタイプだと評されている。

創業家の一族ということでトップの座に座っただけ。誠実でも明晰《めいせき》でもなく、行動もともなっていなかった。三拍子揃《そろ》ってダメだった。誠実なら、まだ救いがあったかもしれない。

トップに立ってはいけない人間がトップに立ってしまった。これが致命傷となり、タカタは破綻へと坂道を転がり落ちていった。

重久の慶應時代の同期生がメディアの取材にこう語っている。

〈「僕ら88年卒の同窓会は〝129三田会〟と呼ばれる組織で、2013年の卒業25年記念事業の際には、高田氏は理工学部の代表として幹事を務めています。ただ、積極的には活動していなかった。元々、目立たない男で、下から上がってきて慶応をよく知っているという理由だけで、幹事に選ばれたようなところがある。それにしても、なった以上はもっと責任感をもって行動してもらわないと困るんですが」と、重久の同級生は苦言を呈する〉（注7）

やり手の母・暁子が院政を敷く

「重久に経営トップはつとまらない」と誰よりもわかっていたのが、母親の高田暁子である。だから、院政を敷くことになる。

高田暁子の旧姓は山田。１９４１（昭和16）年、東京で四人兄妹の末っ子に生まれた。父は凸版印刷の〝中興の祖〟といわれる山田《やまだ》三郎太《さぶろうた》。山田は宮城県仙台市の出身。東京帝国大学法学部を卒業し、凸版印刷に入社。敗戦後の１９４８年に社長となり、二十余年、社長をつとめた。東京印刷工業会を創立して会長になるなど、戦後の印刷業界の重鎮だ。

暁子の長兄・山田英夫の夫人は、華族の津軽《つがる》家一四代・義孝《よしたか》の次女。妹が常陸宮《ひたちのみや》に嫁いだ常陸宮華子《はなこ》。皇室とも縁戚にある。

英夫の娘婿《むすめむこ》が、ダイエー創業者・中内㓛《なかうちいさお》の次男の中内正《ただし》。プロ野球球団、福岡ダイエーホークスのオーナーをつとめた。山田家は華麗な閨閥《けいばつ》を形成していた。

暁子は１９６２年、慶應大学法学部卒。夫となる高田重一郎も慶應大学経済学部だが、４学年上なので、大学での接点はない。米国に留学した経験があり、英語はペラペラ。重一郎と結婚後、１９７８年に高田工場（旧タカタ。のちのＴＫＪ）に入社した。

１９９１年取締役、95年常務、２００１年に取締役相談役となった。タカタが上場した２００７年からは特別顧問をつとめている。現在は役員ではないが、大株主だ。公益財団法人タカタ財団の理事長も兼務している。

暁子は社内では誰も逆らえない女帝で「大奥様」と呼ばれていた。２０１１年に重一郎が亡くなった後は、大奥様の〝院政状態〟となる。東京・築地本願寺でおこなわれた重一郎の葬儀・告別式で喪主《もしゅ》をつとめたのは、社長の重久ではなく暁子だった。暁子が最高権力者であることを内外に告知したのである。

暁子は常務時代にチャイルドシートの開発を牽引《けんいん》して、タカタの第二の営業の柱に育てたことで知られている。１９９９年、チャイルドシートの装着義務化を受け、メーカー各社が「チャイルドシート連絡協議会」を立ち上げると、暁子は推されて代表幹事になった。

チャイルドシートについて、こんなエピソードが残っている。

〈「大奥様が車で重久氏を幼稚園に送り迎えする際、追突事故に遭《あ》った。それがのちに、タカタがチャイルドシートを手掛けるきっかけになるんですが、重久氏に対しては、こうした事故で危険な目に遭わせたという反省もあって、目に入れても痛くないようなかわいがりようで、あまりの過保護ぶりが、自分ひとりでは何もできないトップを生み出す結果となってしまったのです」（ＯＢ）〉（同注7）

「大奥様」による首脳人事が断行されたことがある。２０１３年6月の株主総会でステファン・ストッカー執行役員が社長に昇格した。重久は代表権のある会長兼最高経営責任者（ＣＥＯ）に就いた。

スイス出身のストッカーはスイス工科大学を経て、28歳のときに東京工業大学大学院の電子工学科修士課程を修了。１９８２年に独ボッシュに入社。２００２年から09年までボッシュの日本法人の社長をつとめた。タカタには２０１３年2月に執行役員として入社。創業家以外から初めての社長となった。

日刊自動車新聞社の前社長で、佃《つくだ》モビリティ総研代表の佃義夫《よしお》は、タカタのトップ人事についてこう語っている。

〈「要するに、エアバッグ問題を外国人社長で乗り切ろうとしたんです。オーナー企業の経営トップは不祥事が起きてもすぐには表に出ず、代役を立てて責任を逃れようとする。その典型です」〉（注8）

タカタ製エアバッグをめぐり、世界の自動車メーカーが大規模なリコールを迫られていた。責任を押しつけられてたまるかと思ったのだろう。ストッカーは２０１４年12月、突然、社長を辞任した。それで、仕方なく、会長兼ＣＥＯの重久が社長を兼務した。

ここにいたり、重久がエアバッグ・スキャンダルに正面から向き合わざるを得なくなったわけだ。

自動車メーカーと責任の押し付け合いを10年間

「殺人犯はタカタだった」——。2014年10月、米ニューヨーク・タイムズ紙の一面に衝撃的な見出しが躍《おど》った。

ＮＨＴＳＡ（米国運輸省高速道路交通安全局）は、9月末にフロリダ州で起きた乗用車同士の衝突事故で、2001年製のホンダ「アコード」を運転していた女性が死亡したと発表した。エアバッグから飛び出た金属片で、遺体は損傷を受けていた。

米国で11人目となる死者だった。日本では死亡事故は発生していないが、海外ではこれまでに十数人が死亡していると伝えられていた。

この報道をきっかけに、全米メディアが一斉にエアバッグ破裂の危険性を取り上げるようになった。槍《やり》玉《だま》に挙げられたのが、タカタであり、ホンダだった。

タカタは2000年頃からエアバッグを膨らませるインフレーターの火薬原料に硝酸アンモニウムを使いはじめた。爆発力が強く、エアバッグの部品を小型にしやすく、作動しないリスクも小さい。だが、高温多湿の環境に長期間さらされると劣化《れっか》し、金属破片が飛び散るトラブルが2005年頃から確認されるようになっていた。

2007年、米国のホンダ車でタカタ製のエアバッグの破裂事故が起こった。ホンダは2008年、タカタ製エアバッグで初のリコールをおこなった。2009年に米国で初の死亡事故が発生。その後も原因不明の異常破裂が相次いだ。

タカタは当初、「根本原因が明らかになっていない」として、リコールの対象地域などの拡大に及び腰だった。責任の所在についても、リコールは完成車を販売した自動車メーカーが主体的におこなうべきだと主張。自動車メーカーと責任の押し付け合いをしているあいだに、対応は後手後手にまわり、米国で異常破裂による死亡事故が増えていった。

最初のトラブルを軽視せず、本格的な調査や消費者への事情説明をすぐにはじめていれば、事故発生から10年以上たった後に経営破綻する事態にならなかった、という指摘は多い。

息子の重久に社長を譲ったとはいえ、重一郎は会長として最高意思決定者だったはずだ。たしかに、異常破裂は想定外だったろうが、傑出した経営者の重一郎がなぜ、積極的にリスクを除去しようとしなかったのか。

ホンダ車の欠陥エアバッグ問題が浮上したとき、タカタは強気だった。というのは、タカタとホンダは一蓮托生《いちれんたくしょう》だった。部品メーカーのタカタは自動車メーカーの仕様書に基づいて部品を製造しており、自動車そのものの設計にはかかわっていない。リコール制度で前面に立つべきは部品メーカーではなく、自動車メーカーのはずである、という論理を展開した。

消費者は、ブランド（＝信頼）を重視して、クルマを購入する。タカタのエアバッグが搭載されているからという理由で、クルマを購入する人は少ない。

重一郎は部品メーカーの経営者として、リコールの実施と説明責任は自動車メーカーにあるという立場を最後までとりつづけたのだろう。

トップの行動が企業の明暗を分ける

タカタに引導《いんどう》を渡したのは、皮肉にも、重一郎に「NHTSA特別功労賞」を授与した米国運輸省高速道路交通安全局だった。米国の議会内でタカタに対する批判が強まり、一部品メーカーにすぎないタカタがNHTSAの批判の矢面《やおもて》に立たされた、という側面は否定できない。

これまでもリコールは自動車メーカーの責任でおこなわれ、部品メーカーが標的にされたことはなかった。タカタの問題に、きわめて異質な側面があるのは事実だ。

だからであろうか。タカタ潰しの謀略説《ぼうりゃくせつ》が流れたことがある。自動車業界にくわしい経営評論家の高木敏行は、こう分析している。

〈「タカタがこのタイミングで大きく取り上げられているのは、ＴＰＰ（環太平洋戦略的経済連携協定）もあるでしょう。ＴＰＰの自動車交渉では、安全基準を緩和するように迫るアメリカと、受け入れない日本という構図が続いている。進展しないＴＰＰ協議を有利に進めるため、アメリカが日本のメーカーに対して圧力をかけているのかもしれません」〉（注９）

部品メーカーのタカタが、自動車メーカーの身代わりとして、ＴＰＰのスケープゴートになったという仮説である。

２０１５年11月３日、タカタにとって致命的な事態が訪れた。ＮＨＴＳＡは７０００万ドル（85億円）の制裁金をタカタに科し、硝酸アンモニウムを使ったエアバッグのインフレーターの生産停止を命じた。

米当局が一部品メーカーのタカタに、ここまで強権を発動する背景は何なのか。

米運輸省のフォックス長官は２０１５年11月３日、「何年にもわたってタカタは欠陥製品を売り、欠陥を認めるのを拒《こば》み、情報を提供してこなかった。この混乱を解決するために、対応を強化した」と制裁金を科す理由を説明した。言うことをきかないタカタに堪忍袋《かんにんぶくろ》の緒が切れた、お灸《きゅう》を据えてやるぞというわけだ。

リコールがはじまったのは２００８年。死亡事故が報じられ社会問題化しても、社長の重久は公の場に出なかった。２０１４年11月と12月、２０１５年６月、米議会で３回の公聴会が開かれたが、重久は部下任せにして逃げまくった。

２００９年から２０１０年に起こったトヨタ自動車のリコールの際には、社長の豊田《とよだ》章男《あきお》自身が謝罪会見をおこない、米議会の公聴会にも出席した。すると、あれほど激しかったトヨタ・バッシングがピタリとやんだ。

高田重久は豊田章男と真逆の行動をとった。公の場で謝罪せず、情報開示にも消極的。社会に真摯《しんし》に向き合う姿勢をまったく見せなかったことで、「逃げている」と解釈され、米国での批判のボルテージがいっそう高まった。米運輸省のフォックス長官は世論の風を読むのに長《た》けた〝政治家〟だった。NHTSAの制裁は強烈だった。タカタは一発でマットに沈んだ。

〈業界事情通は「米国当局がタカタを名指ししたことで自動車メーカーはこれ幸いとタカタの影に隠れてしまった」と明かす。

すでにトヨタ、マツダ、三菱自動車など各自動車メーカーが今後、タカタ製インフレーターを使わない方針を発表し、タカタの「後見役」と目《もく》されていたホンダもタカタと距離をとった〉（注10）

リコールの最中に豪邸新築の無神経

ひたすら逃げの一手だった重久が、ようやく公の場に姿を見せた。2015年6月25日のことだった。タカタは株主総会後に緊急会見を開き、重久が5秒間頭を下げた。

〈「この会見も、会社側としてはやる予定はなく、記者クラブが強く抗議した結果、やっと開かれた。しかし、高田さんは終始、下を向き、聞きとれないような小さな声で受け答えするばかり。しかも、ほとんど実のある話はなく、通り一遍の説明をしただけで、記者の質問にもまともに答えようとしなかった」（経済部記者）

ボソボソと喋《しゃべ》る高田が一瞬だけ、気色《けしき》ばんだ。記者から「経営の意思決定に母親の意見が反映されているのでは？」との質問が飛んだときだ。高田は「重要な意思決定は私自身がやっている」と、ムッとした表情で答えた。

「女帝と呼ばれる母親の暁子さんが高田社長に細かく助言を与えているのは業界では有名な話。メディアのチェックも暁子さんが行い、意に沿わないことがあると、記者を呼びつけたりしていた」（経済部記者）〉（注11）

母親の暁子が、運転席の真後ろの後部座席から重久を操縦していたということだ。母親の〝傘の下〟で過保護に育てられた重久が、何に入れあげていたのかといえば、家づくりだった。

「週刊文春」が「エアバッグ　タカタ社長　5億円の大豪邸を新築していた！」と報じた。

〈「このあたりは高級住宅街と言われていますが、それにしても大きな家が建つんだなと思っていたら、タカタの社長さんの新居とは驚きました」（近所の住人）

エアバッグ事故によるリコール問題が長引くタカタ。高田重久会長兼社長（49）の豪邸が完成したのはその真っ最中の今年春だった。

エアバッグの異常破裂による死者は8人にのぼり、全世界で5000万台規模のリコールとなったタカタ。2015年3月期には556億円のリコール関連費用を計上し、最終赤字は295億円となった。

「中でもアメリカの公聴会に出席せず、トップとしての矢面に立たなかった高田社長へは厳しい目が向けられていました」（経済部記者）

（中略）

その高田社長が新居を構えたのは、都内の南西部の高級住宅地。高田家の別会社が所有する土地約150坪の上に、地上2階、地下1階、延べ床面積600平米近くになる豪邸がある。

「土地だけで4億円を超えるでしょう。建物も地下があるし、1億円近くするのでは」（地元不動産業者）

前出の近所の住人が語る。

「昨年から工事が始まって、半年くらいかかっていましたかね。何十本も植木が運びこまれていました。奥様はすごくキレイな方です。お子さんは海外留学中だとか」〉（注12）

重久が顰蹙《ひんしゅく》を買ったのは、品川区の高級住宅街にこの豪邸を新築していたからだ。米ニューヨーク・タイムズが「殺人犯はタカタだった」と一面で報じたのは２０１４年10月。この時期に工事を着工している。これだけの大きなトラブルの渦中《かちゅう》にあったら、家づくりを中止（中断）するのが社会人としての常識である。

米国議会の公聴会には出ないで、国内でマイホームづくりに励んでいる。経営感覚が決定的にズレていると、自動車メーカーが重久に見切りをつけるきっかけになったのが、この家づくりだった。

「もはや経営トップは息子には務まらない」

タカタを破綻させたエアバッグの欠陥は、決して最近の話ではない。最初の人身事故は２００９年に米国で発生、これまでにも17人が命を落としている。欠陥は２００１〜０２年と２０１２年にメキシコ工場で生産された製品に集中している。２００４年にはタカタ自体が欠陥を社内の実験で確認、隠蔽《いんぺい》していたと米紙が暴露している。

エアバッグを機敏にリコールして、最小限の被害で止めることもできたはずだ。欠陥そのものよりも、その隠蔽体質がタカタを死に至らしめたのだ。

タカタが破綻する直前に、特別顧問の高田暁子が日本経済新聞電子版のインタビューに登場した。日経は重久ではラチがあかないので、暁子を引っ張り出したのだろう。

暁子はこう語った。

〈――２００８年に米国で自動車メーカーが最初にリコールをしてからも、拡大が止まらなかった原因は何でしょうか。

「火薬は専門性が高く、異常破裂の現象を予見できませんでした。原因が不明な事例があり、個社（タカタの一社という意味だろう。引用者注）での対応が難しく、自動車メーカーの協力が必要でした。ただ膨大《ぼうだい》な費用や米国での刑事・民事の訴訟などで責任を争う形になり、本来の問題解決のための協力体制が思うようにできなかった面もあります。クルマの中に組み込まれる安全部品メーカーとしての限界もあり、問題が起きた時に自主的に動き、自動車メーカーともっと共同で取り組むべきだったと反省しています」

——エアバッグは火薬を使い、車の衝突から100分の1秒の精度で膨らむ精密部品です。再発防止の責任はどう考えていますか。

「一連の問題は（タカタが採用した火薬材料）硝酸アンモニウムを外す（使用しない、という意味）だけでは解決しません。日米の火薬の専門家10人以上に会い、問題の原因を尋ねてきました。全員から『経年劣化がない火薬はない』『誰がエアバッグを永年保証にしたのか』という意見や質問を受けました。車は販売から20年利用されることもあり、ほかの火薬を使ったエアバッグでも経年劣化のリスクはあります。エアバッグが膨らまない事例などが起きています。部品メーカーが火薬を積んだ部品の性能を20年も保証することは難しく、安全に回収したり、定期的に交換したりする仕組みを自動車業界全体で考える時期だと強く思います」〉（注13）

暁子の〝遺言〟ともいうべき提言は、エアバッグの定期交換制度を導入すべきだというものだったが、車検制度さえない米国では実現は至難の業《わざ》だろう。

大奥様、あるいは女帝と呼ばれた暁子の最後の仕事は、溺愛《できあい》した息子の重久をクビにすることだった。

三代目は家業を絶やすことに対する自責の念から、最後まで裁判所が関与しない私的整理にこだわったと書いてきた。自動車メーカーに最後通告を突きつけられ、ＫＳＳへの事業譲渡を受け入れた重久だが、最後まで創業家がなんらかの形で事業に関われないかと画策《かくさく》した。

重久の醜態《しゅうたい》ぶりに、暁子がクーデターを決断した。暁子は、創業家は責任をとって身を引くべきとの立場だった。日本経済新聞の「迫真　タカタ破綻1」はこう報じた。タイトルは「幻《まぼろし》の解任動議」である。

〈「もはや経営トップは息子には務まらない」。重久の心理状態を誰よりも危惧《きぐ》したのは、実母である高田暁子（77）だった。先代の高田重一郎（故人）の時代からタカタを支える古参幹部らとともに取締役会で重久の解任動議を出すことを決めた。実行日は（２０１７年）３月23日にすることも確認した。

ところが同日の取締役会でも重久は「来期の数字の立て方が甘い。1週間で修正リポートを出し直せ」と担当役員を叱責《しっせき》した。重久の罵声《ばせい》に圧倒され、解任動議を出せないまま取締役会は終了した〉（注14）

重久は役員会で荒れ狂い、解任動機は提出されないまま幻に終わった。

一方、「週刊新潮」はこう報じている。

〈その後、重久氏は〝黒幕〟が暁子氏だと知り、2人は大激論。結果、彼女は〝もう知らないわ。あなたの好きなようにしなさい〟と捨て台詞を残して、息子一家と同居していた〝5億円の大豪邸〟から飛び出した〉（注15）

重久は経営再建案づくりを担った外部専門家委員会の「日米同時の法的申請が妥当《だとう》」とする報告書を受け入れた。６月26日、民事再生法を申請した時点のタカタ本体の現預金はわずか十数億円だったと伝えられている。最後は資金繰《ぐ》りの悪化がタカタの退路を断った。

タカタが過去に発行した普通社債は現在、３００億円が残存しており、全額、債務不履行（デフォルト）となる見通しだ。
タカタの破綻の元凶《げんきょう》は、「社員を使用人と見下す」創業家の存在だった。トップの器《うつわ》でない過保護の三代目の経営者がタカタを潰した。

この先は関連倒産、さらなる転売か

エアバッグ事業は中国・浙江《せっこう》省の自動車部品メーカー、寧波均勝電子傘下の米自動車部品大手、キー・セイフティー・システムズ（KSS）が買収する。

KSSは1916年創業の老舗《しにせ》部品メーカーで、タカタと同様に自動車の安全部品が主力。主要顧客は欧米メーカーだが、スズキやいすゞ自動車と取引があり、横浜に拠点を構える。KSS自身、2016年6月、寧波均勝電子に1020億円で買収されたばかりなのだ。経営破綻したタカタは中国企業の傘下に組み込まれることになる。

寧波均勝電子とはどんな企業なのか。2004年創業の新興企業である。M&A（企業の合併・買収）で中国有数の自動車部品メーカーに急成長した。独フォルクスワーゲンや米フォード・モーター、米ゼネラルモーターズが主要顧客だ。2016年3月期の売上高は3010億円。この5年間に売り上げは6倍になった。

2011年、上海証券取引所に上場した。創業者である王剣峰（ジェフ・ワン）董事長《とうじちょう》は、欧米企業のM&Aを〝ふいご〟のように使い、急成長してきた。

2011年から、ドイツのエアコン、電子制御関連メーカーのプレー（買収金額260億円）、工業用ロボットメーカーのIMAオートメーション・アンバーグ（同18億円）、自動車内装部品メーカーのクイン（同112億円）をたてつづけに買収した。

2016年になると、米国企業の買収に舵を切る。工業用ロボットのエバナ・オートメーション（同22億円）に加え、2月にKSS（同1020億円）を傘下に収め、3月には車のネット接続やナビゲーションシステムなどの開発に向け、ドイツのテクニサット・デジタルの自動車部門（同220億円）を買収した。

タカタのエアバッグ事業の1750億円の買収は、寧波均勝電子にとって、過去最大の買収案件となる。2016年のエアバッグの世界シェアは、タカタ製のリコール問題から、オートリブ（スウェーデン）が34・2％と独走。タカタは17・2％と2割を大きく割り込んだ。KSSは8・4％で第4位だった。ただ、タカタの買収により、単純計算でシェアは25・6％に高まる。KSSは世界第2位のエアバッグメーカーとなり、日本の自動車メーカーに直接、売り込む計画だ。

中国のメディアは「ついにアリ（均勝）が、ゾウ（タカタ）を飲み込んでしまった」と驚きをもって伝えた。王剣峰は買収にしか関心がないとされ、タカタの買収後の方向性は見えてこない。「もし経営再建に成功すれば、タカタの事業を高値で欧州メーカーに転売するのではないか」（国内大手自動車メーカーの首脳）と推測されている。

最大手のオートリブの世界シェアは、ここ数年で35％から50％超にまで高まるだろうと予想されている。「民事再生法申請から半年後、1年後にタカタの新会社のシェアは確実に落ちる。そのときに国内の取引先や下請けの部品メーカーの経営は一段と厳しくなる」（有力自動車部品メーカーの社長）。タカタの関連倒産が起こるのはこれからだ。

タカタは倒産前の数字で、欧米やアジアなど20ヵ国に拠点を持ち、従業員数は4万6000人だった。国内には創業の地である滋賀県彦根市や長浜市、愛荘町《あいしょう》や佐賀県多久《たく》市などに製造拠点や関連会社がある。

タカタの受け皿となるKSSは8月23日、ジェイソン・ルオ社長兼最高経営責任者（CEO）が9月に退任し、米フォード・モーターの中国法人のトップに就くと発表した。ＫＳＳはタカタとのスポンサー契約の最終合意に向けて交渉中だが、「トップの退任による影響はない」としている。

しかし、ＫＳＳは何でもありの会社なのだ。

「危険」の代名詞となったTAKATA

公式ホームページの会社沿革の冒頭はこうなっている。

〈創業以来、タカタは１０００分の１秒を制御して乗員の安全を追求してきました。厳しい現場を動かしてきたもの、それは、交通事故による犠牲者を減らす使命感、ものづくりへの好奇心、人のまねを許さない開拓者のプライド。

やがて、このＤＮＡは海を渡り、全世界へと広がっていったのです。

〝今日も地球のどこかで、ＴＡＫＡＴＡ製品が乗員の安全を守っている。〟

私たちはこの純粋な喜びを宝として、これからも世界の仲間たちと共に挑戦を続けていきます。

タカタの願いは、「交通事故の犠牲者がゼロになる日」。

そして、ＴＡＫＡＴＡが「安全」の代名詞となるその日のために〉

米国で、膨張したエアバッグの内部から金属片が飛び出し、ドライバーや同乗者の頸《けい》動脈などを切断する死亡事故が、数多く起きている。

なんと空疎《くうそ》な言葉の羅列《られつ》ではないか。

ＴＡＫＡＴＡは「安全」どころか、「危険」「経営者不在」の代名詞になってしまった。

ポイント▼リーダーの器量がなかった三代目

リーダーの要件をふたつだけあげるとすれば、ひとつは危機の予知能力と修羅場《しゅらば》に強いこと。もうひとつは、組織に自分の言葉で正確に意思を伝えることだ。言語も意味も明晰《めいせき》でなければならない。

タカタ創業家の三代目、高田重久はこのふたつの資質を備えていなかった。

民事再生法の申請後に開いた記者会見で、重久は言い訳に終始した。倒産という異常事態に立ち至っても、「(異常破裂が) なぜ起きたのか不可解だ」と、まるで他人事のようなセリフを口にした。人間は、与えられた状況をありのままに受け入れることが困難な場合、その現実を無視して、他人に責任を転嫁する。

エアバッグの破裂事故という想定外の事態に、子供の頃から過保護に育てられた重久は対処できなかった。

戦時中、パラシュートのひもをつくっていた高田工場 (タカタの前身) をエアバッグの世界シェアで2割を占める大メーカーに育てたのは重久の父、二代目の重一郎だった。

重一郎はホンダの創業者、本田宗一郎に「これからは安全のことを考えてください」と直談判して、ホンダの「S500」にタカタ製のシートベルトを採用させた辣腕《らつわん》の持ち主である。

欠陥エアバッグのリコール問題で迷走をつづけた高田重久はリーダーの器ではなかった。

第2章　大昭和製紙——会社を私物化した社長がやりたい放題

ルノワールとゴッホの名画を手に入れた男・齊藤了英

２０１６年４月27日から８月22日まで、東京都港区六本木の国立新美術館で『オルセー美術館・オランジュリー美術館所蔵　ルノワール展』が開催された。両美術館が所蔵する１００点を超える印象派の画家オーギュスト・ルノワールの絵画や彫刻、デッサン、パステル画が展示された。

目玉はパリ郊外のダンスホールの楽しい様子を描いた中期の名作『ムーラン・ド・ラ・ギャレットの舞踏会』である。１８７７年の第３回印象派展に出品された作品だ。

ムーラン・ド・ラ・ギャレットは、パリのモンマルトルにあるダンスホールの名前。画中の人物たちは、ルノワールの友人たちがモデルとなっている。

当時、ルノワールはこのダンスホール近くに住んでいた。ダンスホールには小さいサイズのキャンヴァスを持っていき、現場で描いた小さなスケッチを持ち帰り、これをもとに、アトリエで大作を描いた。

『ムーラン・ド・ラ・ギャレット』はふたつある。大きいほうの絵は、画家であり印象派絵画のコレクターでもあるギュスターヴ・カイユボットが購入。彼の死後、フランス政府に寄贈され、オルセー美術館の所有となる。国立新美術館で展示されたのは大きいほうの絵だ。
ポスターには「日本に初上陸」と謳《うた》われたが、厳密な意味では日本初上陸ではない。小さいほうの絵は〝東海の暴れん坊〟といわれた大昭和製紙のオーナー、齊藤了英《さいとうりょうえい》が1990年に7810万ドル（約118億円＝当時の為替換算）で手に入れていた。

齊藤は同時に、別のオークションでゴッホの『医師ガシェの肖像』を8250万ドル（約125億円＝同）で落札した。

天才画家フィンセント・ファン・ゴッホは多くの油絵を描いたが、生前は、ほとんど売れなかった。孤独なゴッホを支えたのは、弟テオドルス・ファン・ゴッホ（テオ）の経済的援助と画家ポール・ゴーギャンの友情だった。

ゴーギャンとの友情は、ある日、破綻《はたん》する。1888年12月、ふたりは激しく言い争った後、ゴーギャンは共同生活をしていた南仏・アルルを出ていく。残されたゴッホは、発作的に自らの左耳を切り落とし、精神病院に入れられた。

そこでゴッホは『耳を切った自画像』を描いた。

退院したゴッホは、パリの北部オーヴェールに住み着き、精神科医ポール・ガシェの治療を受けた。ガシェはゴッホの絵の理解者のひとりだった。

1890年6月、ゴッホは自画像を描くのをやめ、ガシェの肖像画を描きはじめた。晩年の最高傑作『医師ガシェの肖像』を描き終えた翌月の7月、ゴッホはピストルを胸に当て自殺した。37歳の若さだった。

弟のテオとガシェはゴッホの最期を看取った。弟のテオも後を追うように翌年亡くなった。

『医師ガシェの肖像』は2点ある。オリジナルの作品と、ゴッホがガシェに贈った複製品だ。こちらはガシェの死後、遺族からフランス政府に寄贈され、オルセー美術館に所蔵されている。

オリジナルの作品は数奇な運命をたどる。テオの未亡人は、『医師ガシェの肖像』をパリの画商アンブロワーズ・ヴォラールを通じて、コペンハーゲンの女性コレクターに売却する。価格は３００フラン（58ドル）だった。それでも未亡人は、ゴッホの絵が換金できて大喜びしたという。

後世、ゴッホの絵が認められるとは夢にも思わなかった。

その後、画商のあいだで転売がくり返され、１９１１年、フランクフルトのシュテデール美術館が取得する。

ナチスドイツが、この画に目をつける。絵は美術館の隠し部屋にしまわれていたが、１９３７年、ドイツの宣伝省が発見、没収された。

集められた膨大《ぼうだい》な印象派や表現主義の絵画のなかから、アドルフ・ヒトラーの側近で、全ドイツ軍の最高位である国家元帥《げんすい》となるヘルマン・ゲーリングは個人用にゴッホの絵を含む数枚を持ち帰り、すぐにアムステルダムの画商に売った。

画商はこの絵をコレクターのジークフリート・クラマルスキーに譲渡した。クラマルスキーはナチスの目を逃れニューヨークに渡り、この絵はメトロポリタン美術館に寄託され展示されていた。所有者のクラマルスキー家は、この絵をメトロポリタン美術館から引き揚げ、オークションにかけて売却することにした。

かくして、ゴッホの『医師ガシェの肖像』とルノワールの『ムーラン・ド・ラ・ギャレット』の2枚の名画は、バブル景気に浮かれた日本に上陸することとなる。

「欲しいものはいくら金を出しても手に入れる」

1990年5月15日夕刻、米ニューヨークでクリスティーズのオークションがおこなわれた。その日のトリの注目作品がおごそかにベールを脱ぐ。死ぬ間際に描いたゴッホの名作『医師ガシェの肖像』がスポットライトを浴びて登場する。

「週刊朝日」は大昭和製紙名誉会長の齊藤了英の行動を追っていた。引用してみよう。

〈美術コレクターとして知る人ぞ知る齊藤了英氏は、大の甘党で特に銀座の木村屋のアンパンには目がない。若い人に比べても倍という大食漢。アンパンは二口か三口で食べ切ってしまう。そんなところから美術界では、

「アンパンおじさん」

と呼ぶ人さえいる。了英氏が、〝自宅〟のように出入りしている東京・銀座七丁目にある小林画廊の応接間のテーブルには、よくアンパンが山盛りになっている。静岡県富士市に里帰りするたびに了英氏は小林画廊を通じて、百個単位で（あんパンを）木村屋から買う。「山」はそのおすそわけである。

画廊の小林秀人社長（四四）が、ニューヨークのオークションに向う（一九九〇年五月）十二日も、アンパンは山のように盛られていた。昼すぎ、了英氏は、頭を深々と下げて小林社長を見送った。

居合わせた人たちは、「父親が、息子を晴れ舞台へ送り出すときのような気合いで、何か大物を狙っているなと思った」という。

ニューヨークのクリスティーズで十五日夜（現地時間）行なわれたゴッホの「ガシェ博士の肖像」（原文ママ。引用者注）のセリは、二千万ドルからスタートした。小林社長とアメリカのある財団との一騎打ちとなり、十分足らずで、これまでの最高値五千三百九十万ドル（ゴッホの「アイリス」。当時の為替換算で約75億円）を超えた。

了英氏から「いくら出してもいい」といわれていた小林社長は譲らず、結局、八千二百五十万ドル（約百二十五億円）で競り落とした。

小林社長から落札を知らせる電話が齊藤家に入ったのは、（日本時間の）十七日午前六時ごろ、了英氏がトイレに入っていたときだった。

氏は、「ありがとう。よくやったなあ」と答え、最近彼に、「十年たったら、君を世界一の画商にしてやる」と話したのを思い出して、「十年早まったなあ」と付け加えた。涙が抑えられなかった。

十七日夜（現地時間）、同じニューヨークのサザビーズで開かれたオークションには、二千人近い客と数百人の報道陣が押し寄せた。小林社長がルノワールの「ムーラン・ド・ラ・ギャレット」を狙うと、事前に明らかにしていたからだ。

この騒ぎの中、小林社長はロイヤルボックスの陰から電話で指示を出した。競りは二千五百万ドルから百万ドルずつ上げられた。

了英氏の意向は、

「ゴッホと同じくらい。高くても一億ドルまで」

だったが、七千八百十万ドル（約百十億円）で相手が降りた。ゆっくりした拍手が起きた。

このほか、ロダンの彫刻も六億数千万円で競り落とし、しめて二百五十億円を超える買い物になった〉（注1）

あまりの買い値の高さに、海外ではジャパンマネーに対する批判が高まった。

了英は「たいした買い物ではない。欲しいものはいくら金を出しても手に入れる。500億や1000億ならいつでも用意できる」と豪語していた。

会社を財布代わりにした絵画購入

１９９０年度の高額納税者番付で、齊藤了英は全国一（納税額31億２８４４万円）になった。この年は絵画購入資金の返済のため、了英は所有していた土地や株式を売却し、1位に躍り出たのだ。

大昭和製紙は会社自体が齊藤一族の個人商店のようなものだった。「会社のカネも俺のカネ」なのである。了英が個人名義の土地や株式をファミリー企業に売却し、ファミリー企業はそれを担保に入れて銀行から金を借りていたのである。

了英が売却した物件の内訳は、東京・新宿の土地が１００億円、静岡・沼津の土地が約30億円、大昭和製紙株式が１２０億円。合計２５０億円。この資金を使ってゴッホやルノワールを競《せ》り落としたのである。個人名義の土地、株式を、自分がオーナーのファミリー企業に移し替えたにすぎない。ファミリー企業には、時期を異にしているが、大昭和製紙本体が40億円を融資していた。このほか、79億円の担保用株式・物件を提供、１００億円の債務保証をおこなっていた。

了英は大昭和製紙を財布代わりに使って絵画を手に入れた。了英は絵画を買うための軍資金を得るために土地と株式を売却したのだが、この取引で膨大《ぼうだい》な差益が出たため、全国長者番付のトップになってしまったのである。

１９９１年5月。高額納税者全国一になった了英は、記者たちにコメントを求められた。

「周囲には（2点の絵画を）俺の棺桶《かんおけ》に入れて焼いてくれと言っている。死んだときの遺産相続が何百億円になると面倒くさい」と発言した。

齊藤の発言は全国紙に載った。

国内では「いつもの大口叩《たた》き」と聞き流されたが、海外の美術関係者たちは激怒した。「人類の貴重な財産を灰にするとは言語道断《ごんごどうだん》」という大ブーイングを浴びせられた。

了英はあわてて否定したが、後の祭り。バブル期、カネにあかせて名画を買い漁《あさ》る了英に不快感を抱いた美術関係者は少なくなかった。

驕《おご》れる者は久しからず。大失言以来、齊藤了英の歯車はすべてが狂った。

バブル経済が崩壊し、大昭和製紙は奈落《ならく》へ突き落とされる。

〝鬼〟の異名をとった父・知一郎

了英の父、齊藤知一郎《ちいちろう》は1889（明治22）年、静岡県富士郡吉永村（のちの富士市）に生まれた。生家は田畑合わせて8反《たん》（約80アール）足らずの百姓だった。

知一郎の父の米作《よねさく》は農業のほか、稲藁《いなわら》や三椏《みつまた》の仲買《なかがい》をはじめ、富士製紙の工場や和紙業者へ原料を納入していた。父を助けて荷車を押して工場に出入りする知一郎に「乞《こ》食《じき》小僧」の罵声《ばせい》が浴びせられ、無念さに耐えきれなかったことがあったという。

知一郎は1901（明治34）年、吉原町外八ケ村組合立高等小学校を中退し、茶の仲買や稲藁の売買を手伝った。1914年、機械による製茶業をはじめた。

1920年8月、製茶工場が全焼したため、知一郎は製紙原料のブローカーに転職する。自宅の納屋が事務所だった。1922年、ふたりの弟とともに齊藤兄弟製紙を興《おこ》した。ブローカーのかたわら、紙屑《かみくず》から再生和紙をつくる家内手工業をはじめた。

1923（大正12）年9月、関東大震災が起きた。ここで知一郎は抜群の商才を発揮する。ただちに焦《しょう》土《ど》の東京に乗り込み、焼けパルプを集めて貨車で製紙工場に運び込むという機敏な働きで、莫大《ばくだい》な利益を上げた。この金を株式投資で増やし、製紙工場をはじめる元手《もとで》とした。

1925年、知一郎は友人たちと駿富《すんぷ》製紙を買い取って、丸共製紙株式会社を共同で立ち上げ、さらに

1927（昭和2）年には壽製紙《ことぶき》を買収して昭和製紙株式会社を旗揚げした。

〈いずれも会社乗っ取りに近い強引な手法で手に入れたもので、当時の仇名《あだな》は〝鬼〟だった。

知一郎は朝四時に起きだしてドテラのまま工場を見回り、他人の五倍は働いていたという。ついに友人たちと決別して一人で会社を仕切ることにした。昭和一三年九月、他の四社をも合併し、資本金五五〇万円で「大昭和製紙株式会社」が誕生した。

知一郎の視野にはトップを走り続ける王子製紙の姿があった。「王子に追いつけ追い越せ」が知一郎の執念となり、その精神は長男の了英に引き継がれる〉（注2）

買い叩き、値切りの強引な商法で社業を伸ばす

齊藤了英は1916（大正5）年、知一郎の長男として現在の富士市に生まれた。本名は美英《よしひで》だが、姓名判断によって、のちに了英に改名している。

了英の下に、滋与史《しげよし》、梅子、喜久蔵、孝、平三郎の5人の弟妹がいる。末弟の平三郎はミシガン州立大学で製紙学を修めたが、夭逝《ようせい》した。

美英が幼い頃、父・知一郎は荷車を引いて農家から藁を買い、製紙会社にボール紙の原料として納入していた。ボール紙は藁を原料に厚くすいた紙で、板紙という。

〈幼かった前名誉会長（了英のこと。引用者注）は十キロの道程を、父の荷車のあとを押して歩いた。途中に牛丼屋があった。帰りに寄ろうな、と父がいう。少年はいつもよりワラ束を二つ三つも余計に積んで、押す手に力がはいった。

「だがな、牛丼屋の前へ来るとすぐパスされちゃうんだよ」

笑いながら、昔話を側近に聞かせている。前静岡県知事の滋与史さんら弟たちはこの苦労をしていな

い、と側近たちはいう〉（注３）

美英は静岡県立沼津中学校（のちの県立沼津東高校）を経て、１９３８年早稲田大学専門部商科（のちの商学部）、１９４１年日本大学専門部法科（のちの法学部）を卒業し、大昭和製紙に入社した。入社後、販売課、東京事務所、監査課をへて、敗戦後の１９４６年に取締役、48年には常務を飛び越えて専務に就任。10年後に知一郎の後継者として副社長になる。

〈「一族の長だ、という意識は強かったですね。『兄』ではなく『父』の役割を引き受けさせられたのだと思う。本人は政治家か歌舞伎役者になりたかったが、父親の命令で後を継いだ、といってました」（前名誉会長の知人）〉（同注３）

早稲田大学で陸上部だった美英は、敗戦直後の１９４７年に父親に無断で野球部を発足させた。美英が総監督兼投手となり、部員12人で創部した。

１９４８年に都市対抗野球全国大会に初出場し、翌49年に早くも準優勝。50年には３位、53年に念願の初優勝を飾る。当時、野球部は「東海の暴れん坊」と呼ばれた。これが大昭和製紙の代名詞となるのだが、野球がそのきっかけをつくった。

主力打者だった石井《いしい》藤吉郎《とうきちろう》は、のちに飛田《とびた》穂州《すいしゅう》の要請で、母校・早稲田大学の野球部の監督になり、戦後の黄金期を築いた。

大昭和製紙は静岡の小さな製紙会社にすぎなかったが、野球部の快進撃で知名度は全国区となった。社員の士気は大いに上がり、50年にはじまった朝鮮戦争の特需景気もあいまって、社業は大きく伸長した。

知一郎は長男の美英以下、４人の息子を手足として使い、家父長経営を貫き通した。やり方はじつにシンプルだ。原材料を買い叩き、設備費を徹底的に値切り、その結果、安くつくることができた製品を廉売《れんばい》してシェアの拡大を積極的にはかった。

信用もなければ、蓄積もない新参企業が飛躍するにはこれしかない、という一匹狼の創業精神をバネに、一枚岩の親子経営が展開された。

この知一郎流の強引な商法が、大昭和製紙の地歩を固めた。

1961年2月16日、大昭和製紙を一代で築いた立志伝中の人物、齊藤知一郎が亡くなった。享年71。

社長には長男の美英が就いた。ただちに名前を美英から了英に改めた。

占いに凝《こ》っていて、この名前にした。

〈「人生の最後に栄える、という意味で了英にしたらしいが、街の人は（了英が社長になった）大昭和もこれでおしまいだ、なんて陰口をたたいていた」（業界関係者）〉（同注3）

ここから、齊藤了英の時代が訪れる。

あざといボロ儲けの後にきた経営危機

45歳で新社長になった了英は、父親以上に、徹底的に買い叩き売りまくるやり方でシェア至上主義にとりつかれた。北米からチップを輸入し、マレーシア、オーストラリア、カリブ海地域に関連会社を設立した。海外での拡張策も成功し、一時は王子製紙を抜いて業界トップに躍り出た。

「半分の社歴しかない大昭和は王子を2倍のスピードで追いかけ、とうとう追い抜いた」と、このとき言われた。

フルスピードで走っている最中に、1973（昭和48）年の第一次オイルショックを迎える。

原油価格の暴騰《ぼうとう》で、トイレットペーパーやプラスチック製品など日用品が品薄になった。主婦がトイレットペーパーを確保するためにスーパーに早朝から殺到する、パニック状態におちいった。

製紙会社に千載一遇《せんざいいちぐう》のチャンスが訪れた。製品を出せば、高値でも飛ぶように売れた。

〈このとき、了英のとったあざとい戦法は、のちのちまで販売店の信用を失うことになる。長年の取引関係にあった代理店五社に対して突然、出荷停止を通告。在庫の紙を契約の二〜三倍の高値でバッタ屋に流して暴利をむさぼったのである。

有頂天の了英は兜町《かぶとちょう》に通いつめて株の売買に没頭《ぼっとう》し、土地、ゴルフ場など不動産や名画を買い漁る。

のちに経営企業再建のために入った住友銀行のスタッフはこう診断した。

「面白半分に手を出した株式・不動産売買で財政的に乱脈をきわめてしまった」〉（注4）

了英はオイルショック時に暴利をむさぼった味が忘れられず、無謀《むぼう》ともいえる過度な設備投資に走った。オイルショック時の需要が、一過性の特需にすぎなかったことを軽視していた。

１９７９（昭和54）年のイラン革命が引き起こした第二次オイルショックで、世界経済は減速した。日本は高度成長が終わり、低成長時代に突入した。

80年、増産体制をつづけていた紙・パルプ業界は深刻な不況に見舞われた。過度の設備投資を敢行して増産に努めていた大昭和製紙は、大量の在庫を抱えた。設備投資のための巨額の借入金が大きな足枷《あしかせ》となり、経営危機に立たされた。

年商の2倍、6000億円の借金をする乱脈経営

〈五五（一九八〇）年に入ると、大昭和製紙に倒産の危機がささやかれ始めた。この窮状《きゅうじょう》に青ざめたのは、当の大昭和ではなく、ライバル各社だった。すでに大昭和の在庫は適正水準の二倍以上の三〇万トンも抱えており、あの〝暴れん坊〟ならメチャクチャな値引きで在庫処分に出るにちがいない。そうなれば、業界全体の値崩れを誘発すると震え上がったのである。

王子製紙が中心になって（大昭和の）メインバンクの住友銀行に救済を申し込み、当時の磯田《いそだ》一郎《いちろう》頭

取は大昭和の在庫をプールする（在庫として持ち、値引き販売をしない。引用者注）ことで再建を約束した。さすがの了英も五五年末に妻・きしのを病気で失って気落ちしていたこともあったのか、五六年四月に住友銀行の支援に同意した〉（同注4）

1981年4月、メインバンク住友銀行は取締役の玉井英二《たまいえいじ》を大昭和の副社長とするなど、再建チーム6人を送り込んだ。玉井英二はのちに住友銀行副頭取となり、〝住銀の天皇〟といわれた頭取の磯田一郎追い落としの急先鋒《きゅうせんぽう》となった硬骨漢《こうこつかん》だ。

大昭和に乗り込んだ玉井は、工場のある地名をとって〝鈴川天皇〟と呼ばれた齊藤了英と死闘を繰り広げることになる。

〈大昭和に乗り込んだ住友銀行幹部は当時の状況をこう振り返る。

「製造業の借入金は年商の五〇％が常識だが、大昭和は正味の年商が三〇〇〇億円なのに借入金は六〇〇〇億円にもなっていた。これはあまりに非常識です。了英さんは若いときに大した苦労もせずに社長になり、経営の修羅場《しゅらば》をくぐった経験がない。経営とはいかなるものか、まったくわかっていなかった」〉（同注4）

大昭和製紙の財政は乱脈を極めていた。杜撰《ずさん》な経営計画、無計画な経理内容、すべてがワンマン社長・齊藤了英の「鶴の一声」で決められていた結果だ。

〈大昭和製紙や関連会社を通じて引き出した資金で、了英は勝手気ままに不動産投資や株式投資を行なっていたが、そうして得た資産の処理はきちんとされていなかった。会社の資金で儲けたのに、利益だけは齊藤家に入るという仕組みが生まれた。齊藤一族の借金に対して、大昭和製紙が債務保証していたのは公私混同の典型だった。齊藤家によって「私物化」されていたというよりも、大昭和製紙は創立から私物として扱われてきたというのが実情だった〉（注5）

地元政界を押さえ、富士市に王国を築く

一介《いっかい》の紙ブローカーから興った齊藤家だが、企業の力をフルに使って政界へ進出し、華麗な閨閥《けいばつ》を形成した。

次男・滋与史はトヨタ自動車の創業者一族の、豊田《とよだ》喜《き》一郎《いちろう》の次女・和可子を娶《めと》った。企業ぐるみで衆議院議員に送り込み、当選6回。建設相の肩書がつくや、地元静岡県の知事に鞍替《くらが》えさせた。静岡県知事の椅子に座るのが齊藤家の悲願だった。

三男・喜久蔵は東映女優の伏見和子と、四男・孝は平和倉庫などの経営者、中村円一郎《なかむらえんいちろう》の長女・晴子とそれぞれ結婚している。

長女・梅子は、三菱自動車工業の社長・会長をつとめた舘《たて》豊夫《とよお》の兄・舘稲麻呂《いなまろ》の妻だ。

了英の閨閥づくりは、一段と華麗なものになった。了英の長男・公紀《きみのり》は三井財閥の総帥《そうすい》、團琢磨《だんたくま》の親族で、東芝専務の小倉重勝の長女・忍を妻に迎えた。

了英の次男・斗志二《としつぐ》は、静岡県知事に鞍替えさせた滋与史の後釜として、衆議院議員にはめ込んだ。妻には、元厚生相の増岡博之《ますおかひろゆき》代議士の長女・千枝子をもらった。

三男の知三郎《ともさぶろう》の妻は中曽根《なかそね》康弘《やすひろ》・元首相の兄・吉太郎の長女・八重子である。

四男・四方司《よもじ》はブリヂストンの石橋家の本家であるアサヒコーポレーション社長・石橋徳次郎《いしばしとくじろう》の娘・佳子を妻に迎えた。石橋家を通じて鳩山一郎《はとやまいちろう》、池田《いけだ》勇人《はやと》と縁戚となった。

ブリヂストンの創業者、石橋正二郎《しょうじろう》の長女・安子は鳩山一郎の長男・威《い》一郎《いちろう》に嫁し、鳩山由紀夫《ゆきお》・邦夫《くにお》兄弟の母だ。正二郎の甥《おい》、石橋慶一は、池田勇人の三女・祥子と結婚している。

齊藤家は鳩山一郎、池田勇人、中曽根康弘など歴代首相につらなるネットワークを形成した。

〈一族は日本のエスタブリッシュメントの一員に組み込まれ、甥の中にはジャガーを乗り回し、鎌倉の

海でクルーザーに興じて、石原慎太郎《いしはらしんたろう》の『太陽の季節』のモデルにもなったドラ息子まで現れた〉（注6）

中央で名声を得たい――。田舎の個人商店から大企業を築きあげた知一郎・了英親子の夢であったのかもしれない。

了英は、地方政治の支配に抜かりなく目配りした。国会には次男・斗志二を送り込み、県政には弟の滋与史を知事として配した。こうして本拠地である富士市に大昭和王国を築いたのである。

「住友は乞食の布団まで剝ぎやがる」

メインバンクの住友銀行の面々が乗り込んできたとき、この王国は解体の危機に瀕《ひん》していた。

〈住銀が乗り込んできたとき、了英の子供全員が大昭和に居た。長男・公紀は副社長で、次男・斗志二が企画調整本部副本部長、三男・知三郎は企画調整本部関連企業部長、四男・四方司は財務部勤務だった。

住友銀行にとって、再建のための最大の仕事は、大昭和製紙ならびに関連会社と齊藤一族との間で複雑に絡《から》みあった資産と利害の糸を解きほぐし、両者の関係を明確化することであった。必然的に、経営陣から齊藤色をできるだけ排除することに繫《つな》がった。

（中略）齊藤了英は経営責任を問われ社長から取締役相談役に退き、息子たちも長男の公紀を除いて本社から関連会社などに追われた。

住銀の再建スタッフは「今回の治療には、内科も外科もあります」と言ったが、この荒療治《あらりょうじ》は、一族支配を理想とした了英に「大昭和が乗っ取られる」という猜疑心《さいぎ》を芽生えさせることになった〉（注7）

1982年6月、社長の了英は、責任をとって取締役相談役に退き、代議士をつとめていた弟・滋与史が社長に就いた。

銀行から派遣された玉井英二ら再建チームは、快刀乱麻の外科手術をやってのけた。ゴルフ場をはじめとする遊休土地、さらには有価証券などを売却して総額１８００億円を浮かせて借入金返済に充《あ》てた。

このなかには了英の愛蔵していたシャガール、ピカソ、マチス、梅原龍三郎《うめはらりゅうざぶろう》などの絵画コレクションも含まれていた。了英は悔しさのあまり「住友は乞食の布団まで剝《は》ぎやがる」という名セリフを吐《は》いた。

了英が絵画コレクターの道に入ったのは１９６０年である。沼津中学の先輩が、銀座の画廊に連れていき、「これ買っておけ」と1枚の絵を示したのがきっかけだった。70年代には、フランスのシャガールの自宅でシャガールに会い、シャガールの作品を5点買った。ピカソの作品をブリヂストン美術館の創始者、石橋正二郎と争ったこともある。好きな画家は日本では平山郁夫《ひらやまいくお》や梅原龍三郎、海外ではゴッホやピカソ。これらの作品が借金のカタに取り上げられた。

了英が住友銀行に対して恨み骨髄《こつずい》となったのは、秘蔵の絵画を奪い取られたからである。都市対抗野球の名門・野球部が廃部になったのもこのときだ。

兄弟が仕組んだ〝了英封じ込め作戦〟と〝血の粛清〟

玉井英二ら住銀からの派遣チームはわずか2年半で経営再建に成功し、１９８３（昭和58）年10月、全員が引き揚げた。

〈翌五九年（一九八四年）一月四日朝、富士市の本社で行なわれた始業式の席上で突然、社長交代が発表される。メイン銀行の根回しもなしに敢行された電撃交代は、兄弟二人が極秘に仕組んだ〝了英封じ込め作戦〟だった。了英が依然として現役カムバックを狙い続けていることに危機感を抱く滋与史は、自分は空席だった会長に就き、喜久蔵が社長に就任することで了英の進路を断つ作戦（を立てた）とい

うのが真相だった〉（注8）

齊藤四兄弟のうち、長男の了英と三男の喜久蔵の仲が特に悪かった。喜久蔵は兄弟のなかでは、ただひとりの技術系。世界中をまわって最新鋭の製紙機械を導入した。大昭和の紙づくりの技術レベルが向上したのは喜久蔵の功績といわれている。

技術者としては、たしかに目利きだったが、頑固《がんこ》で融通《ゆうずう》がきかないところがあった。いったん言い出したら、テコでも動かない激しい性格の持ち主だった。

〈会議の席上でも了英に対して、「てめぇ、ぶっ殺してやる！」と面罵《めんば》するシーンがしばしば起こった〉（同注8）

喜久蔵は、了英の個人商店を近代的な株式会社に転換させようとする住銀の再建策に賛同していた。了英は喜久蔵が住銀とつるんで〝自分の会社〟を乗っ取ろうとしているのではないかと、疑心暗鬼になった。

喜久蔵は社長に就くや、了英の長男・公紀副社長を筆頭に、了英の色に染まった役員をいっせいに窓際に追いやった。了英の昔の忠臣まで切ったため、〝血の粛清《しゅくせい》〟と呼ばれた。

喜久蔵のやり方に承服できない、反乱軍による怪文書が乱舞した。

クーデターで復権した了英の独裁

そして1985（昭和60）年4月30日、クーデターが起きる。

富士市にある本社で取締役会が開かれたのが正午。84年度（1985年3月期）決算案、関連会社への融資問題などを可決したところで、齊藤了英相談役が社長解任の動議を提出した。

何も知らされていなかった社長の喜久蔵が「こんなことがあっていいのか」と叫んでいるうちに、22人の役員のうち16人が起立して解任に賛成した。わずか17分で社長解任が終了するという、電光石火の早業《はやわざ》だった。

〈定例役員会が開かれる前夜の四月二九日、喜久蔵社長は知人の結婚式に出席した帰途、二人の部下とともに富士駅前のW寿司の二階に上がった。了英サイドの巻き返しを警戒《けいかい》する喜久蔵は腹心とともに何度も票読みし、絶対に勝てると確認。上機嫌になって、

「これからはオレの天下だ」

と豪語した。

同じ時刻、東京・大手町のパレスホテルで了英相談役もまた票読みを行なっていた。驚いたことに、喜久蔵社長が自派の柱として信頼していた弟の孝（副社長）が寝返って一座の中心にいたのである。二二人の役員の過半数を確保したことを確認すると、弁護士立ち会いの下に社長解任劇のリハーサルに入った。

役員の一人が「緊急動議！」と叫んで立ち、議長役が「動議を認めます」と応じると、すかさず「社長解任を求めます！」と一撃する。呼吸が合わずに何度も立ったり座ったりした役員はギックリ腰になってしまった〉（同注８）

喜久蔵の寝首を掻《か》いた論功行賞《ろんこうこうしょう》によって四男・孝は社長に就任した。喜久蔵は代表権のない最高顧問として屋根裏に押し込められた。

〈このとき、孝氏は、

「解任というのは、あまりにひどすぎる。せめて辞任という形にしないと喜久蔵さんがかわいそう」

と涙ながらに訴えた。が、了英氏は許さなかった〉（注９）

次男の滋与史は、喜久蔵の解任に反対したことから、立場は微妙なものになる。政治活動をつづけるには、大昭和の支援は欠かせない。政治に専念して、経営から身を引くことで折り合いをつけた。

クーデターが成功した。相談役の了英は名誉会長として復権した。孝は本人が洩らしたように「了英のロボット」にすぎなかった。あとは、了英のやりたい放題だった。

喜久蔵によって遠ざけられていた息子たちを次々と本社に戻した。了英の独裁がふたたびはじまった。喜久蔵派に対する粛清の嵐が吹き荒れた。

〈喜久蔵時代に二階級特進した部長がヒラに落とされて大阪営業部へ飛ばされた。工場長を発令された朝、突然、「赴任に及ばず」の一言で調査部へ回された（社員もいた）。野球部員としてスカウトされたのに齊藤家批判をしたためチームに入れず現業部門に飛ばされた（選手も出た）。

（了英は）気学や易《えき》、姓名判断に凝っていて、人事を占い師の八卦《はっけ》によって決めていたとか。恨みの声は地下情報として伝わっていく〉（注10）

超ワンマンぶりを伝える逸話《いつわ》はゴマンとある。

〈あるとき植樹祭に出席した。雨降りで地面はぬかるんでいた。（了英は）写真が大好きで、いつも付き人にカメラを持たせている。クワを入れたところを下からの角度で撮れと命じた。新調の背広を着ていた付き人がためらうと、

「ズボンがなんだ。そこにひざをついて撮れ」

と、どなった。ズボンが泥だらけになった、と伝えられている。

気に入らない部下を切る場面を見た、という話もある。

「電話を取っていきなり、〇〇はいるかって、いうんです。お前、明日から来なくていい、って。それで終わりです」

「でも、フォローはしていた。その後すぐ別のところへ電話して、おい、〇〇が食えるようにしてやれ、って言っていました」〉（注11）

豪放《ごうほう》にして粗野《そや》。了英流の人心収攬《しゅうらん》術なのだろうか。

会社のカネを年1000億円以上吸い取る構図

1986年3月13日付の朝日新聞夕刊の一面に《大昭和、住銀に縁切り宣言、借金二百八十億円「返す」　口出しは「お断り」　名誉会長復権狙う》の記事が載った。

借入金を全額返済してメインバンクの住銀と縁を切るというのである。前代未聞《ぜんだいみもん》、空前絶後、春の椿事《ちんじ》として、経済界をにぎわした。

縁切り宣言は、大昭和の取締役会に諮《はか》り、機関決定したものではない。了英の鶴の一声で決まった。了英が住銀を切るといえば、社長以下、「御意《ぎょい》」と従う。それが大昭和の企業体質なのだ。

了英の住銀嫌いは、製紙業界では、つとに有名だった。

〈了英氏をよく知る人によれば、彼の対住銀の感情は「嫌悪感」「憎しみ」といったレベルを通り越し、「怨念《おんねん》」にまでなっており、こと住銀に関しては〝損得抜き〟で対応しているという。そういえば、了英氏自身も本誌（＝週刊文春）の取材に悪びれることなく毒づいていた。

「住銀のことを考えると、心臓が悪くなってね。夜も寝れねぇんですよ。昔から心臓が悪かったわけじゃないのに、頭も痛くなってくるしで、これはスミトモ性動悸《どうき》症……」〉（注12）

大昭和は二度のオイルショックと低成長経済への移行にうまく対応できないまま、了英自身が趣味と認める株式や土地への過大投資によって、借入金が年商の倍の6000億円に達し、経営危機に追い込まれた。再建に乗り出した住銀が徹底した荒療治《あらりょうじ》をやったことは、縷々《るる》述べてきたとおりである。

〈「住銀が先《ま》ずやったことは、公私の区別を齊藤一族につけさせたことです。資産ひとつとってみても、これが齊藤一族の所有物なのか、大昭和のものなのか判然としないほど入りくんでいたんです。その上で本業とは関係ないゴルフ場などの不動産や齊藤一族の持ち株会社などを次々と処分して、借入金の返済にあてる処置をとったわけです。了英氏に対しても、大昭和をここまで追い込んだ責任をとらせ、取締役相談役の大株主として処遇しようとしたんです。

了英氏にしてみれば、会社は自分の持ち物みたいなものですから、再建してもらったという気持ちよりも、自分の財産を勝手に処分して会社を乗っ取ろうとしていると映ったのかもしれませんね」（業界事情通）〉（同注12）

住銀に対する縁切り宣言から3ヵ月後の86年6月の株主総会で、齊藤了英は代表取締役名誉会長として経営に復帰した。翌7月、滋与史が代議士から静岡県知事に鞍替《くらが》えして当選する。その後釜に、次男・斗志二を送り込んだ。

了英が復権を果たすと元の木阿弥《もくあみ》。ファミリー企業が息を吹き返した。

〈「直接メーカーから買えば済むような機械でも、齊藤一族の会社を通して買うからマージン分だけ大昭和は高く買わされることになる」

その典型は、齊藤了英の個人的な資産管理会社と言われている愛鷹《あしたか》林産興業（のちの大昭和愛鷹）であろう。役員に了英一族が名前を連ね、大昭和製紙の筆頭株主でもある。

主な業務は巨大なマシーンを購入し、それを大昭和製紙にリースすることだ。大昭和の利益が上がれば、リース料を値上げし利益を吸い上げることもできる。大昭和にすれば、利益が減る分だけ法人税が軽くなる。愛鷹林産は機械購入で借入金が莫大なため、法人税は少ない。どちらにしろ、大昭和の儲けが齊藤一族に入ってくる仕組みである。

このような大昭和製紙と齊藤一族の企業との取引高は、有価証券報告書などで判明しただけでも、年間1388億円を超える金額になっている。この数字は大昭和製紙の今期（1991年3月期。引用者

注）の年間売上高の40パーセント近くに相当する。まさに寄生虫のようなものである〉（注13）

東京・赤坂の超一等地にある１０００平方メートル（約３００坪）の別宅も、いつのまにかファミリー企業の愛鷹林産から了英に所有権が移転されていた。

住友銀行からの進駐軍が引き揚げると、ファミリー企業がふたたび齊藤家の貯金箱の役割を担うようになった。大昭和の利益を、ファミリー企業を通じて吸い上げ、オーナーである了英が独占する構図である。

〈「了英が思いつきで作ったようないい加減な会社、赤字会社が本社に寄生していると判断したのが住銀で、この寄生虫さえ整理すれば本業は建て直せると踏んだ、だからこそ住銀は再建を引き受けたんです。本当はもっと徹底的にやりたかったようですが、了英は相変わらず大株主ですし、滋与史は現役の政治家というように様々な障害もあって、満足の行くほどではなかったようです。

滋与史にしたって、政治資金の捻出《ねんしゅつ》に利用していたわけですから……。だから長男と次男には〝反住友〟という心理があるんです」（金融記者）〉（注14）

了英は住銀に取り上げられた米びつを、ふたたび取り戻したのである。

了英の持ち株数は全体の３・３％だが、７・４％を保有する筆頭株主の愛鷹林産興業や齊藤商会などファミリー企業の保有株式を合わせると、15％を超える。創業家で大株主というパワーを錦《にしき》の御旗《みはた》に掲げ、齊藤一族は名誉会長をボスに、会長、社長、専務、監査役の主要ポストを独占。同族支配がみごとなまでに貫き通されていた。

鰻屋の女将との不倫で裁判沙汰

１９８９年６月、了英の長男・公紀が大昭和製紙の社長に就任した。社長だった四男・孝は会長に祭り上げられた。

了英は跡取り息子の長男を溺愛《できあい》した。公紀は、幼稚舎からエスカレーター式で慶應義塾大学法学部に進学した慶應ボーイだ。了英は、公紀を赤坂のホテルニュージャパンのスイートルームから三田のキャンパスへ通わせるという超親バカぶりを発揮し、週刊誌をにぎわした。国際性を身につけさせるために、スタンフォード大学に留学させた。

了英は80年、愛妻・きしのを亡くした。しかし、きしのの墓を何年たっても建てなかった。その理由を聞かれ、

〈「長男の公紀を大昭和製紙の社長にし、弟の滋与史を静岡県知事にするのが、私の悲願です。それまでは、墓は建てません。その願いがかなった暁には、成仏できるように立派な墓をつくって拝んでやります」と答え、ポロポロと涙を流している〉（注15）

きしのの死から9年たって、長男・公紀の社長就任が成就した。了英は「20年は社長をやってもらう」と手放しで喜んでいたという。一族の家父長である了英にとって、社長に引き上げた長男の公紀も、会長に就けた弟の孝も、自由に動かす手駒《てごま》でしかなかった。

ボンボン社長が誕生して、「了英が亡くなったら（大昭和は）一巻の終わりだろう」とささやかれたが、実際、そのとおりになった。

了英は、89年に地元の鰻屋《うなぎや》の女将《おかみ》との不倫騒動を起こし、女将の夫から訴えられた。週刊誌の大きな話題となったこの事件は、地元の鰻屋に通ううちに、女将とデキてしまった、という、ごくありふれた男と女のスキャンダルである。

鰻屋の亭主が了英に「もう店に来るな」と言うと、女将は家を飛び出した。了英と女将が熱海《あたみ》のマンションにふたりでいるところへ、ご亭主が乗り込んで大騒ぎとなった。「熱海事件」である。

鰻屋の主人は、了英と女将を相手取って損害賠償請求の裁判を起こした。了英は、これに敗訴して10

00万円を支払った。裁判には一度も出ず、裁判中は、女将とスペイン旅行をしていたというから、裁判官も呆《あき》れたようだ。

女将は亭主と別れて、妻を亡くした了英と一緒に住むようになった。

了英は意気軒昂《けんこう》だった。憎っくき住銀と縁を切り、復権を果たし、長男を社長に就けた。父・知一郎がつくった大昭和製紙を自分の代に〝了英王国〟にすることができる。

その高揚感からだろう。

1990年5月、ゴッホの『医師ガシェの肖像』と、ルノアールの『ムーラン・ド・ラ・ギャレット』、そしてロダンの彫刻『カレーの市民』の3作品を競り落とした。

「ゴッホとルノワールを自分の棺桶に入れてくれ」と大口を叩いて世界中の美術愛好家を敵に回したことへの反省の気持ちが少しはあったからかもしれないが、その後、了英は「ゴッホとルノワールは静岡の県立美術館に入れて、目玉にしたい」と言うようになった。だが、弟の滋与史・静岡県知事は「オレは知らねーぞ」と、了英のこの発言から、完全に距離を置いていた。

〈父親からの遺産はほぼ独占し、会社のカネと自分のカネの区別がつかない公私混同は（とうとう）地元での人妻との不倫訴訟まで引き起こした。喜久蔵氏をして「兄貴は狂っている」とまでいわせた傍若《ぼうじゃく》無人《ぶじん》ぶりに泣かされているのは兄弟ばかりでない。徹底した減量経営に伴う賃金カット、福利の切り下げといった住友イズムの果実はちゃっかりいただいた。だから、五千人を超える従業員は残業手当なしでは生活できないほど低賃金にあえいでいた〉（注16）

1億円贈賄容疑で逮捕

長男の公紀を社長につけ、了英は我が世の春を迎えるはずだった。公紀の社長としての最初の決算である１９９０年３月期は、１９１億円の史上最高益を計上した。これはバブル景気の最後の輝きであった。

だが、わずか半年後には空前の経営危機におちいった。90年10月の（同年9月）中間期決算発表の席上、同社の幹部が「91年３月期は１４０億円の経常赤字は避けられない」と明らかにした。しかも、「経常赤字は92年３月期もつづき、有価証券や遊休地、山林などの資産売却が進まなければ、93年３月期でも黒字転換は困難」と説明したのである。

90年代の経営危機は、80年代のそれと構造はまったく同じだ。

80年代は、第一次オイルショックの際の紙不足で暴利をむさぼった味が忘れられずに、無謀とも思える設備投資に走り、年商の２倍の６０００億円の借金を抱えた。第二次オイルショック後の不況が紙・パルプ業界を直撃。倒産の瀬戸際に立たされた。この折は住友銀行の支援で乗り切ったことは前に述べたとおりだ。

90年代の経営危機も、企業体力を無視した規模の拡大が元凶《げんきょう》である。バブル景気に乗って、どんどん借金を重ねて、海外に子会社をたくさんつくったり、積極的な事業展開にカネを湯水のごとく使った。拡大戦略がバブル崩壊によって、完全に裏目に出たのだ。

91年３月期の売上高３５３６億円に対して、借入金は４５００億円。借入金はどんなに多くても売り上げ規模を超えてはアウトだ。ところが、大昭和は借入金が売上高を大きく上回っていた。これは前回の経営危機のときと同じだ。

当時、業界トップの王子製紙の借入金は売上高の半分以下、業界３位の十條製紙は4分の1程度だった。業界2位（当時は2位だった）の大昭和だけが、体力以上の借入金を抱えていたことになる。

91年３月期決算では、借入金の支払利息だけで３００億円に達した。そのため、保有する株式を売却して１１６億円の特別利益を出して、赤字額を１４９億円に圧縮するという、文字どおりのヤリクリ決算だった。

前回と決定的に違うことがひとつあった。メインバンクがないことだ。

前回は、メインバンクの住友銀行が救済の手を差し延べたが、了英が住銀と縁切り宣言したうえに、「口うるさいメインバンクをつくらない」と公言していたのだから、支援に乗り出す銀行はどこにもなかった。自分で不動産や株式の売却を進めて、黒字に転換をはかるしか道はない。

そうこうするうちに、致命的な出来事が起きた。

１９９３年11月、了英はゴルフ場建設をめぐる前宮城県知事・本間《ほんま》俊太郎《しゅんたろう》への１億円の贈賄《ぞうわい》容疑で逮捕された。

「１億円でいいか」

本間に対する贈賄の額は、了英の鶴の一声で決まったという。この１億円は、大昭和製紙の系列会社の大昭和愛鷹や大昭和グリーンポート開発が宮城県名取《なとり》市で進めるゴルフ場や宅地開発で便宜をはかってもらう謝礼として、渡ったものだ。

大昭和愛鷹の旧社名は愛鷹林産興業。了英が大昭和から利益を吸い上げる道具に使ったファミリー企業であることはこれまでにも触れてきた。

逮捕された責任を取って、了英は代表取締役名誉会長を辞任した。これで了英の社内での求心力は一気に低下した。

銀行・商社主導で会社解体、吸収合併へ

大昭和のドン、了英が逮捕されたのを受けて、１９９４年２月、副社長の中野省吾が社長に昇格した。創業家・齊藤一族以外の初のトップだ。

メインバンクはなかったが、融資額が大きかった日本興業銀行など銀行団が、経営悪化の元凶である齊藤家の支配からの転換を求めたことが、社長交代の背景にあった。三十年余にわたり、超ワンマンとして君臨した了英の逮捕を機に、深刻な経営悪化の責任を齊藤家に取るように求めたのだ。

１９９５年６月の株主総会が注目された。91年３月期から５期連続の経常赤字がつづき、３期連続の無配だ。開かれた会社をめざし、了英の負の遺産の一掃に踏み切ることが決まったが、了英は脱同族に徹底抗戦した。

〈「次の株主総会では、理解のない人は外しなさい。中野社長、北岡専務……」と了英が言った。

この春（１９９５年。引用者注）、大昭和製紙社内に流れた「怪文書」には、経営の表舞台からは退いたはずの齊藤了英氏の名前がはっきり書かれていた。

（中略）中野省吾社長らの〝解任〟を促すくだりは明確な手書きの文字だが、79歳と高齢の了英氏は逮捕前から食事の時には、２、３度、箸《はし》を床に落とすほどだったので、本人の直筆ではない。しかし、了英氏の資産保全や身の回りの世話をする「了英親衛隊」と呼ばれる人々がいる。最近、「親衛隊」は、了英氏の好きな東京・日本橋のそば屋に了英氏を含め４、５人で現れ、〝活動〟は衰えていない。怪文書も、了英氏一派の〝暗躍〟を物語っている〉（注17）

95年６月の株主総会では、大昭和のパルプを輸入していた大手商社の丸紅から専務、日本興業銀行と富士銀行からそれぞれ常務を迎えた。５人いた齊藤一族役員のうち、元社長の孝・相談役、了英の四男・四《よ》方司《もじ》専務ら３人を退任させ、齊藤家役員は了英の長男で前社長の公紀会長と了英の三男・知三郎副社長のふたりに絞った。知三郎副社長からは代表権を外した。

齊藤家出身の役員がひとりも代表権を持たないのは、大昭和の歴史上で初めてのことだった。

95年10月、了英は東京地裁から懲役《ちょうえき》３年、執行猶予《ゆうよ》５年の有罪判決を受けた。96年２月に、次男で代議士だった斗志二のパーティーで脳梗塞《のうこうそく》で倒れ、翌月3月30日に他界した。79歳だった。

中野新体制は、不動産、株式の売却とファミリー企業からの貸付金・債権の回収で、4500億円あった借入金を2800億円に圧縮するという目標を掲げた。同族支配から脱却し、自主再建に向けて踏み出したわけだ。

ところが、現実は厳しかった。大昭和製紙は製紙業界の再編からも取り残されてしまっており、自主再建はきわめて困難だった。

98年6月の株主総会で、商社と銀行から大物役員を迎えた。興銀から元常務の十河一元《そごうかずもと》が副社長に就任、丸紅からは副社長の豊田隆三が非常勤の取締役になった。銀行と商社の主導で、大昭和の解体が進んだ。

2001年3月30日、大昭和製紙は日本製紙と事業統合し、共同で持ち株会社、日本ユニパックホールディングを設立した。現在の日本製紙（日本製紙になる前は日本製紙グループ本社）である。

実態は大昭和の救済合併であり、大昭和製紙の名前は産業界から消えた。日本製紙に呑《の》み込まれて、齊藤一族のくびきから解き放たれた大昭和の社員はホッとしていたかもしれない。

「齊藤了英の歴史は私物化の歴史」

齊藤了英は、事業を大きくしたが、その経営感覚は終世、個人商店の域を超えることはなかった。会社のカネは、オレのもの。社員はオレの使用人。いかに使おうとオレの勝手。文句あるかというわけだ。勝手気ままに好き放題にやって、会社の名前を消してしまった。

ある経済ジャーナリストの言葉を借りれば、

〈「齊藤了英の歴史は私物化の歴史にほかならない。大昭和製紙の私物化、静岡県政の私物化、最後には世界の名画の私物化までやってのけた」ということになる〉（注18）

故人とともに灰になるなどという、じつに愚《おろ》かな選択をまぬかれた2枚の名画はどうなったのか。ルノワールの『ムーラン・ド・ラ・ギャレット』は94年7月、大昭和製紙の手を離れ、ニューヨークのサザビーズの仲介で売却された。価格は5000万ドル（約60億円＝当時）といわれている。了英が118億円で手に入れた名画だが、バブル崩壊で半値になった。スイスの個人コレクターの手に渡ったとされている。

一方、ゴッホの『医師ガシェの肖像』は97年8月、齊藤家がサザビーズに売却した。非公開でオーストリア出身の米国のヘッジファンド投資家、ウォルフガング・フロットルが、一説には9000万ドル（約105億円＝同）で購入した。了英は125億円で落札しているから、さほど値下がりしていなかった。

2007年1月、フロットルが円取引に失敗して10億ドル以上の損失を出して破産したため、この絵はサザビーズに売却された。現在の所有者については不明だが、個人の所有になっているという。

ポイント▼超ワンマン経営者の末路

大昭和製紙の経営危機は戦後、3度あった。1961年と1980年、そして1991年である。1度目の危機は創業者・知一郎の死去による人材の枯渇。2度目と3度目の危機は借金過多。巨額の借り入れに頼った大規模の設備投資が、市況の悪化で裏目に出た。これほど失敗を教訓にしない会社は珍しい。

創業家二代目の齊藤了英は名誉会長という隠居の身でありながら、まぎれもなく、大昭和製紙の最高権力者であった。了英名誉会長は末弟を会長、長男を社長に就けた。会長、社長が名誉会長の使用人という図式は、日本のワンマン経営者列伝のなかでも例を見ない。

了英はバブルの時代、大昭和愛鷹など齊藤家のファミリー企業を通じ、大昭和製紙株式を担保に融資を受け、不動産や名画を買い漁った。ゴルフ場もこの中に含まれる。

喉元過ぎればなんとやら。バブル景気の恩恵で一息つくと、お決まりの拡大路線に、すぐさま回帰した。北米、中国での工場建設までスケジュールに上っていた。

ここでバブルが弾けた。

１９９１年３月期の売上高は３５３６億円。これに対して借入金は４５００億円。借入金は年間売上高の５割が標準で、どんなに多くても10割は超えてはならない、というのがメーカーの経理の鉄則だ。ところが大昭和製紙は借入金が売上高を大きく上回っていた。

80年の経営危機のときは、メインバンクの住友銀行が　救済の手を差し延べた。しかし、了英が住銀を切り捨て、それ以降、口うるさいメインバンクをつくらないと公言したことから、91年には支援に乗り出す銀行はどこにもなかった。

超ワンマン経営者も生き残らず、会社もなくなった。一将成らずして万骨枯れたのである。

第3章　佐世保重工業——再建王が粉骨砕身したドロ沼労使紛争

生き残りをかけた造船業界の再編

三菱重工業と今治《いまばり》造船、名村造船所は2017年3月31日、商船事業の提携で基本合意した。大島造船所（長崎県西海市《さいかい》）とも6月14日に提携で基本合意した。世界的に新造船の需要が振るわないなかで、他社との提携で、競争力を維持するための必死の努力がつづく。

提携する造船4社は九州、四国などに拠点を構える。日本一の建造量を誇る、非上場の今治造船をはじめ、名村造船所、大島造船所など専業勢の強みは意思決定の速さと生産効率の高さにある。ここに三菱重工のLNG運搬船や客船などの技術力が加わることで、シナジー効果が期待できる。

日本の軍事産業をリードする三菱重工の造船部門と、オーナー系専業との企業文化や就労体系などのへだたりは大きい。それでも、名村造船所による佐世保重工業の子会社化、今治造船による幸陽船渠《せんきょ》の吸収合併、三菱重工の商船事業の分社など、事業再編をテコに成長しようとする経営マインドに共通する部分は、多々ある。日本の造船業の再編は、新たな段階に入ったといえる。

かつて日本の造船業は質・量の両面で世界をリードし、〝造船王国ニッポン〟といわれた。

だが、その栄光は過去の話。すでに建造量では韓国、中国に抜かれて久しい。

２００８年秋のリーマンショックで、海運・造船バブルが終わり、造船業界は氷河期に突入した。新船の受注量は急減、船価も暴落した。過去に受注した手持ち分で食いつないできたが、それも底をついてきた。

世界の造船市場では規模で勝《まさ》り、コスト競争力が高い中国・韓国企業が優位に立つ。両国のメーカーの合算で、建造量ベースでは世界シェアの7割を握る。日本の造船業界は、建造がゼロになる懸念《けねん》が強まり、「２０１４年問題」が叫ばれた。

業界は生き残りをはかるために、再編に進んだ。２０１３年1月、ＪＦＥホールディングス（ＮＫＫと川崎製鉄により設立されたＪＦＥグループの持ち株会社）、ＩＨＩ（旧・石川島播磨《はりま》重工業）の造船事業が統合してジャパンマリンユナイテッド（ＪＭＵ）が誕生した。

つづいて川崎重工業と三井造船の合併の話が持ち上がったが、川重の役員の大半が合併に反対。合併推進派の社長を解任する事態となり、歴史的再編は幻《まぼろし》に終わった。

中堅造船では名村造船所が２０１４年5月23日、佐世保重工業を株式交換により、10月1日付で完全子会社にすると発表した。名村造船所グループは建造量ベースで国内第4位、佐世保重工は同10位。名村造船所は佐世保重工を子会社にすることで、今治造船、ジャパンマリンユナイテッドに次いで第3位に浮上する。

名村、佐世保の筆頭株主は新日鐵住金だ。名村造船所の株式の7・2％、佐世保重工の9・6％を保有する。新日本製鐵と住友金属工業が合併して誕生した新日鐵住金は、出資先企業の絞り込みに乗り出した。名村造船所は佐賀県伊万里《いまり》市に、佐世保重工は長崎県佐世保市にドックがあり、地理的に近い。両社は石炭や鉄鉱石を運ぶバラ積み船やタンカーなどが主力。船の修繕《しゅうぜん》事業も手がけている。

両社の合併の背中を押したのは、佐世保重工の業績悪化だった。佐世保の２０１４年３月期の連結売上高は低価格船を受注した影響で、前年に比べて13・８％減の３０９億円。本業の儲けを示す営業利益は16億円の赤字（その前の期も12億円の赤字）と２期連続の赤字に沈んだ。

リーマンショック直後の２００９年３月期には７７４億円の売り上げがあったのだから、わずか５年で６割も減ったことになる。今後、為替《かわせ》変動がつづけば、造船の専業が単独で事業を継続するのは難しくなる。佐世保重工は存亡の危機に立たされていた。

一方、名村造船所の２０１４年３月期の売上高は前年比５・２％増の１２４５億円、営業利益は同64・５％増の２２２億円で増収増益。船価が高かった時期に受注した船が売り上げに立ったため、造船不況の影響は小さかった。

名村造船所は佐世保重工を株式交換方式で完全子会社にした。佐世保重工の普通株式１株に対し、名村造船所の株式０・１２８株を割り当てた。佐世保重工は名村造船所の１割強の企業価値でしか評価されなかったことになる。名村造船所による佐世保重工の救済というのが合併の実態だった。

佐世保重工の救済は今回が初めてではない。これまでにも２度救済された。

オイルショックで倒産寸前だった佐世保重工

佐世保重工業の前身は、１８８９（明治22）年に佐世保鎮守府《ちんじゅふ》の開庁とともに設置された造船部で、その後、佐世保海軍工廠《こうしょう》に改編された。戦艦「武蔵」の艤装《ぎそう》工事をおこなったことで知られる。建造された艦船は軽巡洋艦《じゅんようかん》、駆逐《くちく》艦、潜水艦など88隻《せき》を数えた。

敗戦により、佐世保海軍工廠は閉鎖。１９４６（昭和21）年10月、同施設を引き継ぐ形で佐世保船舶工業が設立された。

戦後は経営危機の歴史であった。

１９４９年に東京証券取引所に上場したが、１９５４年12月に不渡りを出して銀行取引停止処分を受けて倒産したため、上場廃止となった。整理会社になった佐世保重工に乗り込んできたのが、南極に鯨《くじら》を捕りにいっていた遠洋漁業の大洋漁業（のちのマルハニチロ）である。

大洋漁業のもとで再建に取り組み、１９６１（昭和36）年７月、佐世保船舶工業の社名を佐世保重工業に変更。翌８月、東証一部に再上場した。略称は旧社名の頭文字からとったＳＳＫのまま。佐世保市民はいまでもＳＳＫと呼んでいる。

１９６２年10月、当時世界最大のタンカー「日章丸」（出光興産のタンカーの三代目。載貨《さいか》重量13万トン）を竣工《しゅんこう》した。佐世保重工は海軍工廠から受け継がれた技術を活用し、タンカーや鉄鉱石を運ぶバラ積み船などの大型船建造で名を馳《は》せた。１９６０年代がＳＳＫの黄金時代だった。

しかし、１９７３（昭和48）年10月の第四次中東戦争を機に、アラブ産油国は原油を減産し、原油価格は暴騰《ぼうとう》した。第一次オイルショックである。つづいて、１９７９年のイラン革命に端を発した第二次オイルショックが起きる。

２度にわたる石油危機で、石油の荷動き量は激減。タンカーの船腹過剰が表面化し、超大型タンカーを中心に受注のキャンセルが相次いだ。

タンカーを主力とする佐世保重工は大型船の受注が途絶え、経営は破綻《はたん》寸前にまで追いつめられた。

このとき、坪内寿夫《つぼうちひさお》が佐世保重工の救世主として登場する。

シベリア抑留体験から生まれた坪内寿夫の経営哲学

坪内寿夫は1914（大正3）年、愛媛県伊予郡松前《まさき》町に生まれた。漁師町である。父親の百松は船大工だったが、同町で映画館を経営していた坪内家に見込まれ婿《むこ》養子となった。

百松は芝居小屋「大坪座」を経営していた。寿夫は芝居小屋にかかる勧善懲悪《かんぜんちょうあく》の大衆演劇を見、浪曲を聴きながら少年時代を過ごした。

船長になる夢を抱き、弓削《ゆげ》商船学校（のちの弓削商船高等専門学校）に進んだ。卒業後、満州に渡り南満州鉄道（満鉄）に入社した。華北交通に移り、20代半ばの若さで念願の船長になった。

1000トンほどの船で松花江《しょうかこう》（黒竜江《こくりゅうこう》の支流。全長約1900キロ）や黒竜江（アムール川。中国東北地方とソ連国境を流れ、間宮《まみや》海峡に注ぐ全長約4300キロの大河）を上り下りした。航行中、馬賊《ばぞく》に襲われたこともあった。満州時代に、両親のすすめで紀美江と見合い結婚をした。

1945（昭和20）年、日本は敗戦。船長をしていた寿夫は、ソ連軍の捕虜《ほりょ》となり、シベリアのイルクーツクに連行された。戦後シベリアに抑留《よくりゅう》された日本軍将兵や民間人の総数は約58万人。過酷《かこく》な環境のなかで重労働を強いられ、1割近い約6万人が死亡した。

坪内は多弁だったが、シベリア抑留については、多くを語らなかった。それほど心の傷痕《きずあと》は深かった。

シベリアの抑留体験が、坪内の経営哲学の核となる。経営者は贅沢《ぜいたく》を慎《つつし》み、女遊びせず、質素な生活を率先垂範《そっせんすいはん》するものだという坪内の哲学は、彼の生涯を貫くものとなった。

坪内は1948年10月、シベリアからの復員船で京都府北部の舞鶴《まいづる》港（正式には東舞鶴港である）に降り立った。柴田錬三郎《しばたれんざぶろう》は小説『大将』で、坪内の風貌《ふうぼう》をこう描いた。

〈おそろしく無恰好《ぶかっこう》な男であった。首が太すぎた。なんとも、太すぎた。尤《もっと》も、極端な栄養失調にかかっているらしく躰幹《たいかん》が骨と皮のため、よけい、首が大きく感じられるのであったろう。顔の中でも、耳《じ》

朶《だ》と鼻が巨大であった。耳朶と鼻は栄養失調にかからぬものらしかった〉（注１）

岸壁には、両親とハルビンで生き別れになった妻の紀美江が出迎えていた。

帰国した寿夫に、両親は２４０万円の金を渡し「好きなように事業をしなさい」と言ったと伝えられている。２４０万円は、現在の貨幣価値に換算すると50倍だから１億２０００万円になる。無一文で事業家人生をスタートしたわけではなかった。

寿夫は親から譲り受けた芝居小屋を、映画館に変えた。映画以外に娯楽がなかった時代だったから、儲けに儲けた。

坪内はアイデアマンであった。１９４９年、彼が松山市の商店街に建てた映画館「松山グランド劇場」は、全国に先駆けて2本立て興行をおこなった。それまで日本の映画館は、系列の違う映画会社の作品は上映できなかった。製作本数が限られていたから、同一系列の新作を2本立てで興行するのは不可能だった。

作家の青山淳平《あおやまじゅんぺい》は「裸になった再建王　坪内寿夫の本懐」で、２本立て興行でボロ儲けした様子をこう描いた。

〈大衆が娯楽に飢《う》えていた時代である。どんな映画でも客が入り、おもしろいほど儲かった。正月などは日銭《ひぜに》が石炭箱二杯分にもなった。銀行が開くと、いくつもの箱をリヤカーに積んで運び、勘定は銀行任せだった。数年後、坪内は四国中の一等地に三十の映画館をもつまでになった〉（注２）

船の月賦販売で造船所を再建

映画で儲けた坪内に、愛媛県知事の久松定武《ひさまつさだたけ》から波止浜《はしはま》船渠《せんきょ》の再建話が持ち込まれた。この会社は、来島《くるしま》海峡に面した波止浜という町にある住友系列の造船所で、財閥《ざいばつ》解体後、労使関係が悪化し更生《こうせい》会社になっていた。社名を来島船渠《くるしませんきょ》に変更して、スポンサーを探していた。

寿夫は当初は乗り気ではなかった。映画館経営と造船とはまったく異質な事業だ。寿夫は人生の師と仰ぐ、阪急グループの創業者、小林一三《こばやしいちぞう》に相談する。小林は映画の東宝や宝塚歌劇団の創立者で、映画館を経営する坪内は、小林に私淑《ししゅく》していた。

島地勝彦《しまじかつひこ》は「大悪党か、救世主か？　再建王の坪内寿夫」に、坪内の数々の発言を書き留めている。

〈わしは、そのころ映画の興行で東宝の小林一三さんに認められとってな、可愛がられて、うちの重役にするさかい来いや、なんて言われもしたが、そのときの重役の給料が安うて止めたけど、小林さんは、なかなか魅力ある人物だった。そこで、果してわしが造船業に乗り出してええもんか、訊きに行ったんですわ。

忘れもしない大阪の梅田ビルの小林さんの部屋で「坪内君、そりゃ映画より造船のほうが大きいわ。働き者でアイデアマンの君なら、実業家として十分やれる。その造船所を投げ出した天下の住友の鼻を、あかしてやりなはれ」言われたんですわ〉（注3）

ある知人からは「乞食《こじき》になるつもりか」と止められたが、この要請を、寿夫は俠気《おとこぎ》を出して引き受けた。寿夫は妻に「わしは三十八じゃが、まる裸になるかもしれん」と覚悟《かくご》のほどを話した。

１９５３年４月、来島船渠株式会社の社長に就任、資本金５００万円で出発した。坪内の再建人生のはじまりである。

この年、テレビ放送がはじまった。

〈会社の負債を支払い退職金を出すと、残った従業員はたったの十五人だった。工場には見渡す限り雑草が生い茂り、大きな機械の残骸《ざんがい》があちこちに置き去りにされていた。坪内は従業員と一緒になって草をむしり、機械のさびを落した。二年間、注文らしい注文はなく映画館の収入で食いつないだ〉（注4）

アイデアマンの坪内は、瀬戸内を走る零細《れいさい》な海運業者、いわゆる一杯船主《いっぱいせんしゅ》に目をつけた。彼らは単身もしくは夫婦で1隻の船を持ち、瀬戸内海で貨物を運搬していた。船の多くは木造機帆船《きはんせん》だ。

坪内は、鋼鉄製の船の船主になってもらおうと思いついた。

前出の島地のインタビューでこう語っている。一杯船主や漁師たちを集めて号令した。

〈「新しい鉄の船を、わしがみんなに持たせたる。但《ただ》し、条件がある。60回の月賦《げっぷ》にする代わりに、女房を船に乗せてくれ。新しい船ができたら〝夫婦船〟じゃ。銀行の連帯保証人にはわしがなる。どんな嵐が来ようと、もう安心じゃ」

「どうして女房を乗せるんですか？」と野暮《やぼ》な質問をした。

「奥さんを乗せると、どこの奥さんも亭主にとって怖い存在やから、博打《ばくち》も酒もようやらんのよ」〉（注５）

漁師たちは現金が入ると、すぐ酒を飲み、博打に明け暮れた。奥さんに一緒に船に乗ってもらい、酒と博打にストップをかけるという妙案だ。

１９５６年、来島型標準船（通称、海上トラック）が進水した。総トン数は４９９トン、価格は４９００万円。５００トン以上の船は免許がうるさいので、このトン数に抑えた。支払いは10％が自己資金、40％が銀行融資、50％は月賦にした。

船の月賦は国内初の試みだった。銀行の融資には、坪内が連帯保証人になった。

鋼鉄船と木造船では機械（エンジン）関係の免許が違う。船長の女房に、坪内は自分の会社から派遣した家庭教師をつけ猛勉強させ、機関助手の免許を取らせた。一杯船主のもとを社員が次々と訪れ、注文を取ってきた。あっという間に海上トラックの量産体制に入ることができた。

小型鉄鋼船は飛ぶように売れた。速力、馬力《ばりき》、船腹の強さ、搭載《とうさい》量、工期の速さに優れ、海上トラックは、瞬《また》く間に浸透していった。

この頃、海運業は内航（国内航路）から近海の時代に移る。高度成長時代を迎え、船舶を大型化しなければやっていけなくなった。

坪内は1958年に川崎重工業と技術提携。年間7000万円の技術料を4年間にわたって払い、1万5000トン級の建造技術を手に入れた。この間、高知重工業や愛媛海運を吸収合併した。近隣の大西町に大西工場を建設した。

坪内が社長を引き受けて15年後の1968年、来島どっく株式会社（66年に来島船渠から社名変更）は従業員数3500人、年間建造高150億円の中堅造船所に成長していた。

作家に専用ゴルフ場を造ってプレゼント

「四国の大将」――坪内はこういう仇名《あだな》を頂戴《ちょうだい》した。

ニヒルな剣豪『眠狂四郎《ねむりきょうしろう》』で知られる作家の柴田錬三郎が命名した。当代きっての人気剣豪作家である柴田錬三郎ことシバレンは晩年、坪内寿夫をモデルに小説『大将』を書いた。

シバレンが坪内のことを小説にしたいといってきたのは1969（昭和44）年だった。同じ話が流行作家の梶山季之《かじやまとしゆき》からもきていた。梶山とのあいだで折り合いがついたらしく、シバレンが書くことになった。

主人公は、3年のシベリア抑留から帰ってきた醜男《ぶおとこ》の野呂内大太郎《のろうちだたろう》。シバレンには珍しいモデル小説である。「月刊現代」に連載され、1970年に講談社から出版。現在は集英社文庫に収められている。この作品で坪内の名前は全国区になり「四国の大将」の仇名が定着した。

坪内の怪物伝説は数多いが、その嚆矢《こうし》が『大将』である。

坪内はシバレンのために、ゴルフ場を造った。松山市の奥道後《おくどうご》ゴルフクラブである。同ゴルフ場のホームページは「文豪たちが愛したゴルフクラブ　唯一《ゆいいつ》の会員『柴田錬三郎』——。作家専用としてスタートした奥道後ゴルフクラブは、その名に恥じない、後進の作家が誇れるゴルフ場をめざし、そしてその歴史は文豪達自らによって綴《つづ》られてきたとも言える」と誇らしげに書く。

オープンは１９７５年６月。18ホール、パー72。瀬戸内海を望む丘陵《きゅうりょう》に位置する広々としたフラットなコースである。ゴルフ場にある樹木はすべて植樹したもので、椿・桜・ワシントンヤシ・フェニックスなど10万本に達し、コースごとに四季の花木が楽しめると謳《うた》っている。

坪内は前出の島地勝彦とのインタビューで、柴田錬三郎だけのために造ったゴルフ場について語っている。

〈「なぜ、このゴルフ場を造ったかと言いますと、柴田先生は、いつも３泊の予定で奥道後に入って来られても、長くて2泊で帰ってしまわれる。どうしてですかと訊いたら、ゴルフ場があったら1週間でもいますよ、と仰《おっしゃ》った。

それではゴルフ場を造ってあげましょうということになり、この山を4年前に見に来られたんですわ。そしたら、先生が、坪内さん、こんなアップダウンの激しい地形では、ゴルフ場は無理です、と言うんで、じゃあ来年また見に来て下さい。平らに綺麗《きれい》に削りましょう、ということになりましてな」

「ホント。翌年来たら、山々が平らになっていたんだ。わたしは腰を抜かしたね」と、剣豪作家は嬉しそうに口を挟《はさ》んだ〉（同注5）

雲をつくような大木は、柳原白蓮《やなぎわらびゃくれん》の庭園から運んできた。白蓮は大正天皇の生母である柳原愛子《なるこ》の姪《めい》。九州の炭鉱王、伊藤伝右衛門《いとうでんえもん》と結婚したが、孫文《そんぶん》を支援した宮崎滔天《みやざきとうてん》の長男、宮崎龍介《りゅうすけ》と駆け落ちする大スキャンダルを起こした。２０１４年度ＮＨＫ連続テレビ小説「花子とアン」で、仲間由紀恵《なかまゆきえ》が演じた葉《は》山蓮子《やまれんこ》のモデルが白蓮である。

ミドルホールは、沖永良部島《おきのえらぶじま》から運んできた4000本のサルスベリの木で囲まれていて、桃源郷の風《ふ》情《ぜい》を醸《かも》し出したという。

日本版「PLAYBOY」の1975年7月の創刊号に、柴田錬三郎は「たった一人のコース」というエッセイを寄稿した。その特集のために空撮され、シバレン専用の奥道後ゴルフクラブは初めて、その全《ぜん》貌《ぼう》を世間に明かした。

100万坪の山に奥道後観光郷を開発

坪内は造船につづき、1959年から奥道後の開発に取り組んだ。奥道後の温泉採掘権を委譲されて、松山温泉開発株式会社の社長に就いた。

〈奥道後の開発も、もともとは地元の造り酒屋が資金不足で投げ出したあとを引き受けたのが始まりだった。湯脈が乏《とぼ》しい道後温泉から北東八キロほどいった渓谷で温泉を探したが、なかなかうまくいかない。市内の料亭や旅館は出資金を返せと坪内に迫った。契約上、その必要はなかったが、返すと五十軒ほどあった出資者が、いずれも末亡人の経営する小さな料亭四軒だけになった。ところが温泉が噴き出すと、抜け出した出資者たちが手のひらを返したように湯を分けてくれと泣きついてきた。心底頼まれると何とかしてやろうという気になるのが坪内の気性《きしょう》である。残った四軒の了解があればと、かれらの願いをきいた〉（注6）

坪内は1961（昭和36）年2月、奥道後温泉観光株式会社を設立して社長に就任。この地を一大レジャーランドにしようと取り組む。100万坪の土地に、遊歩道、ロープウェイ、展望台、野外音楽堂、ダンスホール、劇場、映画館、温泉プール、ジャングル温泉、テーマパーク、動物園、子ども館、野鳥観察館などを建設した。巨大な「ホテル奥道後」もつくった。圧巻は、京都の金閣寺を摸した錦晴殿。麓《ふもと》から見上げる金色の建造物だ。

山肌には30万本を超える桜、50万本のつつじ、遊歩道に5万本の紅葉など、四季おりおりの木を植樹し、7合目から山頂にいたるところには紫陽花《あじさい》園があった。10年の歳月と50億円を投じた奥道後観光郷は、1970年の奥道後フラワーランドの開園で完成した。

後年、柴田錬三郎は、梶山季之が香港で取材中に客死《かくし》したとき、「週刊プレイボーイ」に寄稿した追悼《ついとう》文の中に、1969年3月17日に開かれた「ホテル奥道後」のオープニングパーティーの模様を書いた。

〈「四国の傑物、来島どっく社長坪内寿夫氏が、霞が関ビルを横にしたような巨大な温泉ホテルを、奥道後に新築して、オープンした。前夜、招待された君と黒岩重吾《くろいわじゅうご》と私は、ブラック・ジャックに興じた。君は、飲むほどに酔うほどに、負けつづけ、一流会社の部長のサラリーの半年分ぐらいを、私から借りた。

私は冗談に、『明朝のオープン・パーティに、三千人の招待客の前で、壇上に立ち、女の性器の名称を叫んだら、この貸しは、なしにしてやる』と、云った。三千人の招待客の中には、関西財界人の夫人や娘さんが、多数いた。司会は高橋圭三《たかはしけいぞう》であった。

君は壇上に立つや、『私はポルノ作家の梶山季之であります。人生はオ××コと思います。おわり』

司会の高橋圭三は、茫然《ぼうぜん》と立ったまま、この奇想天外な挨拶《あいさつ》をとりつくろうすべを知らなかった。次に挨拶する予定であった黒岩重吾は、不自由な足をひきずりながら、何処《どこ》かへ姿を消してしまった。やむなく、私は、登壇して、君の叫びが、徹宵《てっしょう》の痛飲のせいである由を、謝罪しなければならなかった」〉

（注7）

坪内は一世一代の晴れ舞台を無頼派作家に汚されても、微動だにせず、堂々としていた。あとで一言の文句も言わなかった。柴田錬三郎は「あれこそ、まさしく怪物だ」と感嘆《かんたん》したという。

多種多様な企業をすべて再建する四国の「再建王」

温暖な四国の風土のなかで、伝統と格式といった古き秩序と学閥や財閥につながる既存の体制に、札びらを切って風穴をあけた男が坪内である。伊予鉄道や大王製紙など地元財界の主流派の反発は凄《すご》かった。「政商」「乗っ取り屋」「恫喝者《どうかつ》」「偽善者」「希有《けう》の吝嗇者《りんしょく》」などといった辛辣《しんらつ》な批判が、次々と浴びせられた。

松山には有名な道後温泉がある。夏目《なつめ》漱石《そうせき》の小説『坊っちゃん』にも描かれた愛媛県の代表的な観光地だ。

道後温泉のさらに山奥に、坪内が新たな温泉郷（前述の奥道後温泉）を誕生させ、バス路線をめぐり道後温泉と対立した。道後温泉へは伊予鉄道がバスを走らせていたが、坪内が新しいバス会社、奥道後観光温泉バスを設立して割って入った。

伊予鉄道は、奥道後観光温泉バスの乗合自動車運送禁止訴訟を起こした。坪内のバス会社は観光バスで、路線バスとして認めるなという趣旨の訴訟だったが、伊予鉄道が敗訴した。

１９７０年代には坪内のもとに、銀行から倒産しそうな企業の再建話が次々と持ち込まれた。ポケットマネーを自在に使える坪内は、10ヵ所以上の造船所はもとより、銀行（東邦相互銀行）や有名ホテル（オリエンタルホテルなど）、製紙、海運（関西汽船やダイヤモンドフェリー）などを傘下《さんか》におさめた。さらに、陸運、商事、興行、新聞（日刊新愛媛）、クレーン製造、エンジン開発など、多種多様な業種の企業を引き受けた。ひとつの例外なしに再建し、来島どっくグループに組み入れた。

銀行だけではない。坪内の莫大《ばくだい》な財力に群がる人々が門前市をなした。

来島グループは最盛期には１７０社にまで拡大したが、坪内がみずから創業したのは奥道後の観光・ホテル部門だけである。彼の企業人生は即、再建人生だったといっていいだろう。

愛媛県政のドンと因縁の全面戦争

坪内が愛媛県外で事業を拡大している限り、衝突は起こらない。業容が拡大すれば、当然のことだが伊予鉄道とのバス路線問題のように、県内の経済界の権益と正面からぶつかるようになった。県内経済界を庇護《ひご》する「愛媛県政界のドン」と呼ばれた県知事の白石春樹《しらいしはるき》と、「四国の大将」坪内寿夫の全面戦争に発展するのは、時間の問題だった。

ふたりは同郷で、子供の頃は遊び仲間だった。ひとりは政治家として、ひとりは実業家として成功をおさめたが、いつの頃からか仲が冷え込んだ。晩年になってもふたりは、お互いに許そうとはしなかった。

１９８４（昭和59）年８月、坪内が所有する新聞・日刊新愛媛に対し、知事の白石が全国でも例のない取材拒否を発動したことから、ふたりの長年の確執が一挙に火を噴いた。

新愛媛は１９６０年に創刊され、当初は高知県の県紙、高知新聞が経営していたが、経営難から坪内が率いる来島どっくが買収し、１９７６年に日刊新愛媛と改称した。

高知新聞は板垣退助《いたがきたいすけ》の政治結社「立志社」の機関紙から独立した老舗《しにせ》の新聞社。現在、高知県で80％のシェアをもつ有力県紙である。全国紙も高知新聞の牙城《がじょう》は崩せないでいる。

高知新聞は愛媛県に橋頭堡《きょうとうほ》を築くために新愛媛の経営に参画したのだろうが、思うような成果が挙がらず経営から手を引いた。

愛媛県には愛媛新聞という地元紙がある。日刊新愛媛の月ぎめ料金は１２００円。愛媛新聞の１９００円を大きく下回る廉価《れんか》で攻勢をかけた。坪内の企業グループあげての人海戦術による拡販が奏功《そうこう》し、１９８３年には販売部数で愛媛新聞を抜いた。日刊新愛媛23万部、愛媛新聞21万部となった。

１９８２年頃から、日刊新愛媛は紙面で、坪内に批判的な地元財界人や県知事の白石春樹と愛媛新聞を徹底的に批判した。対立がエスカレートして、取材拒否事件に発展したのである。

『朝日ジャーナル』は「坪内寿夫社長vs.白石春樹知事」と題して次のように報じた。

〈取材拒否事件の直接の発端は、八四年七月一五日付『日刊新愛媛』の「松山地域への県立高校増設問題で、〝県側〟が松山市に対して、地方財政法に違反する負担金を要求した」との報道。以後半月にわたって「松山市の幹部は『これは〝ゆすり〟〝たかり〟以外の何ものでもない』と厳しく追及する」「違法負担金問題は、白石知事の意向を受けた自民党の闇《やみ》交渉」などとキャンペーンを張った。

これに対し県は八月九日、「事実を歪曲《わいきょく》し、捏造《ねつぞう》し、県政を誹謗《ひぼう》、中傷《ちゅうしょう》して、いたずらに県民を惑わす。新聞倫理綱領に照らしても、報道の自由に対して守るべき自らの節度に関する規定の限界を明らかに逸脱している」として日刊新愛媛に対して取材拒否を通告した〉（注8）

県教育委員会、自民党県連は、白石知事に同調して取材拒否をした。商工会議所連合会などの経済団体も日刊新愛媛への取材拒否、広告の出稿停止、購読の自粛措置《じしゅくそち》を決めた。

１９８５年秋からの円高で、事態は急変する。三光《さんこう》汽船が会社更生法の適用を受けたことに加え海運不況で、来島どっくは経営危機におちいった。来島どっくグループは、この危機に対処するため、不採算の関連企業の整理に踏み切る。日刊新愛媛は１９８６年12月31日付で廃刊となった。

取材拒否は、日本新聞協会から不当性が厳しく指摘されたが、当事者の一方が消滅するという不自然なかたちで終結した。〝拡販戦争〟に負けた愛媛新聞を救済するため、県が日刊新愛媛を潰しにかかったと見る人は、現在でもいるという。

経営に介入する佐世保重工労組

「四国の大将」の経済人としての評価が定着したのは、佐世保重工業の再建にかかわってからである。佐世保重工が経営危機におちいる3年前、坪内は「佐世保の経営を見てもらえないか」と打診を受けた。

話を持ち込んできたのは白洲次郎《しらすじろう》である。白洲は連合国軍占領下の日本で、首相の吉田茂《よしだしげる》の側近として活躍した。

吉田政権崩壊後は、多くの企業の役員となり、当時、大洋漁業の顧問をしていた。白洲が大洋漁業のオーナー、中部謙吉《なかべけんきち》が筆頭株主になっている佐世保重工の株式を売りたがっていることを坪内に伝えたことが、そもそもの発端である。

1975年7月10日に帝国ホテルの一室で四者会談が開かれた。大洋漁業側は、中部謙吉と白洲次郎、坪内側は松平忠晃《まつだいらただてる》が同席した。松平は日銀出身で埼玉銀行会長。日本銀行松山支店長として赴任して以来の、坪内の畏友《いゆう》だ。

高杉良《たかすぎりょう》著『小説会社再建　「太陽をつかむ男」』は、この場面を描いている。

〈もちろん、坪内は中部と初対面である。中部は終始上機嫌で、坪内の経営力に一目《いちもく》も二目も置いているともちあげた。

「坪内さんに佐世保の経営をおまかせするのがいちばんいいと思います。わたしの眼にも、経営の厳しさが欠如《けつじょ》しておるように見受けられますから、坪内さんに会長か社長をお願いして、鍛え直してもらうのがいいと思っとるんです。どうですか。受けてもらえますか」

「佐世保重工さんの大型船台《せんだい》には魅力があります。検討させてください」

坪内は、即答を避けたが、気持ちは大いに動いた〉（注11）

1973年10月の第一次オイルショックの直後だ。中部は造船不況を見越して、佐世保重工の経営から手を引くことにしたのだ。

大洋漁業から株式を買い取った結果、来島どっくの佐世保重工の持ち株比率は16・7％となった。日本鋼管（のちＮＫＫ）の25・3％に次ぐ第二の大株主である。1年後、大洋漁業から残りの株式も買い取り、出資比率は25%まで高まり、24・9%に後退していた日本鋼管を抜いて筆頭株主に躍り出た。

日本鋼管社長の槇田《まきた》久生《ひさお》とメインバンクの第一勧業銀行会長の西川正次郎は、坪内が佐世保重工の会長に就くことを了承していたが、株主総会直前になって、一転して、坪内の会長就任に反対した。佐世保重工労働組合、労愛会が猛反対したからである。労組が会社の経営に介入してきたのである。

これが坪内と労愛会の血みどろの抗争のはじまりとなった。

政治マターにもなっていた佐世保救済

佐世保重工が窮地《きゅうち》におちいったのは1978(昭和53)年3月である。経営が急速に悪化し、大幅な人員削減をともなう合理化策を打ち出した。

会社は1681名の希望退職者を決めたが、83億円の退職金が払えないという異常な事態となった。メインバンクの第一勧銀は、村田章《あきら》社長の融資要請を拒否した。大株主の債務保証がつかない限り、融資には応じられないという態度を示した。大株主とは来島どっく、日本鋼管、新日本製鐵、日商岩井の4社である。

坪内は第一勧銀と日本鋼管に会長就任を拒否されたため、債務保証の問題には距離を置いていた。第一勧銀と日本鋼管が尻拭《しりぬぐ》いすればいいという、突き放した立場だ。しかし、日本鋼管は火中の栗は拾いたくない。そこで債務保証を拒否した。

地元の佐世保では日ごとに不穏な空気が募《つの》り、暴動が起こりかねない様相を呈《てい》した。事態はローカルな造船会社の経営危機といった次元から、政財界を巻き込む、深刻な問題へと発展した。

〈財界の大勢は、佐世保救済、佐世保再建に疑問を持っていたと考えてさしつかえあるまい。その代表格は真藤恒《しんとうひさし》日本船舶工業会会長(石川島播磨重工業社長)、井深大《いぶかまさる》(ソニー名誉会長)、佐々木直《ささきただし》経済同友会代表幹事らで、構造改革、すなわち過剰設備の廃棄を迫られている造船業にあって佐世保重工の倒産はむしろ業界にとって歓迎すべきことではないか、と考えていた財界人は少なくなかった。

　こうした財界の思惑と呼応するかのように脇村義太郎《わきむらよしたろう》東大名誉教授（運輸省海運造船合理化審議会造船部会長兼海運対策部会長）は、「佐世保重工は安楽死させるべきだ」と注目する発言を行なっている〉（同注9）

　このとき、中山素平《なかやまそへい》（日本興業銀行相談役）、今里廣記《いまざとひろき》（日本精工会長）ら長崎県出身の財界人が動いた。中山は興銀トップとして数々の企業合併を推進し、「財界の鞍馬天狗《くらまてんぐ》」と呼ばれていた。今里は財界のまとめ役として「財界の官房長官」の異名《いみょう》をとる。同郷ということもあり、ふたりはウマがあったようで、「智恵の中山、行動の今里」と称された。

　１９７０年、八幡《やわた》製鐵と富士製鐵が合併して新日本製鐵が誕生した。この合併の陰の中心人物は中山と今里だ。富士製鐵の永野重雄《ながのしげお》は中山を参謀《さんぼう》役にした。今里が政財界の根回しをやり、水面下で工作を進めた。

　合併後、新日鐵の実力会長となった永野重雄は、日本商工会議所会頭として財界活動に軸足を移していた。永野は中山や今里から、佐世保救済の調整役を引き受けてほしいと強く要請された。財界首脳が「（佐世保重工を救済したいのなら）中山と今里が個人で出資すればいい」と吐き捨てた案件である。

〈永野を動かす決め手となったのは「表には出られないが、陰で最大限努力する」という池浦《いけうら》のひとことであった〉（同注12）池浦とは日本興業銀行頭取の池浦喜三郎《きさぶろう》。興銀の大御所、中山の根回しの賜《たまもの》である。

　永野重雄は１９７８年5月5日、松山市の坪内寿夫の自宅を訪れた。佐世保重工の社長に坪内を引っ張り出すためである。坪内は、会長就任を拒否しておきながら、いまになって佐世保重工の社長をやってくれという日本鋼管社長の槇田に対する憤《いきどお》りを永野にぶつけた。

永野は手ぶらできたわけではなかった。手土産を用意していた。

〈「徳田銀行局長がハッスルしてるんですよ。おととい日債銀の勝田《しょうだ》さんに会って、坪内さんの出馬について了承を求め、ＯＫを取りつけてくれました。それから坪内さんが佐世保を引き受けてくれれば、興銀は佐世保のメインバンクになってくれると思います」

「そこまでやるんですか」

坪内は絶句した〉（同注9）

坪内の佐世保救済に反対していた日本債券信用銀行会長の勝田龍夫《たつお》に、坪内が佐世保再建に乗り出すことを了承させたというのだ。日債銀は来島どっくのメインバンクである。しかも、大蔵省銀行局長の徳田《とくだ》博美《ひろみ》や興銀の池浦喜三郎からも佐世保支援を取り付けていたのである。永野は、その政治力をまざまざと見せつけた。

作家の柴田錬三郎が忠告に駆けつけてきた。

〈「坪内さんは、四国の大将でいいじゃないですか。だからこそ価値があるんだ。佐世保重工に手を出さんほうがいいな」

「噂《うわさ》じゃ福田《ふくだ》総理まで、大将を引っ張り出すために躍起《やっき》になっているそうだが、寄ってたかって、あんたに貧乏くじをひかせようっていう魂胆《こんたん》だな。よしたほうがいいね」〉（同注9）。

だが、すでに外堀は埋められていた。

永野は首相の福田赳夫《たけお》を表舞台に引っ張り出した。

5月30日の午前の閣議後、福田赳夫は、村山達雄《むらやまたつお》大蔵、福永健司《ふくながけんじ》運輸両相に、「佐世保重工を再建できるのは坪内氏しかおらん。そのことを両省の次官に伝えて、然るべき善後策を講じるように」と指示した。

その日の午後、赤坂離宮で開かれた春の園遊会で、坪内は首相の福田から肩を叩かれた。
〈「時の人、よろしく頼むよ。いよいよ大将の出番だね」と冷やかされた。いや冷やかしではない。福田一流のやり方で激励したと言うべきであろう〉（同注9）

福田の鶴の一声で、佐世保重工の救済が決まった。銀行や大株主が腰を引くなか、政治が前面に出た救済劇となった。異常なまでの政治介入に、造船業界の首脳は「佐世保重工は福田重工と改名したがいい」と皮肉った。

福田赳夫が動いたのは、佐世保重工の軍事的性格、安全保障上の問題、米国との外交関係を勘案したからにほかならない。西の防衛の要《かなめ》である佐世保港には海上自衛隊と米国海軍第七艦隊の基地があり、艦艇の保守・修理をするために佐世保重工の存在は不可欠だった。潰すわけにはいかないのだ。

「四国の大将」坪内寿夫は、１９７８年６月29日、佐世保重工の再建社長に就いた。

佐世保重工救済劇の立役者は、首相の福田赳夫を引っ張り出した永野重雄である。永野は佐世保市から名誉市民の称号を贈られた。救済劇のシナリオを描いた〝陰の功労者〟は中山素平と今里廣記のコンビだった。ふたりはのちに、テーマパーク、ハウステンボスを佐世保市につくることを主導した。

「去るも地獄、残るも地獄」のドロ沼労使紛争

社長に就いた坪内が真っ先にやったことは、希望退職者１６８１名への退職金83億円の支払いである。大蔵省の行政指導により、協調融資、元金支払い猶予、利子免除などの特典が佐世保重工に与えられた。これを前提に、坪内は佐世保重工の社長に就任したのである。

しかし、銀行は転んでもタダでは起きない。融資に坪内の個人保証を求めた。永野らが坪内を引っ張りだした真の狙いは、坪内が持つ莫大《ばくだい》な資産を利用できると踏んだからだ。

7月17日、退職金が銀行振り込みで各人に支払われた。最大のヤマ場を乗り切り、佐世保重工は倒産をまぬかれた。

問題は労働組合だった。労働組合の労愛会を率いる会長の国竹七郎が、坪内の前に立ち塞《ふさ》がった。

7月20日、坪内は佐世保造船所に入った。手土産に松山の銘菓「母恵夢《ポエム》」をポケットマネーで6000箱買い入れ、大型トラック2台に積み込んで運んだ。佐世保重工の社員、下請けの全員に1箱ずつゆき渡るはずだった。

しかし、労働組合の労愛会は「母恵夢」の受け取りを拒否した。無惨《むざん》にも松山の銘菓の饅頭《まんじゅう》は、積まれたまま腐っていった。のちのちまで語り継がれることになる「饅頭事件」である。

坪内は激怒した。ここから、坪内と労愛会の国竹との全面戦争の火蓋《ひぶた》が切って落とされた。

労働組合は管理職の人事にまで介入するなど、会社と労組は完全に癒着《ゆちゃく》していた。坪内は労使の関係を正常に戻そうとした。

坪内は、来島どっく並みの構造改革を労組に提示した。それは、67課の組織を5課に縮小し、部課長460人を37人にするというドラスチックなものだった。

さらに、累積赤字を解消するまでの合理化3項目を提示した。具体的には、週休2日制の廃止、定期昇給・ベースアップ・一時金の3ヵ年停止、並びに賃金カットである。これに、労組による会社人事への介入禁止が加わった。

さらに四国・愛媛に管理職を集めてモーレツな研修を課した。社員にはダイナミック・パワーアップ・プログラムの研修を実施した。組合員が反発したのは後者の研修である。

この研修は非人間的な扱いに貶《おとし》めて自尊心をズタズタにし、絶対服従か、それとも辞めるかを迫るものだった。

研修はマネジメントや行動力といった基礎力をレベルアップするという教育プログラムという触れ込みだったが、一口でいうなら「地獄の特訓」である。

会社の言うとおりにすればいいのだ。お前らは考える必要はない、といわんばかりの内容だった。

来島どっくに研修にいった管理職は、「戦犯だ、ダラ幹だ」と罵倒《ばとう》され、畳《たたみ》に額《ひたい》をこすりつけて謝罪させられた。管理職は愛想《あいそ》をつかして、辞めていった。自発的に辞めるよう仕向けるための管理職研修は、成果をあげた。

プライドをいたく傷つけられた労愛会は、「反坪内」を鮮明に打ち出して全面対決した。「乗っ取り屋坪内を佐世保から追い出せ！」と書かれた横断幕が造船所内に掲げられ、５度の全面ストライキが打たれた。

労使紛争はドロ沼化した。坪内の家には血のついた藁《わら》人形が置かれ、抗議や嫌がらせの手紙が殺到した。

「去るも地獄《じごく》、残るも地獄」といわれるなか、１５００人の社員が会社を去っていった。四国で研修を受けた管理職は、ほとんどが辞めた。

はっきりいって、坪内と国竹の我慢《がまん》比べであった。

「坪内さん、お国のためにひと肌脱いでいただきたい」

このとき、坪内に最初に佐世保重工への経営参画をうながした白洲次郎が現れた。前出の島地の文章から引用する。

〈「坪内さん、ご存知の通り、いま逗子《ずし》市の池子《いけご》弾薬庫問題が大もめにもめています。社会党の市民派リーダーが池子弾薬庫を撤去しろと運動しているのが現状です。米軍との極秘交渉で将来、秘かに逗子市の池子弾薬庫を佐世保重工の敷地を借用して移転させる計画が浮上しているのです。すでに佐世保には米軍の58万平方メートルの弾薬補給所があります。坪内さん、すべてはナショナル・セキュリティの問題です。ここはまたひとつお国のためにひと肌脱いでいただきたいのです」

白洲次郎は畳に手を付いて深々と頭を下げた。坪内は頭を上げるように促して即答した。

「白洲さん、そんなことをなさらないでください。よくわかりました。すべてのことに時があります。労組と和解するように万全を尽くしましょう」

「有難う、坪内さん」

ダンディな白洲は、満面にこぼれるような笑みを浮べて、坪内の手を両手で包むように握りしめた。

時を移さず、坪内は行動に出た。

「合理化三項目は撤回すると組合に伝えてくれ」、側近に命令し、事は成った〉（注10）

１９８０年２月13日、労使の和解が成立、５９２時間に及んだ労使紛争は終結した。

形のうえでは労愛会の勝利だった。坪内が組合の要求を、ほぼ全面的に呑んだからだ。しかし、実質的には坪内の勝ちといえる。その後、佐世保重工の業績は急速に伸び、坪内が「再建王」と絶賛されたことで、どちらが勝ったかを実証している。

はっきりしているのは、佐世保重工を倒産の危機から救ったのも、ドロ沼の労使紛争を解決に導いたのも米国海軍の存在だったということだ。佐世保は基地の街であり、現在もそうありつづけている。

鳴り物入りで乗り込んだ佐世保重工の再建については、評価が分かれている。日本特殊鋼、興人などの大企業の再建を手がけ「再建の神様」といわれた早川種三《はやかわたねぞう》は、人間性を重んじる立場から、「あんなやり方で、ほんとにやる気が出るのですかね」と疑問を呈した。

日清紡績社長、日本経営者団体連盟会長をつとめた櫻田武《さくらだたけし》は、佐世保重工の来島どっく入りの経緯や、１９８２年に原子力船むつの原子炉の遮蔽《しゃへい》改修工事を佐世保重工が受注したことについて「一企業を政治的な工作で再建するなど発展途上国の政商のすることだ」とまで言い切った。

これは坪内というより、永野重雄に向けられた批判であった。櫻田と永野は池田勇人《いけだはやと》政権の時代に「財界四天王」と呼ばれた。このふたりに加えて、日本開発銀行初代総裁の小林中《こばやしあたる》、フジテレビジョン社長の水野《みずの》成夫《しげお》の４人のことである。

日本が、真に自由主義経済に脱皮するためには、政治に頼るな、と櫻田は言いたかったのである。

とはいえ、坪内が個人保証して資金をつくらなければ、佐世保重工は手形の決済ができず、倒産していた。坪内は佐世保重工を倒産の危機から救った救世主だった。

〝死に体〟の会社を3年で黒字転換

四国の大将・坪内寿夫は「再建王」と絶賛されて、時代の寵児《ちょうじ》となった。坪内寿夫が「再建王」として、いかに経済界・経済人の注目の的《まと》になっていたかを示すデータを、島地の文章から引用する。

〈当時（１９８３年。引用者注）の日本経済新聞が行った「石油ショック後十年、日本を支えた経営者」のアンケート調査によれば、「ランキングナンバーワンが小林宏治《こばやしこうじ》（日本電気会長）、２位は豊田英《とよだえい》二《じ》（トヨタ自動車会長）、３位は稲盛和夫《いなもりかずお》（京セラ社長）、４位土《ど》光敏夫《こうとしお》（東芝相談役）、５位松下幸之《まつしたこうの》助《すけ》（松下電器産業相談役）、６位坪内寿夫（佐世保重工社長）と発表された。なんと坪内は６位にランクされているのだった〉（同注10）

１９７８年、全マスコミが注視するなかで佐世保重工救済劇の幕が上がり、坪内は一躍、有名人となった。鳴り物入りで登場したものの、はたして〝死に体〟同然の上場大企業、佐世保重工を四国の未上場の中堅造船所の経営者が再建できるのか？　との危惧《きぐ》の念を抱く向きは少なくなかった。

再建の要請を受けてから、それを受諾するまでに80日間もかかったこと、社長就任直後から激しい労使対立が起きたこと。このふたつの事実からも前途多難が予想された。

しかし、坪内は「3年で黒字転換、5年で債務完済」を公約した。そして、そのいずれをも実現させた。坪内は来島どっくが受注した船を、何隻も気前よく佐世保重工に回して応援した。その結果、佐世保は1981年に4年ぶりに43億円の黒字に転じた。翌年には経常利益が過去最高の169億円と飛躍的に増えた。82年末には、すべての債務を完済し、みごと再建を果たしたのである。

日経の経営者ランキングで、東芝の土光敏夫や「経営の神様」松下幸之助と並び称されるほどの時の人となった坪内のもとには、全国から講演の依頼が殺到した。聴衆は講演に感動し、興奮した彼らは壇上に駆け上がって坪内の体を触りまくった。坪内に触ると億万長者になれるご利益《りやく》があると、まるで信じているような、過激な行動だった。

坪内はアイドルスターなみに全国を講演して飛び回った。億万長者の坪内は、講演料は一切受け取らず、主催者に全額寄附した。再建王の坪内本は飛ぶように売れた。この時期が坪内の人生のハイライトだった。

グループの経営危機に私財を投げ出す

坪内は、その後、柴田錬三郎から「よしなさい」と言われた忠告を噛み締めることになる。労使紛争の最中の1980年1月に、病に倒れて入院した。頑強そのものだった体は、体重が80キロ台まで落ちた。それほど労使紛争に神経をすり減らしたのである。頂点をきわめたとたんに暗雲が立ち込めてきた。

1981年、のちの北海道知事である横路孝弘《よこみちたかひろ》の懇請で、坪内が函館どつくの再建を引き受けた。造船不況のなかで、これまでのような拡大路線一本槍の坪内のやり方に幹部社員の多くが批判的になり、〝坪内離れ〟がはじまった。

1984年12月、坪内は奥道後に研修のため招聘《しょうへい》した函館どつくの幹部の前で、檄《げき》を飛ばしている最中に、壇上に倒れた。持病の糖尿病が悪化していたのである。当時70歳であった。以後は、病院から総指揮を執る。「坪内寿夫重体」のニュースが全国を駆けめぐった。これ以降、坪内は強運から見放されることになる。

1985（昭和60）年8月13日、三光汽船が5200億円という巨額の負債を抱えて会社更生法を申請した。この前日に、日航ジャンボ機が群馬県御巣鷹山《おすたかやま》付近に墜落《ついらく》した。

三光汽船は経営危機を乗り切るために、1983年、大型増資とバラ積み船の大量発注という〝大博打〟を打った。坪内が率いる来島どっくは、このとき、2000万株、46億円の第三者割当増資を引き受ける見返りに、バラ積み船25隻を三光汽船から受注していた。三光汽船の倒産はダブルパンチとなり、多額の損失を出した。

1985年9月22日、先進国五ヵ国蔵相・中央銀行総裁会議が米ニューヨークのプラザホテルで開かれた。日本から蔵相の竹下登《たけしたのぼる》が出席した。その後の日本経済に大きな影響を与えた「プラザ合意」は、米国の貿易赤字を解消するため、円高ドル安に強引に誘導するという内容だった。

為替レートは1ドル＝235円が、1年後には150円台にまで急激に変動をした。経済界の自助努力ではいかんともしがたい、政治的な円高（円は85円も上昇）で、国際競争力を失った日本の造船業界は潰滅《かいめつ》的な打撃をこうむった。

来島どっくグループは経営危機におちいった。1986（昭和61）年9月、経営の立て直しのため、関連会社を売却した。このとき佐世保重工は来島どっくグループから離脱した。

高杉良は『小説　会社再建』の末尾の創作ノートに、次のように書いている。

〈昨年（昭和六十二年）十二月二十八日付朝日新聞朝刊は〝わたしは裸になっても構わん〟〝来島どっくの坪内社長、個人資産二百八十億円提供〟〝再建へ充当の申し出〟の大見出しで、次のような記事を掲載した。
　経営難で再建策が練られている来島どっく（本社・愛媛県越智《おち》郡大西《おおにし》町）の坪内寿夫社長（七三）が、「ホテル奥道後」の土地六十三万平方メートルや松山市内の高級住宅地にある自宅を含めた不動産・株券など総額約二百八十億円にのぼる個人資産のほとんどをなげうち再建資金に充てるよう再建グループに申し入れていることが、二十七日わかった。「四国の大将」とまでいわれた坪内社長だが、今回の処分は自らの意思で決め、側近には「わしは裸になってもかまわんのだよ。雑炊《ぞうすい》でも食って生きる」と話しているという。（中略）
　同社のある幹部は「残るのは出身地の同県伊予郡松前町の旧家ぐらいではないか。社長は自らの身を切って、経営者としての責任を果たそうとしているのでしょう。普通の経営者なら、会社をつぶしても資産を守ろうとするだろうに」としんみりしていた〉（注11）
　１９８６年、来島どっくにはメインバンクから取締役が派遣され、銀行の管理下に置かれた。坪内は実権のない社長に棚上げされた。日債銀から来た副社長がグループの解体を進めた。
　グループの優良な部分は新来島どっくに集約させた。負債と不良資産は、来島興産という新しい会社を設立して受け皿とすることにした。この負債全部を、坪内は個人資産を投げ出して補塡《ほてん》した。きれいにしたのである。
　１９８７年12月26日、株式会社新来島どっくの発足にともない、坪内はグループから放逐《ほうちく》された。77歳のとき、肺がんの手術を受けるために、手術台に乗る寸前に覚悟を決めた。坪内夫妻には子供がいなかった。３２００億円という個人保証分は、私財をすべて売却して弁済した。
　１９９９（平成11）年12月28日、坪内寿夫は松山市の病院でひっそりと亡くなった。享年《きょうねん》85。肩書は佐世保重工業相談役だった。

ポイント▼カリスマ経営の効果と限界

「再建王」と呼ばれた〝四国の大将〟坪内寿夫は経営不振におちいった企業の駆け込み寺だった。来島どっく、佐世保重工業、日刊新愛媛、関西汽船、ダイヤモンドフェリー、オリエンタルホテル、函館どつく、東邦相互銀行など枚挙にいとまがない。

坪内は、再建を引き受けた企業を、すべてグループに取り込んだ。坪内系の企業群は、坪内が創業した企業ではない。ここに大きな特徴がある。

経営破綻した企業の再生は容易ではない。坪内はシベリア抑留で体験したスターリン独裁のやり方を経営に取り入れた。恐怖心を抱かせ服従させる。信賞必罰の人事を徹底した。抜擢《ばってき》と降格をくり返したことから〝エレベーター人事〟という俗称までついた。平社員から役員への3段階、4段階の飛び級がある半面、役員が倉庫番になるといったことも平気でおこなわれた。プライドを粉々にする洗脳教育もやった。スターリン的独裁で、社員の不満を押さえつけた。まさに、いまでいうブラック企業そのものだった。

１００社を超える企業は、坪内個人の腕力で結びついていた。母体企業があって、そこを中核に、資本関係がきちんと整備された重層的な企業グループとはまるで異質だった。

だからだろう、坪内が病に倒れると、オリエンタルホテルをダイエーに売却したのを皮切りに、グループからの離脱が相次いだ。来島どっくは新来島どっくに改組され、坪内との関係を断った。もともと坪内個人とつながっていたのだから結束力はないに等しい。グループは一瞬のうちに雲散霧消《うんさんむしょう》した。遠心力が猛烈に働いたのだ。

兵《つわもの》どもが夢の跡。かつての坪内王国は往時の姿を、まったくとどめていない。

第4章　ミサワホーム――社長暴走でトヨタに乗っ取られる

なぜトヨタはミサワ買収にこだわったのか

トヨタホームは２０１６年11月22日、ミサワホームを子会社にすると発表した。この日、ミサワホーム社長の竹中宣雄《たけなかのぶお》は創業者の三澤千代治《みさわちよじ》を訪ね、トヨタホームの傘下《さんか》に入ると報告した。三澤はこの決断を受け入れたという。

竹中宣雄は小泉純一郎《こいずみじゅんいちろう》内閣で金融担当相などを歴任し、同内閣の金融政策を仕切ったといわれている竹中平蔵《へいぞう》の実兄である。ミサワと竹中兄弟の宿縁については、本稿の後半で詳述することにする。

トヨタホームはミサワホームの株式を27・８％保有していた。１１０億円を投じ、ＴＯＢ（株式公開買い付け）と第三者割当増資を組み合わせて、持ち株比率を51％に引き上げる。ミサワホームの上場は維持することになった。

ミサワホームの発行済み株式の14・１％に相当する５４６万株を上限にＴＯＢを実施。ＴＯＢによる買い付け価格は1株当たり１１００円。同年11月21日までの１ヵ月間の平均株価に34％上乗せした価格だ。トヨタに対する第三者割当増資で新たに発行する５７２万株の1株当たりの価格は８７４円とした。

年が明けた２０１７年1月5日、ミサワホームはトヨタホームによるＴＯＢと第三者割当増資が完了し、トヨタホームの子会社になったと発表した。

住宅業界のなかで、トヨタホームの存在感はほとんどなかった。トヨタホームの２０１６年３月期の連結売上高は１６７１億円。単体の売り上げは８０３億円にとどまる。大和ハウス工業（２０１７年３月期の売り上げは３兆５１２９億円）や積水ハウス（２０１７年１月期の売り上げ実績２兆２６９億円）の足元にも及ばない。

ミサワホーム（２０１７年３月期の売り上げは３９９８億円）を連結子会社に組み入れれば、トヨタホームは戸建て住宅業界の第５位に浮上する。

ミサワホームは２０１７年６月29日に開催した株主総会の取締役会で磯貝匡志《いそがいまさし》副社長が社長に昇格した。竹中宣雄社長は会長に就いた。ミサワが17年１月にトヨタホームの子会社になったことにともなうトップ交代である。磯貝はトヨタ自動車出身。トヨタ主導の経営体制に完全に転換した。

トヨタホームの２０１７年３月期の連結売上高は１７７５億円。単体の売り上げは８６７億円。２０１８年３月期からミサワホームの年間売上高が、これに加わる。

トヨタ自動車によるミサワホームの買収作戦は、１９９７年からはじまった。創業者である三澤千代治は、「企業文化が違う。合わない」などと主張して、これに強硬に反対した。トヨタとＵＦＪ銀行（当時。のちの三菱東京ＵＦＪ銀行）が組んだミサワホーム乗っ取りに、三澤は徹底抗戦し、そして敗れた。

この間、トヨタは熟柿《じゅくし》作戦を採る。トヨタが懸念《けねん》したのは「ミサワを乗っ取った」と世間から指弾されることだった。あくまで、経営が悪化したミサワを救済するという体裁《ていさい》は崩せない。

ミサワのスポンサーとして出資し、徐々に業務での連携を深めながら、２０１７年にようやく子会社に組み入れた。買収作戦をはじめてから実際に手に入れるまで、じつに20年の歳月を要した。

なぜ、自動車メーカーのトヨタが一《いち》住宅会社にすぎないミサワの買収に、これほどこだわったのか。理由はただひとつ。名誉会長の豊田《とよだ》章一郎《しょういちろう》が、豊田家の「一代一業」の家訓に沿ってはじめた住宅事業を失敗させるわけにはいかなかったからだ。成功させるために、ミサワは欠かせない重要なパーツだったのである。

世界のＴＯＹＯＴＡを相手に大立ち回りを演じた三澤千代治の半生とは、どんなものなのか。

モノづくりに明け暮れた三澤千代治の子供時代

三澤千代治は１９３８（昭和13）年、雪深い新潟県十日《とおか》町《まち》市に四人兄弟の長男として生まれた。父、三澤二郎は製材所をいとなんでいた。千代治は小学校時代には〝日暮らし大工〟と呼ばれていた。学校から帰ると毎日、机や椅子、本立てなどをつくった。しまいには、木材に触れただけで、材質や強度までわかるようになった。

長じるとともに、モノづくりに対する関心が強まった。中学時代には、50ccのエンジンを使って無線の飛行機を飛ばすことに熱中した。自分が組み立てた機体が高い山を越え、また引き返してくる感激に酔った。

県立十日町高校に進学した。高校に入っても、勉強そっちのけでモノづくりに明け暮れた。今度は部品を買い集め、テレビの組み立てにわれを忘れた。当時、まだテレビは全国に普及しておらず、まして新潟の片田舎では、テレビという文明の利器を知る人は少なかった。

三澤が実業家の道を選ばず理系の大学教授になっていれば、大発明をしたかもしれない、と残念がる人は少なくない。

実家は金銭的に余裕があり、大学進学に問題はなかった。電気科へ進みたかったが、家業の材木商とはまったく関係のない電気科への進学はあきらめ、建築科を選んだ。日本大学理工学部建築科に合格した。高木純二著『ミサワホーム　三澤千代治にみる発想・戦略・経営』は、当時の三澤の多くのエピソードを取り上げている。

〈地下鉄の駅での〝出来事〟は純朴《じゅんぼく》な田舎青年という姿を見事に浮かび上がらせる。

ある日、三澤は地下鉄に乗ろうとある駅のホームに立った。間もなく、どこからともなく轟音《ごうおん》がひびき、電車が入ってくる。度胆《どぎも》を抜かれた。その音のすさまじさ、ホームの天井《てんじょう》が引き裂けたのだと勘違いし、あわてて階段をかけ昇った。てっきり地震だと思い込んでしまったのだ。もちろん周囲の嘲笑《ちょうしょう》を買った。

なれない電車通学と人の波に疲れ果て、駅のトイレにしゃがみ込む。「やれやれ」とホッと一息ついた瞬間、突然、すごい勢いで便器に水が流れ出た。この時は、あまりの驚きに、その場で三センチほど飛び上がってしまった。要するに、水洗トイレを知らなかったのである〉（注1）

病床でひらめいたプレハブ住宅工法

どうにか大学生活に慣れはじめた頃、三澤は御茶ノ水駅で時折見かける美しい女性に恋心を抱くようになる。遅咲きの初恋である。

高校時代はほとんど勉強しなかった三澤だが、憧れの女の子にいいところを見せたい一心で猛勉強をした。毎晩1時、2時が過ぎても机に向い、徹夜もしょっちゅうだった。この頃は、大学院に残って大学教授になるつもりでいた。

もともと身体が丈夫でなかった三澤は、このときの過労がたたり、大学4年の夏休みに、駅のホームを歩いていて洗面器2杯分の血を吐《は》いて倒れた。救急車で三鷹新川病院（のちの杏林《きょうりん》大学医学部付属病院）に運ばれた。診断は、肺結核だった。

来る日も来る日も、喀血《かっけつ》と輸血のくり返し。しまいには、足首から1日に2人分の血液を輸血しなければならなくなった。

新潟から駆けつけた母親に、担当の医師が「覚悟をしておいてください。おそらく今晩あたりが峠《とうげ》でしょう」と話すのが聞こえた。人生は終わりだと観念した。

それでも、生死の境をさまよいながらも九死に一生を得た。その後、1年半の入院生活を送った。ミサワホームの創業の原点である「木質パネル接着工法」は、じつはこの入院生活のあいだにひらめいたものだ。三澤を語るとき、必ず出てくる創世神話のハイライトである。

〈息をするのも面倒くさいといった感じで、病室の天井を眺めるだけの日々が続く。

そんな時、ふと、家の柱や梁《はり》はなんのためにあるのだろう、と考えた。いかにも建築科の学生らしい発想だが、そこから実にユニークなアイデアが浮かび上がってくる。

「柱も梁もない、箱型のすっきりした家はできないものか。壁だけで家はつくれるんじゃないか……」

三澤の発想は、どんどん広がっていった。中学時代、無線で飛ばす模型飛行機をつくった時、しっかり身につけたシステム的な思考が、この時、大いに役立った。壁と柱を接着剤でくっつければ、クギを打ったり、いろいろ面倒臭いことをしなくても家は建つ〉（同注1）

三澤は退院後、さっそく「木質パネル接着工法」の特許を申請して、取得した。

木質パネル接着工法とは、木質部材をパネルにすることで構造材の代用にする。パネルを接着剤と普通の釘の2倍の強度を持つスクリュー釘で組み立てる。この工法は一見ちゃちだが、一般的な木造住宅に必要な耐久力と性能は確保していて、なによりコストが安かった。

「お前が技術を担当しろ。おれが営業で外回りする」

1年半の入院生活で卒業は遅れた。大学院に進んで自分の好きな研究をするつもりでいたが、それもあきらめざるを得なかった。

考えたすえに、「木質パネル接着工法」のパテントを売って、海外の大学に留学する資金を捻《ひね》り出すことにした。当時、1年間に200万円あれば、優雅な留学生活ができた。

ゼネコンの鹿島《かじま》建設（鹿島）や東急不動産、当時、隆盛を極めていた殖産《しょくさん》住宅相互に売り込みをかけたが、「接着剤で家ができるわけがないでしょう」と嗤《わら》われ、まったく相手にされなかった。

パテントの売り込みに失敗した三澤は、絶対に木質パネル接着工法の家をつくってみせると意地になった。日大理工学部建築科を卒業した三澤は郷里に戻り、父親がやっている三澤木材に「プレハブ住宅部」という組織をつくった。

ちょうど、その頃、十日町高校の同級生、山本幸男が訪ねてきた。山本も就職口が決まらず、ぶらぶらしていた。三澤は接着剤でつくる住宅を「一緒にやってみないか」と誘った。山本はふたつ返事で乗ってきた。

〈「よし、お前が技術を担当しろ。おれが営業で外回りする。二人で頑張って、日本中を接着剤でつくった家にしてしまおう」

山本もヤル気十分だった。こうして、三澤と山本の〝二人三脚〟によるミサワホームが事実上のスタートを切った〉（同注1）

1962（昭和37）年に建設省からプレハブ住宅会社の認定を受け、営業を開始した。

プレハブ住宅とはPrefabricated Houseのことで、工業化住宅、工場で生産する住宅の意味である。工場で前もってつくった建築部材を使用して、現場でこれを組み立てる住宅をいう。

プレハブ住宅が出現する以前の、大工の手による木造住宅は、在来工法と呼ばれる。在来工法による木造住宅が、原材料を現場に持ち込みそこで加工するのに対して、プレハブ住宅は、部材を工場で前もって生産する点に特色がある。

プレハブ住宅はコストが安く、低い価格で住宅を供給することが可能になった。初年度の販売戸数は20戸だったが、おりからの住宅ブームの追い風に乗り、三澤がつくった低価格住宅は爆発的に売れた。

1964（昭和39）年に起きた新潟地震で、アパートや橋などの大型構造物が大きな被害を受けたが、地震に弱いとみられていた三澤のプレハブ住宅が無傷で残り、世間から「ミサワホームは地震に強い」との評価を獲得《かくとく》した。

これに自信を得て、父親が経営する三澤木材からプレハブ住宅部を独立させた。

1967（昭和42）年10月、ミサワホーム株式会社を設立。父親の二郎が社長、千代治は副社長に就いた。肩書は副社長だが、実質的には42人の社員を率いるオーナー社長である。ときに、千代治、29歳だった。

南極観測隊の居住棟に採用される

ミサワホームは同じく1967年、南極・昭和基地に居住棟とヘリコプター格納庫を納入した。これでミサワホームの知名度は全国区になった。

前掲の高木純二の書は、南極観測隊第一次越冬隊長の西堀栄三郎《にしぼりえいざぶろう》の談話を載せている。

〈「私が初めて行くことになったのは、昭和三十一年。それより前では、明治四十五年に白瀬《しらせ》中尉が行かれただけで、私たちにとっては、まったくの未知の世界でした。

ですから、越冬隊が住むための住居がどんな建物であるべきか、ということもわからない。オーストラリアのロウ博士の意見を頼りに日本で作ったのです。構造的には今のミサワホームの建物と同じで、断熱材を合板ではさんだパネルによるもの。これを組んで作ったわけです。建物は、断熱・防風性にすぐれていましたね」〉（同注1）

南極の厳しい気象条件（気温はマイナス45度まで下がり、風速60メートルの風が吹いた）に耐えうる基地の建物の強度はもちろん、荒涼とした氷原で、1年間の越冬生活を送る隊員に、人間的かつ快適な空間を提供することが必須条件だった。

こうした諸々《もろもろ》の条件をほぼ満たした建物として、ミサワホームが第九次南極観測隊の居住棟およびヘリコプター格納庫に初めて採用された。以来、基地の主要建物の約9割をミサワが占めるようになった。

当時、ミサワホームは無名な住宅会社にすぎなかった。国家プロジェクトである南極観測の一翼《いちよく》を担うことで、木質パネル接着工法の技術力の高さを証明したわけだ。

起死回生の大ヒットとなったO型住宅

三澤がミサワホームを設立した当時は、おりからの住宅ブームで、大小300社以上の住宅メーカーが乱立していた。後発のミサワホームはもちろんドン尻だった。三澤は、どの産業でも、トップにならなければ2位以下はみな同じだと考えていたから、自分の会社をトップに躍進させる方策を模索していた。

彼がヒントにしたのはアポロ計画である。アポロ計画とは、米航空宇宙局（NASA）による月への有人宇宙飛行計画のことである。1961年からはじまり、1972年までに全6回の有人月面着陸に成功した。アポロ11号の人類初の月面着陸シーンがテレビ中継され、全世界が熱狂した。

技術屋だった三澤は、かねてからNASAに注目していた。後年、「日経ビジネス」（2008年2月11日号）誌上で、こう語っている。

〈ある日、テレビでアポロ計画が特集され、ここで米国の巨大企業が専門分野ごとに分かれてプロジェクトを進めている様子が放映された。米航空宇宙局（NASA）は数十、数百にわたるプロジェクトを統括管理するコーディネーターとして、事務局機能を担当する。

「この番組を見た私は、業界の後発だったミサワホームが飛躍的に発展し、業界トップに躍り出るための道を見つけたんです」

アポロ計画と同じように、部品・部材の生産工場、販売代理店、施工業者、デベロッパーなど、各事業分野を細分化し、それぞれの分野のトップ企業と連携する。ミサワホームは高い技術をコーディネートすることで、より質の高い製品を作ることができる。こうして「産業システム経営」の考え方が誕生した〉（注2）

この産業システム経営でミサワホームは急成長した。1971（昭和46）年11月に東京証券取引所第二部市場に上場した。上場するとき、父親に替わって千代治は33歳で社長となった。当時、上場企業の最年少社長である。

1972年、大阪証券取引所二部、1981年に東証一部、大証一部に指定替えとなった。

耐久性やデザイン性に優れた商品開発を進め、人気ブランドとなった。1973（昭和48）年には大和ハウス工業、積水ハウスを抜いて、売り上げで念願の業界トップに上り詰めた。三澤千代治は、若手起業家のスーパースターとして、メディアの寵児《ちょうじ》となった。

しかし、山もあれば谷もある。1973年の第一次オイルショック後、年率2ケタ台の成長をつづけてきたプレハブ業界は低成長期に突入した。ミサワホームの経営も急速に悪化した。

このとき、起死回生の大ヒット商品となったのが「O型住宅」だ。それまでの一部2階から総2階の間取りとし、「同じ価格で2部屋多い」をキャッチフレーズに1976年9月に発売された。最盛期に年間

7000棟の販売を記録した。

O型住宅の大ヒットが、ミサワホームの危機を救うとともに、住宅業界における地位を不動のものにした。

「舵取り役」のパートナーを失う

1985（昭和60）年8月12日、東京発大阪行き123便の日本航空ジャンボ機が群馬県御《お》巣《す》鷹山《たかやま》付近に墜落した。乗員乗客524人のうち生存者はわずか4人という、航空史上最大・最悪の惨事《さんじ》となった。歌手の坂本九《さかもときゅう》など著名人の犠《ぎ》牲《せい》者を出し、社会全体に大きな衝撃を与えた。同機に搭乗していたミサワホーム専務の山本幸男も不帰の人となった。享年《きょうねん》48だった。

高木純二の前掲書は、三澤と山本の関係を、こう綴《つづ》っている。

〈三澤にとって山本は、人生最大の親友でもあり、よき事業パートナーでもあった。ミサワホーム専務として、また高校時代からの親友として、経営のことから細かい仕事のことまで、山本は三澤にズバリ直言できる唯《ただ》ひとりの男であった。

三澤の妹をめとり、文字通り三澤一族の一員として親友以上の関係だった山本の死は、三澤にとって筆舌《ひつぜつ》に尽くし難《がた》い苦しみであった。技術志向の三澤を、商売の観点から補佐し続け、アドバイスしてきた山本は、「ミサワホームの一方の舵《かじ》取り役」として、業界で評価が固まっていた。

三澤と山本は、ともかく高校時代からウマが合った。どちらかというと気短な三澤に対し、山本は何かにつけてのんびりタイプ。一見ひ弱なのが三澤だが、山本は腰に手ぬぐいをさげ、下駄を鳴らしてカッ歩するバンカラ風。こんな具合に、何から何まで正反対の二人だったが、高校の教師からは、「お前らは二人あわせて一人前」とよく言われたという。

勉強のほうも、三澤が理数系で、山本が文系と得意科目が異なる。しかし、成績となると、どちらもあまりパッとしない。お互いに自分にないところを発見し、親友になることはよくあるケースだが、三澤と山本の関係はまさにこれだった。

農家の子供が多いクラスの中で、商売人のセガレだった山本と、材木屋のセガレという三澤の、ともに商家育ちという点が、二人を近づけた一因かもしれない〉（注3）

カリスマ性のある創業者を陰で支えるのが、番頭、女房役、同志、参謀である。企業が大きくなるうえで、こうした役割の分担は不可欠であり、歯車がうまく嚙《か》み合わなければ成功はおぼつかない。

主役と手をたずさえて起業した名脇役は数多い。モノづくりの天才、井深大《いぶかまさる》と、井深が開発した製品を海外に売り込み「ＳＯＮＹ」を世界のナンバーワン・ブランドに育て上げた盛田昭夫《もりたあきお》のコンビは、あまりにも有名だ。

本田技研工業の本田宗一郎《ほんだそういちろう》と藤沢武夫《ふじさわたけお》の関係は、文字どおりクルマの両輪であった。モノづくりに没頭《ぼっとう》する破天荒《はてんこう》で激情家の本田と、事業の修羅場《しゅらば》を経験した商売人の藤沢。「本田が千両役者なら、藤沢は舞台装置、シナリオをつくった演出家」と評された。

ミサワホームの三澤と山本の関係も、先達《せんだつ》たちと同じ。三澤が技術開発に注力し、山本が商売人として補佐した。二人三脚で経営の舵取りを担《にな》ってきた。

大番頭《おおばんとう》的存在だった山本が日航ジャンボ機墜落事件で他界したことが、ミサワホームのバブル期の投資に歯止めがかからなくなった大きな原因とされている。三澤は後年、自身のブログ（２００７年８月７日付）にこう書いた。

〈山本と私は深い付き合いでした。新潟の高校時代のクラスメートです。私の親は事業をしています。山本の家も問屋ですから、何となく気が合ったということもあったと思います。私が病気を経て世にでたとき、山本も二浪していて、それで一緒に仕事をしよう、ということになりました。

山本と私は、まるでタイプが違うんです。彼は文系で私は理系。私はせっかち、山本はのんびり屋。商売も、私はフローで回転が速い方が好き。彼はストックの堅実派。着ている服は、私は全部紺で、彼は全部茶色。彼は酒が飲めて、ゴルフが好き。私はゴルフも酒もダメ。彼は歌がうまく、私は音痴など……とにかく、ことごとく違いました。

もちろん、仕事を一緒にやっていても、口を開けば逆のことを言う。でも、これが経営のバランスになりました。「なるほど、そういう見方もあったか」と気付かされるのです。ですから、違っていたことは幸運でした。

しかし、その山本は、あの８月12日の日航ジャンボ機事故で亡くなりました。会社が最後に成功できなかったのは、山本がいなくなったからだと指摘する同業者がいるらしい。それは私には分かりません。でも、そうかもしれないという気持ちはあります〉（注４）

ゴルフ場開発にのめり込んだバブルの狂乱

１９８０年代後半の突然のバブルは、日本経済と日本人の生活に大きな爪痕《つめあと》を残した。戦後の歩みのなかで１９８５（昭和60）年以降の約10年間は、ほかの時期とはまったく違った、特異な時代だった。

１９８５年９月22日、米ニューヨークのプラザホテルで、日米英仏独の蔵相・中央銀行総裁会議が開かれた。日本からは蔵相の竹下登《たけしたのぼる》（のちの首相）が出席した。

プラザ合意では、ドル高是正《ぜせい》のために各国が協調して市場介入を含む断固たる措置をとること、それを実効あるものにするために各国の内需拡大を謳《うた》った。

内需拡大策によって、国内ではバブルが膨張《ぼうちょう》した。株と土地にカネが流れ込み、空前の株高、土地の急《きゅう》騰《とう》がはじまった。大企業のエリートからアングラ社会の住人まで、バブルの狂乱に舞い上がった。

ミサワホームは、バブル期に土地投資や不動産担保融資、ゴルフ場やリゾート開発に走った。M&A（合併・買収）で傘下に入れた会社も少なくない。ミサワバン（旧鈴木鉄工所）、ミサワ東洋（旧社名は不明）、ミサワリゾート（旧日本エタニットパイプ）、環境建設（旧石原建設）などがそうで、事業領域は、住宅だけでなく、リゾート開発や情報にまで広がった。

三澤の大失敗はゴルフ場に手を出したことだ。米国を視察したとき、ゴルフ場の中にある美しい住宅に感銘を受け、こうした住宅をつくることを理想とした。

三澤はゴルフ場を100ヵ所つくる目標を立てた。ゴルフ場をつくるために、不動産会社の秀和にいた佐藤正和を常務に招いた。佐藤は全国を飛び回ったが、ゴルフ場に適した、立地のよい土地は残されていなかった。

不動産ブローカーにとって、土地を買い漁《あさ》る佐藤は、カネづるというよりカモだった。怪しげな話を次々持ち込んできた。ゴルフ場を30ヵ所計画し、10ヵ所は完成した。残る20ヵ所は途中で開発を中止した。買った土地を含めて、ゴルフ場への投資は1000億円を超えた。

専務の山本が生きていれば、三澤のゴルフ場づくりに、大手《おおで》を広げて待ったをかけたかもしれない。だが、山本はすでに他界している。根っからの〝技術屋バカ〟と陰口を叩《たた》かれる三澤を諫《いさ》める者は、誰もいなかった。日航ジャンボ機墜落事故で、パートナーの山本が亡くなったことが、ミサワホームが破綻《はたん》した要因のひとつと指摘されている所以《ゆえん》だ。バブル期に、三澤はブレーキのないクルマのアクセルを踏みつづけた。

バブルの宴《うたげ》は終わった。バブルは崩壊し、株価、地価は暴落した。ミサワホームの総資産のピークは1993（平成5）年3月期の6837億円。バブル期の不動産投資の膨張で長短借入金が4094億円に急増した。1989（平成元）年3月期の長短借入金1631億円の2・5倍だ。バブルに踊ったツケは大きく、そして重かった。

ここから資産の圧縮がはじまる。ゴルフ場など開発事業の清算、米国事業からの撤退など不動産を圧縮したが、借入金の返済は遅々として進まなかった。1999（平成11）年3月期の総資産は5354億円、長短借入金は3005億円あった。

ミサワホームの連結決算で、投資の損失分や資産をきちんと時価評価すれば、債務超過になるのではないのか――こういう見方が証券アナリストのあいだで広がった。

当時の三澤について、「週刊東洋経済」（2000年6月17日号）はこう伝えた、

〈業界関係者は三澤社長にこんな視線を向けている。「三澤さんの情報収集力やアイデアはすごい。しかし、思いつきも多く、下の人間はどうしてそういうアイデアが出たのか、背景を知らないからついていけないことも多い。今のまま投資を続けていくと、住宅業界の堤清二《つつみせいじ》になりかねない」と〉（注5）

西武百貨店をはじめセゾングループを率いた堤清二は、1980年代に最も輝いていた花形経営者だった。バブル期に、借入金に依存して事業の急拡大を進めたが、バブル崩壊により経営が破綻。セゾングループは解体された。

「三澤千代治は住宅業界の堤清二になる」といわれて、そのとおりになった。このとき、ミサワホームの買収に動いたのがトヨタ自動車だった。

トヨタホームは豊田章一郎の肝煎り事業

世界一の自動車メーカーとなったトヨタ自動車は、創業家である豊田家にまつわるエピソードが神話化されやすい。業祖、豊田佐吉《とよださきち》が「一人一業」を説いて、代々の盟主は、それぞれが新しい事業を起業した

という説もそうである。

豊田佐吉は、豊田式自動織機の発明者として教科書にも登場する。佐吉は1927（昭和2）年10月、昭和天皇から勲章《くんしょう》を授与され、親族一同で記念撮影するという晴れの席で倒れた。そして、「喜一郎《きいちろう》、お前は自動車をやれ」と言い残して、3年後に世を去ったというのが「一人一業」のはじまりとされる。

長男の豊田喜一郎がトヨタ自動車を設立したのは、この「一人一業」を説く佐吉翁《おう》の遺思による、と巷《こう》間《かん》伝わっている。

二代目の豊田喜一郎は三代目の長男、豊田章一郎（のちの名誉会長）に「一人一業」を勧め、こう語って聞かせたという。

拙著『社長解任　権力抗争の内幕』から引用する。

〈「おれは自動車のことを何もやらなかった。全部、部下がやってくれた。ただし、おれは紡織機には全知全能をかけたが、世間は、全部、佐吉がやったと言うよ」

章一郎は父の言葉を「お前がいくら自動車をやったって、自動車はおれだということになる。だから、お前が何か仕事をやりたいと思ったら、自動車以外のことをやらなきゃだめだ」と受け止めた〉（注6）

〈喜一郎が勧めたのが住宅だ。戦後、一面の焼け野原になった国土を目にした喜一郎は「木や紙でつくった燃える家ではダメだ」と痛感した。トヨタを辞めた喜一郎は、コンクリートの家をつくることを考え、辞めた年（一九五〇年）にユタカプレコン（のちのトヨタT＆S建設）を設立した。

こうした経緯があったからだ。喜一郎は、章一郎に住宅事業に参入することを勧めた。のちに、章一郎はトヨタホームをつくり「一人一業」を実践した〉（同注6）

1975年8月、章一郎の発案でトヨタ自動車工業（のちのトヨタ自動車）に住宅事業部が生まれた。

1977年から「自動車で養ったノウハウを活用した工業化住宅（プレハブ住宅）」を謳い文句に戸建て

住宅、トヨタホーム（鉄骨構造体）の発売を開始した。

巨大資本のトヨタの住宅参入に、全国の住宅会社は淘汰《とうた》されてしまうのではないか、とパニックに襲われた。しかし、そうはならなかった。日本の消費者は在来工法で造った木造住宅を好んだからだ。

トヨタホームは売り上げが伸びず、赤字経営がつづいたため存続が懸念された。しかし、住宅は章一郎の「一人一業」、いわば〝天領《てんりょう》〟である。なんとしてでも、住宅事業を形のあるものにしなければならない。

そのために、技術力の高い住宅会社の買収で、トヨタホームを強化する必要に迫られた。ターゲットにしたのが、品質は優れているがバブル崩壊で巨額な赤字を抱え経営が悪化していたミサワホームだった。

ちなみに、章一郎の長男で豊田家四代目の豊田章男《あきお》・トヨタ自動車社長の「一人一業」は、人工知能（ＡＩ）の研究・開発である。２０１６年１月、米シリコンバレーに研究開発拠点となる新しい会社を設立した。

ＵＦＪ銀行の不良債権処理と連動したミサワ買収

三澤千代治は「週刊金曜日」（２００５年４月15日号）に掲載された評論家の佐高信《さたかまこと》のインタビューで、トヨタ自動車、ＵＦＪ銀行、竹中平蔵金融担当相（当時）が仕組んだミサワホームの乗っ取り劇だと告発した。

そもそものきっかけをこう語っている。

〈一九九七年に東海銀行（２００２年に三和銀行と合併してＵＦＪとなる。引用者注）の西垣覚《にしがきさとる》頭取（当時）から「三澤さん、トヨタホームと合併してくれ、私の顔をたててくれ」と言われたんです。株を五〇％、トヨタに渡してもらいたい。これがダメなら、業務提携してくれと。ちなみに東海銀行は決算報告にトヨタに行っていた。普通は銀行に企業が行くものです。

だけど、私は「トヨタは住宅を真面目にやっていないからだめだ」と断り、それで終わったと考えた。

だが、トヨタはミサワホームの買収を狙っていた〉(注7)

東海銀行からのトヨタ自動車への売却話は、しばらくは途絶えた。復活したのは金融業界がバブルの崩壊で経営危機におちいったからだ。

1997年に北海道拓殖銀行が経営破綻、1998年には日本長期信用銀行(のちの新生銀行)、日本債券信用銀行(のちのあおぞら銀行)が経営に行き詰まり、一時、国有化された。銀行の生き残りを懸けた再編が加速した。1999年、第一勧業銀行、富士銀行、日本興業銀行が事業統合で合意したことが引き金になり、2000年代初頭にかけて大手都市銀行同士の統合・合併が相次いだ。

2001年4月、さくら銀行、住友銀行が合併して三井住友銀行が誕生(持ち株会社は三井住友フィナンシャルグループ)。2002年1月、三和銀行と東海銀行が合併してUFJ銀行が生まれた。そのUFJ銀行は2006年1月、東京三菱銀行の軍門に下り三菱東京UFJ銀行となる(持ち株会社は三菱UFJフィナンシャル・グループ)。2002年4月、第一勧業銀行、富士銀行、日本興業銀行が大同団結して、みずほ銀行、みずほコーポレート銀行に再編された(当初ふたつできた銀行は、のちにみずほ銀行に一本化される。持ち株会社はみずほフィナンシャルグループである)。

メガバンクに再編される過程で、三澤千代治が言うところのミサワホームの乗っ取りが起きた。

2001年4月、小泉純一郎政権の誕生が発火点になった。小泉は組閣にあたり従来の派閥順送り人事を排し、閣僚人事はすべて自分で決めた。民間から慶應義塾大学の経済学者の竹中平蔵を経済財政政策担当相に起用した。

2002年9月、小泉改造内閣がスタート。金融担当相を竹中平蔵に兼務させた。これ以後は、不良債権処理の強硬策（ハードランディング）を主張する竹中が小泉政権の経済政策を主導した。

金融相に就任した竹中は同年10月に、「金融再生プログラム　主要行の不良債権問題解決を通じた経済再生」策を発表した。いわゆる「竹中プラン」である。日本の金融システムと金融行政に対する信頼を回復し、国際的に評価される金融市場をつくるために、主要行の不良債権問題を早急に解決する必要があるとの問題意識を竹中は持っていた。

ここから不良債権処理の荒療治《あらりょうじ》がはじまる。竹中プランは、２００５年３月末までに、主要行の貸し出しに占める不良債権の割合を半分程度に引き下げるとの高い目標を掲げた。

ＵＦＪ銀行の不良債権処理と、トヨタ自動車によるミサワホームの買収は連動しておこなわれたと、千代治が主張する根拠がここにある。

ミサワホームの買収作戦の総指揮は、日本経済団体連合会（経団連）会長でトヨタ自動車会長の奥田《おくだ》碩《ひろし》が執った。奥田は１９９５年８月、28年ぶりに豊田家以外からトヨタ自動車の社長に就いた。１９９９年６月会長に就任し、財界活動に軸足を移した。同年、日本経営者団体連盟（日経連）会長、２００２年５月に日経連と旧経団連が統合して誕生した新生・経団連の会長の椅子に座った。２００６年まで経団連会長をつとめ、８年間にわたって財界トップの座にあった。

小泉政権時代には、首相の諮問《しもん》機関である経済財政諮問会議の民間議員をつとめた。

小泉政治は〝諮問会議政治〟とも言われた。総合規制改革会議（２００４年から規制改革推進会議に名称を変更。オリックス会長の宮内義彦《みやうちよしひこ》が議長をつとめた）がまとめた規制改革の重点項目を、経済財政諮問会議が検討。ゴーとなれば、すぐに政府の主要政策に組み入れたからである。

小泉内閣５年半のあいだに通算１９４回の経済財政諮問会議が開かれた。この間、閣僚などの議員は交代したが、一貫して議員をつとめてきたのは５人である。小泉内閣で経済財政政策担当相、金融相、総務相を歴任した竹中と民間議員の奥田ら4人だ。竹中と奥田は、小泉の「聖域なき構造改革」の機関車の両輪を果たした。

奥田碩と竹中平蔵がタッグを組んだからこそ、トヨタによるミサワホームの〝乗っ取り〟は成就《じょうじゅ》したのだ、と三澤千代治は言いつづけている。

竹中の口利きによる三澤、奥田会談

2003年10月14日、三澤は金融相の竹中の口利きで奥田と会うことになる。前出の「週刊金曜日」で、三澤はこう語っている。

〈三澤　竹中平蔵金融担当大臣（当時）が設定して経団連（東京）の応接室で奥田さんと会ったんです。竹中さんのお兄さんが、ミサワホーム東京の社長です。トップ同士であえば、しゃんしゃんといくと思ったんでしょう。私はまるっきりトヨタとかと組む気はなかったけど、会ってもいいよといった。竹中宣雄社長が言うには「平蔵が段取りしたけど、そこに行けば職務権限違反になるから平蔵は行かない」と。「場所は、経団連会長室です」。竹中大臣からも直接電話があって、「明日、行って会って下さい」と念を押されました。

佐高　国会でも、職務権限の話は追及されていましたよね。

三澤　まあ、竹中平蔵さんは、ミサワホームに何回も講演に来ていますから、電話が来てもおかしくはないんです。

奥田さんと最初は世間話をしていましたけど、まどろっこしいから、「人と金を出してくれるのですね」と切り出したら、「出すよ」と。そうしたらちょっと話が途切れて、奥田さんが「社名を……」と言い出した。それは駄目です。「六〇歳過ぎて婿《むこ》に行くような話では困ります。ミサワホームでない

と」と、私は断わったんです〉（同注7）

気まずい沈黙のあと、三澤は、自動車と住宅の違いを説明した。

「自動車は文明の利器だが、住宅は文明50、文化50でないとだめだ」

〈三澤　奥田さんが何かつまんない話をしているなあ、という顔をしているわけです。しょうがないから、「奥田さんは一年に何人、人を殺しているんですか」と聞いたんです。

佐高　そんなストレートに聞いたんですか。

三澤　ええ、でも黙っているんですよ。トヨタの最高責任者が、何人交通事故で死んでいるかってことに意識すらないことはひどいと思った。（中略）

だから私が、一万二〇〇〇人の死者でトヨタは一兆円の利益を上げているんですよ、と。世界の交通事故死を一二万人と発表している。怪我人は五〇〇万人です。そしてトヨタのシェアは世界で一〇％なのです。

だから、私は少し小さく「一〇万人くらいですね」と言ったんです。そうしたら奥田さんは何を言っているんだという顔をしていましたよ。もうそれからはお互い口をきかない。（私は）早く部屋を出たくてしょうがない。（中略）

それで、四、五分くらいでしたかね。私が部屋を出たら、奥田さんはさっさと行ってしまった。普通はエレベータホールまで送ってくるでしょう。まあ喧嘩《けんか》ですよね。

その後、トヨタ社内で相当怒っていたらしいですよ。「自動車産業を人殺し呼ばわりしやがって」と〉（同注7）

三澤と奥田の首脳会談は喧嘩別れで終わった。

創業以来、トヨタホームは6万戸、ミサワホームは120万戸を竣工《しゅんこう》した。それなのに、ミサワホームの社名をトヨタホームに変えようというのだ。三澤は「ふざけるな」と腹を立てたわけだ。

産業再生機構を活用した国策買収計画か

三澤は奥田を怒らせて、ミサワホームの買収をあきらめさせる作戦だったようだが、奥田はまったく手を引かなかった。政官財を巻き込んだ買収作戦を展開することになる。

朝日新聞社出身の経済ジャーナリストの阿部和義は、阿部事務所の公式ホームページに、この問題を27回にわたって連載した。「三沢千代治・ミサワ創業者のミサワホームがトヨタ自動車に乗っ取られたいきさつ、三沢さんの無念を書く」と執筆意図をこう述べている。

阿部はもともとトヨタ担当の記者で、トヨタに関する著書や雑誌の寄稿があるが、ミサワに関しては、トヨタのやり口がどうにも腹に据《す》えかねたようなのだ。ミサワホームの乗っ取りは、週刊誌などで断片的に報じられているが、最初から最後まで時系列でフォローしているのは、これだけだろう。「刺客《しかく》までいたトヨタ自動車の買収劇」「ミサワをトヨタに追い込んだ7人の侍」などのタイトルと実名で、赤裸々《せきらら》に報じている。

政界、財界、官界や監査法人、ＵＦＪ銀行、それにマスコミ、それこそ〝オールジャパン〟でミサワホームを追い込んでいった様子が描かれている。

トヨタによるミサワホームの買収は、たしかに国策買収の側面がなかったとはいえない。活用したのは、産業再生機構である。

トヨタは敵対的買収と見られることは絶対に避けたい。あくまで救済のためにミサワホームを買収するという形をとらねばならない。これがトヨタの基本方針である。そこで産業再生機構をワンクッションとして買収する方法が考え出された。

阿部はブログでこう書いた。

〈奥田碩・日本経団連会長は04年11月29日、あるパーティーの席で新聞記者に囲まれていろいろな事を聞かれた。奥田会長はこうした時には正直に話すことで好感を持たれていた。そこには朝日の記者も読売の記者も共同、時事の記者もいた。当時、トヨタ自動車がミサワホームを救済するのではないか、といわれていた。この時、奥田会長は、

「(ミサワホームの救済は) 産業再生機構に行ってからの話だ」

と述べた。この記事を読売は全国に流した。(中略)

読売はこの発言の2日前の27日に一面トップで

「ミサワホーム、機構活用へ。支援、トヨタ浮上」という記事を書いた。この中で次のように書いている。

「ミサワホームの再建についてはＵＦＪは当初、トヨタにミサワホームへ直接出資を求める方向で検討していた。これに対して (トヨタは) ミサワホームの創業者で元名誉会長の三沢千代治氏の影響が依然残っており、このままでは再建の主導権を握りにくくなるとして、難色を示していた。このため、ＵＦＪとミサワはスポンサー候補にトヨタが名乗りを上げることを視野に、再生機構の活用によって再建策の透明性を高め、スポンサー企業がミサワホームを支援しやすい環境を整える必要があると判断した模様だ」〉(注8)

奥田発言で、ミサワホームは産業再生機構を活用し再建するという方向が固まった。

産業再生機構は、竹中プランの不良債権の半減目標を達成するため、産業と金融の一体再生を目的に２００３年４月に設置された。再建が可能な経営不振企業だけを選び、その企業向けの債権を主力銀行以外の銀行から買い取り、主力銀行と共同で再生を支援する仕組みである。

存続期間は5年。2005年3月までに債権買い取りなどの手続きを終え、残る3年間は再生に専念し、再生のメドが立った段階でスポンサーに売却するよう定められていた。

再生機構が発足した2003年4月、トヨタ自動車は住宅事業の販売・施工部門を分社し、トヨタホーム株式会社を設立した。

金融相の竹中平蔵は再生機構をつくり、トヨタの奥田碩はトヨタホームを設立した。偶然の一致ということはあり得ないだろう。当初から、再生機構を活用して、ミサワホームを買収する意図があったと読み取るのは、決して無理筋ではない。

円満に買収できれば、それにこしたことはない。竹中がセットして、2003年10月、三澤・奥田会談が開かれたが、喧嘩別れに終わったことは、書いたとおりである。

ＵＦＪによる三澤追い落とし工作

ここからＵＦＪ銀行によるミサワホームの再生機構送りが具体的に動き出す。

ミサワホームは2002年3月、ＵＦＪ銀行から350億円の債務免除を含む700億円の金融支援を受けた。ミサワは旧東海銀行と二人三脚で進めてきたゴルフ場買収などの不動産投資事業、Ｍ＆Ａで買収した不動産金融事業、ＩＴ関連事業がことごとく失敗し、不良債権の山に埋もれていた。

債務免除企業に転落したミサワホームは、銀行の管理会社となった。ＵＦＪから水谷和生《みずたにかずお》が副社長に派遣された。ミサワホームは旧東海銀行がメインバンクだったが、派遣された水谷は、東京・日本橋支店長などをつとめた旧三和銀行の出身。不良債権処理のプロである水谷の使命は、ミサワの不良資産をスピーディーに抜本処理することだった。

2003年8月、ミサワは持ち株会社に移行。三澤千代治は子会社で主要な事業会社であるミサワホームの社長を退き、持ち株会社ミサワホームホールディングス社長に就任した。これを機に、三澤に集中していた権限の委譲や分散が着々と進んだ。

三澤・奥田会談が決裂《けつれつ》したことを受け、UFJは三澤の追い落としに動く。決裂から半月後のことだ。

2003年10月30日、2度目の金融支援策が発表された。金融支援の中身は、UFJ銀行を中心とした優先株の引き受けと負債削減の積み増しだった。三澤は再度の債務免除に抵抗した。

そこで、UFJは債務免除を1000億円の増資に切り替えるという妥協案を示す。なんとしてでも三澤を退任に追い込むことが、今回の金融支援の狙いだったからである。何をやるかより、金融支援の実績をつくることが優先された。

金融支援を受けるにあたり、UFJからは「三澤社長に経営責任はないが、道義的責任を取ってほしい」と言われたという。

2003年11月21日、三澤千代治の取締役社長の退任と名誉会長の就任が発表された。持ち株会社の後任の社長職は、UFJ銀行から来た副社長の水谷和生が引き継いだ。

「経営責任は問わない」という口実で三澤を辞任に追い込んだUFJは、追い打ちをかける。三澤が会長をつとめ、彼個人の資産管理会社が筆頭株主だった東証二部上場の中堅ゼネコン、環境建設への融資を打ち切った。

社長を辞めた後、千代治は経営者としての活動の足場を環境建設に置いていたが、その環境建設は2004年4月、破産を申し立てた。その結果、三澤は200億円の資産を失った。

2004年8月には名誉会長職も剝奪《はくだつ》され、自分が創業した会社から完全に追放された。

UFJ銀行はミサワホームが抱えていた不良債権を処理するため、2度にわたり1700億円の金融支援をおこなった。この責任を取るという名目で千代治を退陣に追い込んだわけだが、彼は、まったく納得していなかった。千代治は各メディアのインタビューに応じ、旧東海銀行がいろいろな不良債権を、リゾート開発を手がけていた子会社のミサワバンに押しつけてきた実態を暴露した。

前出の阿部和義のブログを引用する。

〈三沢氏は次のように反論している。バブル崩壊で東海銀行は不良債権をミサワバンに押しつけてきた。東海銀行からミサワバンに出向してきた丹戸喜一郎常務の指揮で18件の迂回《うかい》融資を行なった。このうち回収できたのは6％で、残りの94％相当の389億円は焦《こ》げ付いている。

この融資の中には、建設中の岐阜県のゴルフ場やオーストラリアのゴルフ場まで含まれている。モジリアーニの絵は2億円で買わされた。

三沢社長はミサワホームとミサワバンが合併する02年3月にミサワバン社長の山沢興英氏に命じて調べさせた。この調査をしたのが岩切寛邦部長であった。ところが東海銀行から出向してきたS常務に

「どうしてそんなリストを作るのか？」

と質責（叱責。引用者注）された。さらに不良債権の回収に励めと強い調子で言われた。こうしたことが重なって岩切氏は04年2月に自宅近くの踏みきりで自殺した。銀行からの出向者の責任は重い、と三沢氏は語っている〉（同注8）

UFJ銀行は首尾よく、三澤の首を取り、ミサワホームを再生機構に送り込むための内堀を埋め切った。

三澤の買い取り案を蹴ってトヨタが再生スポンサーに

会社から追われた三澤は、産業再生機構経由のトヨタの買収を阻止《そし》するため、反撃に出る。

ミサワホームの2004年3月期連結決算は、売上高は4034億円、最終損益は1287億円の巨額赤字を計上したが、純資産は310億円あり、債務超過におちいってはいなかった。有利子負債は依然、

2963億円を抱えていた。このうち1500億円がＵＦＪからの借入金だった。千代治は外資のマネーを使って、ＵＦＪの債権をそっくり買い取ろうとした。三澤は前出の「週刊金曜日」のインタビューでこう語っている。

〈結局、奥田さんとＵＦＪが私を排除しようとした。銀行は本当にひどいと思った。

そしてミサワホームは再生機構に行けと、奥田さんがほうり込み、再生機構が口を開けて待っていた。

私が怒っているのは、ミサワは三〇〇億円のキャッシュフロー（資金の流れ）があるから、三〇〇〇億円の借金は一〇年で返せる。（それなのに）ぜんぜん必要ないのに再生機構に入れられてしまった。それはおかしいでしょ。

それで私は腹が立ったから、二五〇人の匿名《とくめい》の社員とミサワファンドという受け皿を作ったのです。資金は全部外資です。お金をつけてくれた会社も三社。アメリカの穀物商社と大学のファンド、スイスの銀行が三〇〇億円ずつ。そんなにいらないけど、安全をかけて。日本の窓口の会社もできて、申込書を作った。それでミサワ（ミサワファンド）の弁護士がＵＦＪ銀行に話を持っていった。ファンドで買い取って、借金を移してしまえば問題ないはずです。

しかし、ＵＦＪ銀行は、翌日断わってきたんです。少なくとも役員会議でも開けばいいのに、担当者が突き返した。再生機構入りが（すべての）前提なのです〉（注9）

ＵＦＪ銀行は2004年11月29日に買い取りを断った。ＵＦＪから社長に送り込まれていた社長の水谷はただちに、産業再生機構にミサワホームホールディングスの支援を要請。再生機構は2004年12月28日、ミサワホームホールディングスと傘下《さんか》のグループ会社30社の支援を正式決定した。

2005年6月にトヨタ自動車、野村プリンシパル・ファイナンス、あいおい損害保険（のちのあいおいニッセイ同和損害保険）の3社がスポンサー候補となった。第三者割当増資を引き受けたトヨタは13・

4％を出資した。

2006年3月31日、トヨタ自動車が再生スポンサーに決定し、トヨタはミサワホームを、事実上、手に入れた。ミサワリゾートは三井不動産が買収し、リゾートソリューションに社名を変更した。

2007年10月、ミサワホームホールディングスが、子会社で事業会社のミサワホームを吸収合併して、ミサワホーム株式会社に社名を変更した。

2008年6月、竹中平蔵の実兄、竹中宣雄がミサワの社長に昇格した。創業者の三澤千代治を追い出し、トヨタによる買収に協力した竹中平蔵・宣雄兄弟に対する論功行賞《ろんこうこうしょう》との見方が出た。

2010年4月、トヨタ自動車は、野村プリンシパルからミサワホーム株式を買い取り、出資比率を27・8％に引き上げた。同年10月、トヨタ自動車から住宅事業の企画・技術開発・生産部門がトヨタホームに移管され、住宅事業はトヨタホームに一本化された。トヨタ自動車が保有するミサワホームの株式はトヨタホームに譲渡された。

総仕上げとして、2017年1月5日。トヨタホームはミサワホームを連結子会社にしたのである。

「奥田会長と竹中大臣はつるんでいた」

トヨタ自動車による産業再生機構を介したミサワホームの買収は大きな禍根《かこん》を残した。

大手マスコミは一切報じなかったが、ミサワホームホールディングスの個人株主である荒井敬一郎は2005年3月28日、竹中平蔵経済財政担当大臣、奥田碩日本経団連会長、それに斉藤惇《さいとうあつし》産業再生機構社長を、竹中、奥田は公務員職権乱用罪、斉藤をその幇助《ほうじょ》罪で告発した。

三澤千代治は2005年8月23日、東京地検に竹中平蔵を公務員職権乱用の罪で告訴《こくそ》した。竹中は金融担当相の立場にありながら、兄の宣雄（当時は東京ミサワホーム社長）と組んでミサワホームをトヨタ自動車に売り込もうとした疑いがある、と指摘した。告訴は受理されたが、起訴はされなかった。

竹中プランの不良債権の半減目標の達成と、再生機構の債権買い取りのタイムリミットはいずれも２００５年３月末である。その期限内の処理に向けて、ＵＦＪと再生機構はなだれ込む。

竹中金融相が立ち上げた再生機構の運営は、じつは空回りしていた。支援決定にいたったのは中小企業ばかり。大型の案件は含まれていなかった。

竹中は、金融検査を厳格化してＵＦＪの不良債権処理を加速させた。再生機構はＵＦＪの問題案件のうち、ダイエー、大京、ミサワホームの３つの案件を引き受けた。いずれも全国的に知名度が高い、それぞれの業界のリーディングカンパニーだった。

再生機構は同じ日（２００４年12月28日）にダイエーとミサワホームの支援を決定するという、あわただしさだった。買い取り期限のタイムリミットが、ほぼ３ヵ月後に迫っていたからで、駆け込みの感が強かった。

ＵＦＪ銀行を傘下に持つＵＦＪホールディングスの不良債権残高は、２００４年９月末で４兆１５００億円に上った。ダイエーやミサワホームといった大口融資先７社の不良債権処理のための原資にすべく、三菱東京フィナンシャル・グループから７０００億円の出資を受け入れた。不良債権比率の半減という目標を達成するために、三菱東京ＦＧの軍門に下る選択をしたわけだ。

２００５年10月、三菱東京ＦＧとＵＦＪホールディングスが合併を正式に決定し、三菱ＵＦＪフィナンシャル・グループが船出した。

ＵＦＪと三菱東京ＦＧの統合は、竹中プランなくしては実現しなかったろう。メガバンクvs.竹中金融相の闘いは、竹中に軍配が上がったことを意味した。

そして、ミサワホームの再生機構送りも、竹中プランの実績づくりだったといわれている。「自主再建が可能だったミサワホームはスケープゴートにされたのだ」と、千代治はくり返し主張している。
前出「週刊金曜日」で、国会で竹中平蔵大臣や産業再生機構を再三追及してきた民主党の辻惠《つじめぐむ》衆議院議員は、こう指摘している。
〈「奥田会長と竹中大臣は、今回の件でつるんでいたとしか思えません。トヨタ自動車はミサワホームに資本提携など圧力をかけたことが通じないから、産業再生機構という公的な器《うつわ》を通じて乗っ取りをしたというわけです」〉（同注9）
奥田碩は、経団連会長、経済財政諮問会議の議員という公人としての影響力を駆使してミサワホームを再生機構に追い込み、トヨタが買収する段取りをつけたと、千代治は何度も発言している。千代治は「奥田と竹中が組んだ茶番劇だ」と、痛烈に批判することを止めようとしない。

２００年住宅の夢を追いつづけ

三澤千代治のその後について、触れておこう。ミサワホームを去った千代治は２００４年にミサワインターナショナルを設立、社長に就任。２００７年に、２００年住宅というコンセプトの注文住宅「ＨＡＢＩＴＡ」を発表した。全国行脚《あんぎゃ》に出かけ、協力会社を探した。

２０１２年９月、ミサワインターナショナルは群馬県地盤の住宅メーカーと提携、ＨＡＢＩＴＡ ＣＲＡＦＴ株式会社を設立した。大株主である三澤は会長に就いた。

翌２０１３年７月、ＨＡＢＩＴＡ ＣＲＡＦＴは東証のプロ向け市場「TOKYO PRO Market」（プロマーケット）に上場した。プロマーケットは、投資に精通した機関投資家や大口の個人投資家だけが参加できる市場だ。２０１４年には千代治は社長を兼務した。上場企業の社長になって再チャレンジを試みたのだ。

千代治は、寿命200年住宅を10年後には10万戸つくり、経常利益1000億円をあげると熱く語っていた。だが、足元の業績は極端に不振で、2015年6月期の売り上げは、わずか15億円にとどまり、最終損益は1億4300万円の赤字だった。

2016年1月、MISAWA HABITAに社名を変えた。同年3月、情報の適時開示体制が不十分なことなど、上場会社としての義務を履行していないとして、指定アドバイザーのフィリップ証券から契約を解除するとの通告を受けた。三澤は3月末で社長を辞任し、同年4月15日、上場廃止となった。

千代治は「200年住宅」の夢を忘れていない。ミサワインターナショナルは2017年7月12日、太陽光発電事業を展開しているエコスタイル（東京・千代田区）と業務提携した。住宅はミサワインターナショナルが全国で提携する230社の地域工務店が請け負い、太陽光発電設備はエコスタイルが設置する。200年住宅「HABITA」の普及を目指すとしている。

三澤は、根っからの技術屋である。およそ経営者に向いていない。住宅だけやっていれば、大和ハウス工業、積水ハウスと並ぶ戸建て住宅の御三家になっていたことは間違いない。1980年代の大成功で、自分は全能だと過信したのかもしれない。

三澤千代治が輝いていたのは、1971年に、当時史上最年少の33歳でIPO（新規上場）を実現したときから、1985年に二人三脚で経営の舵取りをしてきた山本幸男を日航ジャンボ機墜落事故で失うまでの14年間だった。

ポイント▼ビジネスパートナーの重要性

創業者には、カリスマ性を備え、事業を拡大させた人物が多い。番頭、女房役、同志、参謀と呼び方はさまざまだが、創業者を支えたビジネスパートナーが存在した。本田技研工業の本田宗一郎には藤沢武夫という右腕がいた。ソニーの井深大と盛田昭夫も同様だ。

創業者とビジネスパートナーが似た者同士では相乗効果は生まれない。創業者とパートナーが電極のプラスとマイナスのように作用すれば、非常に大きなエネルギーとなる。

ミサワホームの三澤千代治と山本幸男の関係も先達たちと同じだった。技術の三澤とセールスに長《た》けた山本。性格から物の考え方まで正反対の二人が手をたずさえたことで、ミサワホームは日本一の木造プレハブメーカーへと駆け上がっていった。

だが１９８５年、山本は日航ジャンボ機墜落事故で他界した。このことが、昇竜の勢いで伸びてきたミサワホームの転換点となった。技術屋の三澤が経営全般を見なければならなくなったからだ。

三澤は、ビジネスパートナーを失ったため、糸の切れた凧《たこ》となり、バブルの空を乱舞した。

家造りで天才的なひらめきを見せた三澤は、周囲が茶坊主ばかりだったこともあって、自分は全能でビジネスでも通用するという錯覚におちいってしまった。ブレーキのないクルマは暴走する。

第5章　そごう――日本一の百貨店王の栄光と没落

「怪物」水島廣雄の原点は千葉そごう

そごう・西武が経営するそごう千葉店（呼び名は千葉そごう）は、２０１７年3月21日、開業50周年を迎えた。

その前日の3月20日、三越伊勢丹が運営する三越千葉店（千葉市中央区）が閉店。33年の歴史の幕を下ろした。三越千葉店は1月18日から閉店セールを実施した。セールによる集客効果で、1月の売上高は前年同月比55％増、2月は2倍、3月に入ってからは3倍を記録していた。燃え尽きる寸前の最後の輝きであった。

三越千葉店の前身は、千葉県のトップ百貨店、奈良屋である。国鉄（のちのＪＲ）駅前に進出してきた千葉そごうに対抗するため、１９７２（昭和47）年に三越（のちの三越伊勢丹）と合弁でニューナラヤを開業し、１９８４（昭和59）年に三越に看板を掛け替え、三越に経営権が移った。

ＪＲ千葉駅近隣の立地を生かし、91年度には売上高が５０７億円に達していた。だが、バブル崩壊による消費低迷に加え、93年に、新店を開店し日本最大級の店舗面積をもつようになった千葉そごう（そごう

TOWN）に客が流れ、衰退に拍車がかかった。２０１５年度の年商は１２６億円にまで落ち込み、回復の見通しが立たず営業の継続を断念した。

千葉市内で唯一《ゆいいつ》営業している百貨店は千葉そごうだけとなった。

そごう元会長・水島廣雄《みずしまひろお》が「怪物」と呼ばれるようになる原点は、千葉そごうの成功にあった。

千葉そごうは百貨店のチェーン化の第一弾であるというだけではない。別法人にしたのは、失敗した場合に、そごう本体に影響を与えないための苦肉の策だった。しかし、千葉そごうはグループの屋台骨となり、これがその後のそごうを成功に導くビジネスモデルとなった。

水島は自分がオーナーの千葉そごうを、事実上の持ち株会社として、そごう帝国づくりに邁進《まいしん》するのである。

国道16号沿いに出店する「レインボー作戦」

１９６２（昭和37）年４月、水島廣雄は50歳でそごうの代表取締役社長になった。東京オリンピックを２年後に控え、日本の消費景気がはじまっていた時期だ。水島は新しい百貨店をつくろうと考えた。

『評伝　水島廣雄　あとから来る旅人のために』は、こう書く（以下、『評伝』と略す）。

〈一九六五年（昭和四〇年）初め、旧知の塚本素山《つかもとそざん》から、塚本が千葉駅前に建設中の塚本総業のビルにテナントとして入ってくれないかと打診があった。

当時、政界のフィクサーとして、また創価学会の重鎮として、また事業家としても成功していた塚本だが、この千葉駅前の大型ビルの建設は、いささか目論見《もくろみ》が狂ったようである。というのも、当時の千葉駅は、戦前からの駅が一九六三年（昭和三八年）に移転したものである。ほかの不動産業者よりも先に情報を得ることができた塚本は、その後の発展を見越して駅前に土地を取得していたわけである。だが、駅は繁華街から遠く、周囲はぺんぺん草が一面に生えた野原であった。ここに、店舗やオフィスをわざわざ構えようとする企業は現れなかった〉（注1）

資金繰りに窮《きゅう》した塚本は、藁《わら》にもすがる気持ちで、水島にテナント話を持ち込んだわけだ。

水島は旧知の財界人である富士製鐵（のちの新日本製鐵）の永野《ながの》重雄《しげお》、日本精工の今里廣記《いまざとひろき》らに千葉出店の可否を相談した。ほぼ全員が無理だと言った。そごうの役員会でも、大半の役員が「なぜあんな田舎に出るのか」と猛反対した。

伝統のある百貨店なら大都市の繁華街かターミナル駅に直結した場所に出るのが常識の時代だった。街はずれに百貨店をオープンすれば、3年もすれば潰れる。

水島は生前、自伝の類《たぐい》を残さなかった。功成《こうな》り名を遂げた経営者が寄稿する日本経済新聞の「私の履歴書」の執筆も断っている。

日本興業銀行に入り、そしてそごうに入社するまでの経緯は、江波戸《えばと》哲夫《てつお》の『神様の墜落　〝そごうと興銀〟の失われた10年』にくわしい。江波戸が当時90歳を過ぎようとしていた水島に、長時間インタビューして書いたものである（以下、江波戸書と表示する）。

このなかで水島はこう語っている。

〈そごうに入ってからも、興銀時代から付き合っていた色々な財界人、たとえば新日鉄の永野重雄さんや日本精工の今里広記さんなんかと、時々集《つど》っては、そごうの再建策を相談していたのですが、そんな中で『レインボー（作戦）』という言葉を聞きました。アメリカの小売業の出店の法則なんですが、大都市から一定の距離を置いて虹のように囲んで出店すれば、その店は必ず成功する、というものです。その法則に当てはめれば、東京を取り囲む国道一六号沿線に出店すればいいことになる〉（注2）

1963（昭和38）年4月、神奈川県の横須賀から千葉県の富津《ふっつ》まで、東京を虹のように囲むひとつづきの道路が国道16号として統合された。有楽町そごうが不振を極めているなか、経営の打開策は国道16号沿いに出店するレインボー作戦だと、水島は確信した。

正力松太郎に一目置かせた男

そごうは1957（昭和32）年、東京・有楽町駅前に読売新聞社が建設した読売会館に、そごう東京店を出していた。有楽町そごうのキャッチフレーズを歌にしたフランク永井《ながい》のヒット曲『有楽町で逢いましょう』の大ヒットでデートの名所となったが、「品揃えが悪い」との悪評が立ち、有楽町そごうの業績は水面下にずっと沈んだままだった。これが、そごう本体を倒産寸前に追い込んだ。

1958年、日本興業銀行を辞め、そごう副社長に就いた水島の初仕事は、有楽町そごうの家賃の値下げ交渉だった。正力松太郎《しょうりきまつたろう》・読売新聞社主と直談判《じかだんぱん》した。怒鳴り合いの大喧嘩《おおげんか》になり、驚いた正力の秘書が割って入った。

おもしろいことに、正力は、このときの水島の気迫を買い、交渉に応じた。従来の月額4000万円（坪4000円）の固定家賃を、売り上げの5％とする売り上げスライド制に変更することで決着した。事実上、それまでの半額になった。

「大正力と大立ち回りを演じ、一目《いちもく》置かせた男」として水島は大いに株を上げた。これをきっかけに、そごうが読売巨人軍の優勝記念セールを担当することになる。

有楽町そごうは、家賃の問題は解決したとはいえ、売り場面積の狭さと集客力の弱さという致命的欠陥を抱えていた。水島は首都圏でさらに店舗を増やさない限り、そごうの発展はない、と考えた。

横浜、東京、千葉の国道16号沿いに出店する。当初は、横浜駅前あたりに出店できないかと考えたが、そごうの経営体力では、横浜進出は無理だった。そこで、塚本素山から持ち込まれた千葉駅前の案件に乗った。役員たちの猛反対を押し切り、千葉に出店することにした。

当時、千葉駅周辺には、「奈良屋」「扇屋」「田畑」という３つの地元の百貨店があった。彼らはそごう進出に猛反対した。というのも、３店の売り場面積は合計で２万４０００平方メートル。これに対して千葉そごうは３店分と同じ売り場面積で進出してくるというのだから、まさに死活問題である。

大きな店舗が新規にできるとき、周囲の商店主や住民でそのあり方を検討する「商業活動調整協議会」（商調協）も、千葉政界も財界も、反対派と賛成派に二分され大揉めとなった。

水島に、ひとりの有力支援者が現れた。元千葉県知事の柴田等《しばたひとし》に紹介された中江静枝である。戦後、初代の千葉県婦人団体連絡協議会会長をつとめた中江は、この頃、千葉市商調協の委員であった。大型店の出店は千葉の発展につながると主張し、水島を支援した。

地元有力者の後押しもあり、最終的に１万７１００平方メートルの売り場で、千葉そごうの建設許可が下りた。１９６７年３月に開店した千葉そごうは、千葉市内で最も後発ながら、いちばん大きな百貨店となった。

元朝日新聞社社長の中江《なかえ》利忠《としただ》は、水島の『評伝』の追悼《ついとう》文に、こう書いた。

〈平成六年に母・中江静枝が九八歳で亡くなって私が追悼本を編集した時、水島さんがどうしても書かせてほしいと寄せた文には「千葉そごうを起爆剤として遂に売り上げが一兆数千億円の日本最大の百貨店グループに発展。静枝様はオールそごうの大恩人と申しても過言ではありません」と、過分の謝辞が躍っていた。この気恥ずかしいほどの謝辞に、あらためて「こちらこそ」と御礼を言上したが、（死を目前にした）最後のベッドの上で水島さんは、私の手を静かに握り返すだけだった〉（注３）

業界初となる別会社方式の百貨店

社内の反対と地元の反対を乗り越えるために、水島はある方法を思いつく。ヒントは出店に積極的だった当時の千葉県知事、友納武人《とものうたけと》の言葉だった。友納は副知事時代から、東京湾の大規模な埋め立てを推進し、京葉工業地帯や、その後の東京ディズニーランドなど湾岸開発の基《もとい》をつくり、「開発大明神」「千葉県中興の祖」といわれた。

〈「水島さん、（そごうは）大阪のデパートだから地元に反対されるんだ。千葉の会社にしなさいよ。それなら、雇用も増えるし、税金も千葉に落ちるから、地元は納得する」

水島は考えた。社内にも強烈《きょうれつ》な反対がある中で、強引に進出して失敗したら取り返しがつかない。いっそのこと、株式の大半は自分と親族や友人で持ち、自分がオーナーの百貨店をつくろう。そうすれば大株主の間で翻弄《ほんろう》されることもない〉（注4）

そごう本体では、いくら頑張っても雇われ社長でしかない。水島は、自分の判断で自由にできる百貨店が欲しかった。友納の提案は渡りに船だった。業界初となる別会社方式で、千葉に出店することを決断した。

そこで、それまでのそごうとは別の会社となる株式会社そごうを設立し、水島自身がその株式を引き受けた。野村證券の瀬川美能留《せがわみのる》、リッカーミシンの平木信二《ひらきしんじ》などに声をかけ、資本金1億円を調達した。融資は、水島が所属する社会奉仕団体・キワニスクラブの仲間だった杉浦敏介《すぎうらびんすけ》が常務をつとめている日本長期信用銀行に頼んだ。これが縁で、長銀がメインバンクになる。そごうのそれまでのメインバンク、大和銀行とは大喧嘩していたため頼むわけにもいかず、古巣の興銀は流通業に見向きもしなかった。大和銀行との確執については後述する。

瀬川美能留は、金融業界を牛耳《ぎゅうじ》る銀行を敵対視し、野村證券のトップとして銀行を超えることを終生めざした。右翼の政商・児玉誉士夫《こだまよしお》のために「K口座」を開設し、莫大《ばくだい》な資金を送り込んだことでも知られる。瀬川は児玉に株式投資で、かなり儲けさせたといわれている。

平木信二は、今日《こんにち》でいうベンチャー起業家。戦後、ミシン製造に参入。独自の前払い割賦《かっぷ》制度で販売を伸ばし、一時は日本のミシン業界で、リッカーがトップシェアを握った。

杉浦敏介は会長時代を含め20年近く経営トップの座に君臨し、「長銀のドン」と呼ばれた。杉浦が中心となって進めた高橋治則《たかはしはるのり》のイ・アイ・イ・インターナショナルに対する巨額の融資が焦《こ》げ付いたことが、長銀破綻《はたん》の大きな要因となった。

千葉駅前に完成した千葉そごうは、高度成長の追い風を受けて、大成功をおさめた。これが、それからの水島の事業展開の成功の方程式となった。

そごうグループの全容を知るのは水島ひとり

そごうグループは百貨店のなかで特異な構造になっている。株式を上場していたそごう本体は有楽町、大阪、神戸の3店を保有するだけ。他の店舗は基本的に1店舗1社方式である。国内の百貨店だけで、ピーク時には30社近くに達していた。

全体を支配したのは、水島が株式の過半を握っていた千葉そごう。千葉そごうが持ち株会社の役割を果たした。グループ会社は、そごう本体の連結決算の対象外である。千葉そごうや横浜そごうなど首都圏の別会社を中心に、各社の出資、貸付金、債務保証が網の目のように交錯していた。

1990年代後半、取引行の強い要求でグループ全体の財務諸表を提出するまで、そごうグループの全容を知るのは水島ひとりだった。

日本の百貨店史上初の、別会社方式の出店だった千葉そごうは、外部からの干渉《かんしょう》を受けることがなかった。外部とは、上場しているそごう本体の大株主たちや、そごうのそれまでのメインバンクの大和銀行である。

千葉そごうは、水島がオーナーの会社であり、その後の多店舗化における親会社としての役割を果たした。新たに出店するそごう各社に千葉そごうが出資し、千葉そごうが出資することによって信用を担保した。基本的には地元密着型の法人として、現地の社長、店長以下のスタッフによって店舗がつくられ、その店を運営した。融資は地元の銀行に依頼した。だから、広島、千葉、横浜、西日本など地銀の融資が多かった。

『評伝』によると、〈これは、水島の浮動担保の研究から生まれた企業担保法そのものを、自ら実践《じっせん》した出店戦略といわれた。いわば、親が子を産み、子が孫を産む、互いに担保し、独立自歩する百貨店づくりである〉（注5）。企業担保法については、あとで触れる。

こうした複雑な構造をつくったのは、水島の支配を盤石《ばんじゃく》にするためだった。取引銀行による経営の実態の把握《はあく》を難しくする狙いがあったことはいうまでもない。

千葉そごうを起点に、水島は一代で国内・海外に40店以上の百貨店チェーンを築き上げた。海外はタイそごうにはじまり、香港《ホンコン》、シンガポール、台北《タイペイ》、マレーシアとつづき、ロンドン、バルセロナなどにも出店した。海外の事業展開を総括したのは、千葉そごうの子会社だった。

しかし、経営破綻とともに、水島はすべての栄誉を失った。

水島の栄光と挫折《ざせつ》の軌跡《きせき》をたどってみよう。

冷遇された興銀時代

水島廣雄は1912（明治45）年、京都府の日本海側の若狭湾《わかさわん》に面した成生《なりう》（舞鶴市《まいづるし》）という、20戸ほどしかない集落に生まれた。生家は漁業をいとなんでいた。廣雄が生まれた頃は、ブリの大豊漁期で、成生は空前の好景気に沸《わ》いていた。

水島は好景気の恩恵を受けた。漁師の子は小学校を終えると漁師になるのが普通だったが、両親は成績優秀な廣雄を東京の大学に進ませた。

１９３３（昭和８）年、旧制・中央大学法学部に入学した。ところが大学に進学したとたん、成生はブリの不漁がつづき、両親は仕送りどころではなくなった。学業をつづけるには特待生になるしかない。水島は猛勉強の甲斐《かい》あって、特待生となり、卒業する際には成績優秀者に贈られる銀時計を受け取っている。

１９３６（昭和11）年3月、法学部英法科をトップで卒業した水島は、日本興業銀行に入行した。興銀は帝国大学、なかでも東京帝国大学法学部の卒業生でなければ人にあらず、という銀行だった。給料も帝国大学出が90円、私立大学出は75円と、はっきり区別されていた。中大卒の水島が出世することは初めから望めなかった。

立身出世の野心に燃える水島がなぜ、興銀を選んだのか。

江波戸書によると、興銀を選んだ理由を水島自身はこう説明した。

〈ぼくが興銀に行きたかったわけではないが、先生（片山義勝《かたやまよしかつ》）から『君は興銀タイプだな』といわれれば、『いや違います』とはいえなかった。それに中大教授だった栗栖《くるす》赳夫《たけお》さんがいたからな〉（注6）

栗栖赳夫は現役の興銀の部長で、中央大学では講師として「社債信託法」を教えていた。水島は栗栖の講義を受けていた。

栗栖は銀行在籍中に、「担保付社債信託法の研究」で法学博士号を授与されている。戦後の１９４７（昭和22）年に興銀総裁となり、その後、政界に転じた。片山哲《かたやまてつ》内閣の大蔵大臣、芦田均《あしだひとし》内閣では経済安定本部総務長官をつとめたが、昭和電工（昭電）疑獄《ぎごく》に連座し逮捕される。「銀行員で法学博士で大学の先生」である栗栖を、若い水島が自身の将来像として思い描いていた可能性は大いにある。栗栖が失脚しても、水島の栗栖への尊敬は変わらなかったという。

昭和電工疑獄とは、1948（昭和23）年に起きた贈収賄《ぞうしゅうわい》事件である。社長の日野原節三《ひのはらせつぞう》が政府高官や政府系金融機関の幹部に働きかけた。収賄側にGHQ（連合国軍総司令部）の高官の名前が取り沙汰された。大蔵官僚の福田赳夫《ふくだたけお》（のちの首相）や代議士の大野伴睦《おおのばんぼく》（のちの自民党副総裁）が逮捕され、芦田内閣が崩壊した。

事情聴取された関係者は2000人、逮捕者は64人（うち現職国会議員は10人）だったが、裁判で有罪になったのは2人だけだった。大山鳴動《たいざんめいどう》してネズミ一匹の喩《たと》えどおりの結果となった。

興銀で水島は事業家人生を決定づける人物に出会う。中山素平《なかやまそへい》である。のちに「財界の鞍馬天狗《くらまてんぐ》」という異名《いみょう》をとり、興銀頭取ということだけでなく、日本経済の中枢《ちゅうすう》にあって八面六臂《はちめんろっぴ》の活躍をした経済人である。戦後の日本経済のグランド・デザインは中山素平が描いたといっても過言ではない。

興銀に入行した水島は、福島市にあった東北支店に配属になった。水島が赴任した翌年、中山が支店長代理としてやってきた。水島と中山の最初の出会いは、中山は将棋が強く、支店で相手になる者がいなかったためだった。将棋が強かった水島が、新人ながら、手合わせすることになった。

東京帝大法学部出身が幅をきかせるなかで、官立とはいえ東京商科大（のちの一橋大）出で、判断力があり知恵者でもあった6歳年上の中山に、水島は心酔した。以来、長い付き合いになる。

〈水島がそごうを率いて快進撃を開始してから、「そごうは〝素平銘柄〟だから興銀との取引のパイプが太い」と指摘する人が少なくなかった〉（同注6）

興銀時代の水島は不遇《ふぐう》だった。東京帝大法学部閥が主流の興銀では、東大出しか役員になれなかった。

中央大卒の水島は出世できなかった。同期が常務になるなか、部長にすらなっていなかった。その鬱憤《うっぷん》を晴らすかのように勉強に打ち込んだ。

勉学のほうでは大きな成果を得た。１９５３（昭和28）年、水島は「浮動担保の研究」という論文を書き、博士号を授与された。企業は土地や機械などの設備を担保にして銀行から融資を受けるのが一般的だったが、経営者の意欲をはじめ企業の能力・将来性を大きな担保と見なし、こうした無形の資産にも融資をおこなうべきだとする学位論文である。

この研究は毎日学術奨励賞を受賞し、のちに「企業担保法」という法律にまでなった。水島は東洋大学法学部の教授に任命され、中央大学でも非常勤講師となった。尊敬する栗栖赳夫のように、水島も「銀行員で法学博士で、大学の先生」になったのである。

博士号を取ったのに、それでも興銀マンとしては正当に評価されていないと感じていた水島は、興銀に見切りをつけ、転身をはかることにした。学者になる道もあったが、水島は実業家になる思いを捨てきれなかった。

「そごうを整理せよと言われて入社した」

１９５８（昭和33）年３月、22年間つとめた日本興業銀行を辞めた。退職時の役職は特別調査室付考査役だった。翌４月、そごうに副社長として入社した。46歳のときである。

そごうの創業は１８３０（天保元）年、大和《やまと》（奈良県）出身の十合伊兵衛《そごういへえ》が大阪で開業した古着業「大和屋《やまとや》」にさかのぼる。古着屋から呉服店、百貨店へと変身し、大阪の代表的な繁華街、心斎橋《しんさいばし》に店を構えるまでになった。

１９３７（昭和12）年に建ち上げた高さ31メートル、地上８階地下３階の本店のビルは「ガラスと大理石の殿堂」と呼ばれた。

しかし、本店ビルの建設資金の負担が重くのしかかり、完成を2年後にひかえた1935年に、十合一族は所有株式の大半を譲渡した。貴族院議員の板谷宮吉《いたやみやきち》（二代目）が取締役会長に就き、経営権が移った。

戦後、本店は進駐軍に接収され、PX（軍人、軍属向けの物品販売所）兼慰安施設となった。1952（昭和27）年に接収解除され、百貨店の営業を再開したが、接収されていた空白の時期が長く、その影響は大きかった。新しいオーナーになった板谷家にとって、そごうはお荷物と化していた。

不振の打開策として東京に進出することを決めた。1957年、読売新聞社が建設した有楽町の読売会館に、そごう東京店がオープンした。だが、家賃が高く、売り上げは伸びなかった。東京進出の失敗が、水島を経営陣に受け入れる素地《そじ》となった。

〈そごうに内紛《ないふん》が起こり、二代目、板谷宮吉はもう、そごうの経営から足を洗いたくなっていた。そのとき、三代目（息子の板谷真満《ますみ》。引用者注）が二代目に囁《ささや》いた。

「水島さんにそごうに入ってもらいましょうよ」

三代目はこう証言する。「そごうでの板谷家の影響力が低下するのを危惧《きぐ》したのです。水島さんもそれ（入社）を望んでいました、いい機会だと思いました」〉（同注6）

水島の妻は、板谷グループの板谷商船の取締役、板谷康男の妹だった。

当時の水島に具体的な再建プランがあったわけではない。後年、水島はそごうの社員に向かって、「私は株主の板谷家に、そごうを整理せよと言われて入社した」と語っている。〝整理屋〟として入社したはずの水島は、再建屋に変貌《へんぼう》することになる。

そごうの副社長として入社した水島の初仕事が、そごう東京店の家賃を値切ることだったことは、すでに述べた。〈その後も親しい関係を続けた正力は「わしが口論で負けたのは水島さんだけだ」と語ってい

ようになる。

正力と渡りあって、家賃の値下げを認めさせた水島を、そごうの役員や板谷家は実業家として認知するたという〉（注7）

財界の水島応援団と小佐野賢治のバックアップ

水島が社長に就任する直前、社内は大混乱をきたしていた。

水島が板谷家から推《お》されて副社長に就任した1958年、臨時株主総会で当時、日本繊維工業社長で東北電気製鉄、京都新聞社の会長をつとめる坂内義雄《ばんないよしお》が社長に就いた。その坂内が1960（昭和35）年11月に急逝《きゅうせい》した。これで、お家騒動の火蓋《ひぶた》が切って落とされた。

後任は、大株主の大和銀行をはじめ野村證券、山一證券、板谷宮吉ら大株主らでつくる「五者会」の推薦で決まることになっていたが、筆頭株主である大和銀行頭取の寺尾威夫《てらおたけお》が自行出身の若菜三良副社長を独断で後任社長に決め、取締役会で承認させた。

これに、水島は猛然と反発した。水島と寺尾との血みどろの抗争が持ち上がった。

〈株主の一社である野村證券で社長になっていた瀬川美能留は、いち早く水島支持を表明した。水島の応援団には大物が集った。政界から当時の参院議長で「寝業師《ねわざし》」とも言われた松野鶴平《まつのつるへい》が名乗りを上げ、財界からは旧知の大川博《おおかわひろし》（東映の事実上の創業者。引用者注）、市村清《いちむらきよし》（リコー創業者）らが駆けつけた。応援団長格は、平木信二（リッカーミシン創業者）である。平木はこの人事を「大和銀行によるそごう乗っ取りである」と吹聴した〉（同注7）

真相がわからぬこの騒動を大宅壮一《おおやそういち》は「財界の松川事件」と命名した。抗争が長期化するにつれ、マスコミは面白おかしく、これを報じた。

松川事件は戦後、日本国有鉄道（国鉄）で起きた列車転覆事件のひとつである。1949（昭和24）年、東北本線の松川―金谷川間で起こった。機関士ら乗務員3人が死亡、国鉄および東芝の労働組合員など20人が起訴され、一審、二審とも有罪となった。

作家の広津和郎《ひろつかずお》の裁判批判などを中心に、公正な判決を求める運動が拡大し、1959年に最高裁は共同謀議の存在は疑問として差し戻し、61年に仙台高裁は全員無罪を言い渡した。さらに、63年、最高裁は上告を棄却、無罪が確定した。米軍の関与説なども一部にあり、真相は闇の中のまま。真犯人はわかっていない。だから大宅は「財界の松川事件」と呼んだのである。

そごうの騒動には経団連会長の石坂泰三《いしざかたいぞう》や関西財界の重鎮、杉道助《すぎみちすけ》が調停に立ったが、大和銀行の寺尾がこれを蹴《け》った。寺尾は、そごうの支配になぜこれほど執着《しゅうちゃく》したのか。そごうをどこかの百貨店に叩き売って、融資した金を回収しようとしたのかもしれないが、その理由はいまとなってはわからない。

結局、1961（昭和36）年、朝日麦酒《ビール》社長の山本為三郎《やまもとためさぶろう》の仲裁で、若菜社長は腹心の役員とともに辞任した。

そして翌年の1962年4月、そごうの総会で、大阪、神戸、東京三店舗を束ねるそごうの社長に水島が就任した。この間、水面下では、大和銀行および若菜の大阪勢と、水島および水島の応援団の東京勢による激しいせめぎ合いが演じられた。

水島は「善悪は存知せざるなり」（「新潮45」2001年9月号）と題した特別手記で、そごうの社長に就任したいきさつを次のように書いている。

〈妻の兄が、そごうのオーナーの板谷家の親戚である上、五人の大株主のうち、四人から後を継ぐ者がいないから来てくれといわれ、そごうに入った。当時、野村証券の奥村綱雄《おくむらつなお》会長や瀬川美能留社長、リッカーの創業者の平木信二社長も、そごうの後を継いで、日本一にしろ、という〉（注8）

ところが、斎藤貴男《さいとうたかお》の「そごう水島広雄（前会長）の大罪——副社長を自殺に追い込んだ〝田舎百貨店〟のドン」（「文藝春秋」２０００年7月号）によると、〈水島がそごう社長になれたのは、国際興業の社主だった小佐野賢治《おさのけんじ》が強力にバックアップしたからだ〉（注9）という。

そごうの社長を誰にするかの混乱に乗じて、のちにロッキード事件で政商として名を馳《は》せる国際興業社主の小佐野賢治が、そごうの第二位の大株主に躍り出てきた。小佐野はそごうの株式を、それまでのオーナーだった板谷宮吉から譲り受けた、と伝えられている。この小佐野が水島を全面支援したのが、社長になれた真相だというのである。

後年、水島のパワーの源泉として華麗な人脈が取り沙汰《ざた》されたが、社長の座を手に入れたときも、この人脈がモノをいったということのようだ。興銀時代の水島は、東大法学部閥が幅をきかす行員たちと親しく交わることはなかったけれど、強力な援軍を外部から得ていたのである。

水島の人脈には共通項がある。戦後、徒手空拳《としゅくうけん》でのし上がってきたパワフルな人物たちである点だ。水島の盟友になるリッカーミシンの平木信二、中央大学の先輩でリコーの創業者、市村清、東映の大川博などのツワモノたちを強い味方にしていった。

児玉誉士夫から贈られた1億円のダイヤモンド

闇社会にも太いパイプを築いた。

帝人の中興の祖といわれた大屋晋三《おおやしんぞう》の妻・政子《まさこ》は、奇抜なファッションとパフォーマンスで知られていた。この政子の甲高《かんだか》い声が響いた。

「ひゃー、大きなダイヤモンドやわ！」

政子が知人に語ったとされる言葉だ。ダイヤを見た場所は、東京・世田谷の水島邸か、東京・有楽町そごうの社長室のどちらかだったと政子は記憶している。

〈政子さんが水島から奪うようにしてまじまじと見たダイヤは二十カラット、時価一億円相当。「これが、児玉（誉士夫）さんからもらったうわさのダイヤなん？」〉（注10）

水島と右翼の大物、児玉誉士夫を結びつけたのは、戦後最大の乗っ取り劇と騒がれた三光汽船《さんこう》によるジャパンライン株買い占め事件である。

1971年、元国務大臣・河本敏夫《こうもととしお》率いる三光汽船が同業のジャパンラインの乗っ取りをはかり、株式を買い占めた。右翼の大物の児玉誉士夫がジャパンライン側について介入した。しかし、膠着《こうちゃく》状態がつづき、手を焼いた児玉は、水島に河本との交渉役を頼んだ。

児玉の事務所は、東京・銀座の塚本素山ビルにあった。塚本素山は、千葉そごうが入居しているビルのオーナーで水島とは昵懇《じっこん》の間柄だ。塚本を介して、児玉と知り合ったとされる。当時、大蔵大臣の福田赳夫と野村證券会長の瀬川美能留が、水島に調停を依頼した。前出の江波戸書のインタビューを引用する。

〈「河本敏夫は肝《きも》の据《す》わった頑固者で児玉の脅《おど》しなど怖がらないが、不思議にぼくのいうことは聞くんだ。福田はそれを知っているから、ぼくにこの事件の調停を持ち込んだ。一方の児玉も〝先生のいうことなら、何でも聞く〟という。そこで調停に乗り出すことにしたのだが、児玉は、河本側の（ジャパンライン株を買い集めた）コストが一〇〇円そこそこだったから、一二〇〜一三〇円で解決してくれるのではないかと思っていたらしい。河本のほうは当時、（ジャパンラインの株価が）八〇〇円していたから五、六〇〇円で買ってくれると思っていたようだ」

両者の思惑《おもわく》をじっと測りながら水島は調停の場を設けた。有楽町そごうの上にある正力松太郎（読売新聞社主）の部屋だった。

「〝どっちもいいな？〟と念を押して、〝一株三八〇円〟という数字を出したら、両方ともモノを言わなくなっちゃった。〝君ら、おれの一発勝負に従うって誓《ちか》っただろう〟というと、児玉が〝武士に二言はない、飲みます〟と応じて、河本も仕方ないから飲むという」〉（注11）

竹森久朝著『見えざる政府　児玉誉士夫とその黒の人脈』は、児玉と水島のつながりをこう書いている。

〈児玉は三光汽船の岡庭博《おかにわひろし》専務と興業銀行で同窓の水島廣雄・百貨店「そごう」社長を使者に立てた。ここらあたり児玉の人選は心憎い配慮が払われている。面会を拒否できない人物を登用して、半ば強引に話し合いの円卓に就かせるようにした〉（注12）

１９７３（昭和48）年４月、児玉誉士夫、そごう社長・水島廣雄の立ち会いのもと、三光汽船社長・河本敏夫とジャパンライン社長・土屋研一が印を捺《お》した和解の協定書が作成された。

協定書による引き取り価格は３８０円。１億３５００万株分、５１３億円がジャパンラインから三光汽船に株式譲渡の対価として支払われた。これで三光汽船によるジャパンライン株買い占め事件は決着した。

このときの謝礼として、20カラット、時価１億円相当のダイヤモンドの指輪が、児玉から水島に贈られた。このダイヤは最高級のブルー・ダイヤモンドだった。

このダイヤモンドには後日談がある。水島は、このダイヤを所得として申告せず、国税局から追徴の課税処分を受けた。やむなくダイヤを国税局に物納した。このダイヤは物納されたあと、オークションにかけられ、都内の宝石商が落札した。しかし、この伝説のダイヤモンドはあまりに粒が大きかったため、国内では買い手がつかず、海外で処分されたという。

水島は小佐野賢治や児玉誉士夫といった戦後の裏社会を牛耳った怪物たちと親しく交わってきた。児玉の使者として河本と和解した水島にとって、この交渉が最高の勲章《くんしょう》となったことは間違いない。

というのは、ジャパンラインのメインバンクが興銀だったからである。水島は「古巣の興銀を救った」

エピソードとして、三光汽船によるジャパンライン株の買い占め事件のことを、何度も何度も側近に語ったという。

前出の特別手記では、誇らしげにこう書く。

〈興銀には銀行に貢献してくれた社外のOBに金杯を贈る制度があり、その受賞者は今まで三人。（中略）一人が私です。かつてジャパンラインの株が河本敏夫元副総理の三光汽船に買い占められた事件があり、福田赳夫元首相と野村証券の瀬川美能留元社長に頼まれて私が仲裁裁定をしてあげたことがある。興銀がジ・ラインのメインバンクだった関係で私に金杯を贈ってきました〉（注13）

水島は、毎年正月に、この金杯で酒を飲んだという。

興銀時代の水島は冷や飯を食ってきた。東大法学部閥が主流の興銀では、中央大学卒の水島は出世の道を閉ざされていた。傍流の窓際族だった。そごうの社長になったのも、興銀をいつか見返してやろうという意地からだった。その興銀から贈呈された金杯で酒を飲むのは、さぞかし、気分がよかったことだろう。

『評伝』によると、金杯には、もうひとつの話がある。興銀マンが三菱銀行とトラブルを起こし、三菱銀行を相手に個人として訴訟《そしょう》を起こした。これに三菱銀行は激怒し、「この行員を処分できないのなら、興銀債を買わない」と猛反発した。

当時、三菱銀行は興銀債（ワリコー）の最大の引き受け手だった。興銀は訴訟を取り下げるよう行員を説得したが、頑《がん》として応じない。困った興銀は水島に調停を依頼。あいだに入った水島は、行員に興銀を退職後の身の振り方を切々と説き、事態を収拾した。

フィクサー水島の小さなエピソードだが、水島個人にとっては興銀に恩を売ったという点では、大きな出来事なのである。この件も金杯を贈られる理由に入っていると、水島はのちのち語っている。

水島式錬金術を支えたバブルの地価高騰

「在来の百貨店経営者は、ただノレンを守るだけの月給取りで、事業マインドを持っていません。事業を拡張しようという気持ちもありませんから、借金もせず、昔ながらの五、六店で満足していたのでした」

水島は１９８７（昭和62）年、『経営綱領』を書き上げ、全社員に配布した。そごうの歴史と経営の基本、そして水島自身のものの考え方とあるべき人の生き方についてまとめたものだ。『評伝』に全文が収録されている。興銀での立身出世を断念し、百貨店に新天地を求めた水島の野心に燃えている様子が伝わってくる。

千葉そごうの成功により、全国各地の都市（自治体）から出店要請がくるようになった。地方自治体の都市開発・交通網の整備と連携することで、よい立地を確保しつつ、出店費用も圧縮できた。

水島そごうは、旧名称「十合」の十にちなんだ「グレーターそごう」（全国10店舗）、「ダブルそごう」（世界に20店舗）、「トリプルそごう」（同30店舗）という遠大な構想を掲げ、出店を加速させた。「グレーターそごう」は、１９６７年の千葉そごうを皮切りに、１９７９（昭和54）年の九州初出店となる黒崎そごうで達成した。「ダブルそごう」は１９８１（昭和56）年の千葉県・船橋そごう店から87年の台湾《たいわん》・台北《タイペイ》の太平洋そごうで成就した。

「週刊東洋経済」（２０１４年9月13日号）は、「王国はこうして作られた　虚飾のビジネスモデル。土地神話を過信したそごう転落の歴史」のなかで、水島の出店手法をこう指摘した。

〈百貨店の出店には1店当たり３００億〜５００億円がかかり、多店舗化には膨大な資金調達を必要とする。そごうは出店に当たり、グループ他社が債務保証を行い、出店会社が銀行から資金を調達してきた。

出店会社は百貨店用地以外の周辺用地も取得し、百貨店開業で地価が上昇し（土地を取得した子会社の）損益が黒字化したところで、合併などを通じ不動産の（評価の）洗い替えを行い（利益を出す）、それで含み益の実現化と累積損失の解消を同時に達成する。出店会社の財務内容、信用力は高まり、それが次の出店の資金調達を支えるという循環を生み出していた〉（注14）

地価の上昇を前提にして店舗用地を取得したダイエーの創業者、中内㓛《なかうちいさお》と同じ手法だ。そごうの不動産の含み益は、バブル最盛期には６０００億円にまで膨張《ぼうちょう》した。

〝錬金術師〟――水島はしばしばこう喩《たと》えられた。この錬金術の原点は、水島が興銀時代にまとめた論文「浮動担保の研究」だ。そごうは自分の理論を実践する場だった。

出店地周辺を買い漁《あさ》り、出店で地価が上がれば資産を増やすことができる。地価の高騰《こうとう》で担保力をつけた店が、お互いに債務保証をしながら銀行から資金を調達し、新たな店舗を開設していった。

相互の債務保証によって結ばれたそごうグループの中核は、そごう本体ではなく、水島がオーナーの千葉そごうである。そごう帝国の盟主は千葉そごう＝水島廣雄であった。

水島式錬金術を読み解くもうひとつのキーワードは「再開発」だ。地方自治体は、地域の活性化のために再開発に取り組んだ。そごうは再開発のキーテナントとして名乗りを上げ、一時、再開発の誘致企業はそごう一色になった。誘致企業だから、地元の商店街からの反対もない。地元の地銀からの融資も受けやすかった。

それぞれが独立した会社なので、社員の大半を地元で採用した。地元には雇用機会の増大という利点をもたらした。地方自治体からそごうは歓迎された。ウエルカムだった。これが短期間に、そごうが大量出店できた理由だ。

巨艦店・横浜そごうが破格の成功

水島のターゲットは「地域一番店」になることだった。「広さ」（売り場面積）と「立地」を出店の際の必須条件とした。同一商圏内の一番店と二番店では、付加価値がケタ違いだった。

可能な限り大型店をつくり、なかでも、ターミナル駅と一体化した店舗づくりに強い思い入れがあった。なにがなんでも、ターミナル駅に直結した一番店をつくるのである。

水島はいつも、「初めて」「一番」「最大」「最高」を好んだ。

水島の百貨店づくりの集大成が横浜そごうである。横浜店開設の構想は、１９５８年に46歳で、そごう副社長として入社した頃から持っていた。大阪と神戸、そして東京の次は横浜と考えた。だが、当時のそごうには横浜に出店する経営体力がなかった。そこで千葉への出店となったのは前に述べた。

それでも、横浜進出をあきらめなかった。１９６９（昭和44）年５月に株式会社横浜そごうを資本金１億円で設立。横浜駅東口に横浜そごうの出店を表明した。通商産業省（のちの経済産業省）に申請した売り場面積は７万３９７３平方メートル。このとおりなら、空前絶後の巨大百貨店が誕生することになる。

『評伝』はこう書く。

〈七月には元神奈川県知事の内山岩太郎《うちやまいわたろう》が会長となり、「横浜駅周辺地域総合開発協議会」が設立された。都市計画と連動しての巨大百貨店計画であり、世間からは実現不可能と揶揄《やゆ》された。しかし、そのことが結果的にプラスに作用して、五回目の商業活動調整協議会であっさりと了承を得ることができた。「できるはずがないから認めてもいい」だったのである。

そのとき、水島は一九五八年から横浜駅西口で店舗を構える髙島屋の社長・飯田新一《いいだしんいち》から、倉庫と海しかない東口での巨大店舗建設計画について「魚相手に商売するのか」とからかわれたという〉（注15）

営業申請してから16年。１９８５（昭和60）年９月30日、横浜そごうはオープンした。売り場面積６万８４１３平方メートル。世界最大規模を誇る、グループで17番目のこの店は、巨艦主義者・水島の店づくりの集大成となった。髙島屋や三越などが先行していた横浜に、グループを挙げて殴り込みをかけたのである。

初日の来店者数は53万人、売り上げは20億円と、百貨店史上に残る記録ずくめとなった。

横浜そごうの初年度の売り上げは、目標を100億円上回る800億円をあげた。水島にとって最大にして最高の成功だった。

「日本一の百貨店」の肩書は、〝三流百貨店〟と自虐《じぎゃく》的になることが多かったそごうの社員たちに勇気を与えた。

巨艦店・横浜そごうは、横浜の商業地図を塗り替えた。横浜の繁華街の中心は伊勢佐木町《いせざきちょう》から、JR横浜駅をはさんだ東口と西口に移った。西口にあった三越横浜店は、横浜そごうの逆風に煽《あお》られ、撤退を余《よ》儀《ぎ》なくされた。

日本一の絶頂から崩壊へ

1987年、水島は『経営綱領』を書き上げた。開業した横浜そごうが好調で、「トリプルそごう」(世界30店舗)に挑戦するために、水島が75歳のときにまとめた綱領だ。

猛烈な勢いで出店した。国内では、1988(昭和63)年に豊田そごう、1989(平成元)年に加古川そごう、奈良そごう、多摩そごうをたてつづけにオープン。海外ではマレーシア、インドネシア、タイに出店。1991(平成3)年の川口そごう開店で、あっという間に「トリプルそごう」を達成した。

「50店舗をめざそう」というスローガンを掲げ、国内外を問わず、出店のアクセルを踏みつづけた。

1993(平成5)年4月には、本拠地の千葉そごうを巨艦化した。株式会社新千葉そごうを設立し、千葉そごうの新店(本館)とショッピングセンターのSOGOコリドーモール(別館)を開店した。旧千葉そごうの本館はヤング館、新館はスポーツ館に業態転換。４館合わせた店舗面積９万平方メートル。日本最大の百貨店となり、全館の総称を「そごうＴＯＷＮ」とした。

千葉そごう（そごうＴＯＷＮ）が三越千葉店を閉鎖に追い込んだことは、冒頭で書いたとおりである。水島は勝利の美酒を２度味わったことになる。１度目は、ぺんぺん草が生える地に千葉そごうを出店して成功させた。２度目は魚相手に商売するのかと揶揄された横浜そごうだ。誰もが失敗すると思っていたが、破格の大成功をおさめた。東京湾を虹のように囲む国道16号沿いに出店するレインボー作戦の起点である横浜と千葉に巨艦店を配置して、「水島帝国」は全盛を極めた。

こうして、そごうグループは百貨店業界で日本一の売り上げを誇ることとなる。

横浜そごうの大成功で、水島はそごうの「帝王」になった。異を唱える者は誰もいなくなった。だが、これが〝裸の王様〟への転換点となった。

１９９０年代に入って、バブル崩壊にともない地価が下落をはじめた。土地神話に基づく成長のメカニズムが急に逆回転をはじめた。それでも水島は出店に拍車をかけた。横浜そごうの成功体験があまりに強烈だったため、自分の能力を過信したのだ。

この頃、水島は役員たちにこう言っていた。

〈借金は常にしなさい。借金を返すために頑張ろうとすれば意欲や進取の気性《きしょう》が湧いてくる。反対に無借金は、企業内に油断と驕《おご》りがはびこる。一兆二〇〇〇億円の借り入れは設備投資だから心配はない。四〇店舗の箱は一兆二〇〇〇億円ではつくれない。もっと借金する。後は稼ぐだけだ〉（同注15）

ところが、急に銀行が貸し渋るようになる。資金の回収を急ぐようになった。１９８９年から、日本銀行が土地や株の異常な高騰を沈静化するために金融引き締め策をとったからだ。水道の蛇口を突然締められ、多額の借入金で急膨張してきた「水島帝国」の崩壊が、一挙にはじまった。

共存共栄してきた興銀がそごうを見限る

そごうグループの拡大路線を支えたのは興銀である。水島がそごうの社長に就任した当時、興銀は百貨店に見向きもしなかった。国策銀行として設立された興銀は、日本経済の基盤の整備と重厚長大型産業に融資してきた。高度経済成長期に、メーカーは、相対的に有利な証券市場から資金調達できるようになった。「証券よこんにちは、銀行よさようなら」である。そのため、興銀は融資先をメーカーから流通、サービスなどに移していった。移らざるを得なくなったのだ。

1967年、水島が千葉そごうとして進出したとき、興銀と同じ役割を担い、同じ悩みを抱えていた日本長期信用銀行が融資に応じた。興銀がそごうに本格的に融資するようになったのは、興銀がメインバンクだったジャパンライン株の買い占め事件を水島が収拾してからだ。

事前に手当てした土地に大型百貨店を建設する水島の手法は、興銀の首脳陣にも、じつにわかりやすいものだった。出遅れていた流通業界で、興銀は水島そごうに喰い込み、主力銀行へと化していく。

そごうのメインバンクの地位に就いていた長銀と興銀による、水島のぶんどり合戦になるのは当然のなりゆきだった。水島は、もともとライバル関係にある興銀と長銀を競わせて、自分に有利な融資条件を引き出していった。その意味でも興銀、長銀の責任は重い。

地方に出店するとき、興銀が融資している百貨店というポジションが絶大な信用となった。興銀は産業金融の雄《ゆう》として、地銀の絶対的な信頼を得ていた。興銀が融資しているというだけで、地銀は競ってそごうに融資した。

地価が右肩上がりの上昇をつづけたバブルの時代、興銀と長銀は不動産を担保に、そごうに巨額の資金を注ぎ込んだ。

1994（平成6）年、業績の悪化を懸念《けねん》する銀行側の要請を受け入れる形で、水島は32年間、座りつづけていた社長の椅子を子飼いの岩村榮一に譲り、代表取締役会長に退いた。同時に興銀から名取正、長銀から阿部泰治がそごうの副社長として送り込まれた。

バブルが崩壊し、そごうは事実上、銀行の管理下に置かれた。新社長の岩村と、名取、阿部を中心にした「グループ経営会議」がスタートする。経営会議からは、水島も水島の側近たちも外された。それでも「水島帝国」は崩せなかった。会長に退いても、人事権は水島が握っていた。社員はみな〝帝王〟のほうを向いていた。

〈彼らが選任された株主総会の後の取締役会で突然、取り巻きの（役員の）一人が緊急動議を出した。

「人事権は引き続き水島会長に持っていただきたいと思います」

それは圧倒的多数で可決された。しかもグループ企業の中核・千葉そごうは相変わらず水島が過半数の株を持っている。水島のグループ把握力は少しも衰えなかった〉（注16）

1995（平成7）年1月17日、阪神・淡路大震災が黒字経営の神戸そごうを直撃した。被害金額は100億円弱。そごうの資金繰りは急速に悪化した。そのため、錦糸町《きんしちょう》そごうの出店にともなう地元墨田区への負担金125億円が払えず、建築中の土地・建物は差し押さえ寸前の状況におちいった。

事態を深刻に受け止めた興銀は、地元の墨田区を説得し、錦糸町そごうの大家の日本生命保険に家賃の値下げ交渉をおこなった。水島にも追加融資した200億円分の個人保証を求めた。95年9月末、水島は興銀・長銀合わせて200億円分の個人保証の書類に署名・捺印《なついん》した。後日、これが水島の首を絞めることになる。

1997（平成9）年2月、錦糸町そごうが開店した。有楽町そごうに次ぐ2店目の東京の店は、水島の悲願でもあった。結果だけいうと、錦糸町そごうが「水島帝国」の最後の百貨店となり、それから丸3年後の2000年中に閉店することが決まった。

「税金でなぜ私企業のそごうを助けるのか」

水島と興銀の〝二頭政治〟の構造のなかで、リストラは思うように進まない。これが、そごうの経営破綻に一直線でつながった。

そごうを再建するためには、全金融機関にそごうに対する債権を放棄してもらうしかなかった。それには水島に経営責任を取ってもらい、彼の権限や影響力を完全に排除しなければならないというのが、再建案を練る「事業改革委員会」の一致した考えであった。第一次、第二次の再建計画案が頓挫《とんざ》したため、抜本的な再建策を建てるべく「事業改革委員会」がつくられたのである。

誰が水島の首に鈴をつけるのか。再建計画のイニシアティブを取っていた興銀は、水島を説得するための担当に、常務の池田輝三郎を指名した。

『評伝』は、水島の最後の場面をこう綴《つづ》る。

〈池田は、①水島が責任を取って全役職から退任すること、②水島が保有する千葉そごう、川口そごう全株式をそごうに差し出す……の二点を提示し、それを受け入れてもらえれば、金融機関は六三九〇億円の債権を放棄してくれると水島を説得した。水島はなかなか応じなかったが、池田の辛抱強い説得に折れた。

二〇〇〇年二月、水島は金融機関の債権放棄を条件に、自身の持ち株すべてを興銀に差し出した。続いて四月には経営責任を取る形で会長職を辞した。そごう入社から四二年。自分自身が育て、分身のように思っていたそごうから、完全に身を引くことになった。そごうを再建するにはそれしかないと、水島も最後は、そう判断したのである〉（注17）

金融機関への債権放棄要請のうち、旧長銀のそごうに対する債権を引き継いだ新生銀行は、預金保険機構に判断をゆだねた。6月30日、同機構はそごうに対する債権2000億円を買い取り、そのうち970

億円を債権放棄することに応じた。

ここには前段階の経緯がある。長銀は１９９８年10月に破綻し、戦後初の民間銀行の国有化が決まった。その後、投資ファンドのリップルウッドなどからなる投資組合に売却され、新生銀行として再出発することになった。

このとき、リップルウッドは長銀をわずか10億円で買収し、社名を変更した新生銀行の１２００億円の増資を引き受けただけだった。国民の税金がおよそ8兆円も投入されている長銀を、米国の投資ファンドらが、たった１２１０億円で手に入れたのである。

さらに、リップルウッドへ長銀を売却する際の契約には、新生銀行として引き継いだ債権が3年以内に2割以上下落したら、国に買い取り請求をおこなうことができるという「瑕疵《かし》担保条項」がつけられていた。新生銀行はこの条項をフルに活用し、不良債権を国に買い取らせて一掃していく。

そごうの債権についても、同じスキームで処理されるはずだった。だが、国（預金保険機構）が新生銀行からそごうの債権を買い取り、債権放棄に応じたとたんに、「税金でなぜ私企業のそごうを助けるのか」という批判がごうごうと起き、そごうの再建策は政治問題化した。

批判の急先鋒で、報道を一貫してリードしたのは読売新聞だった。読売は、この問題を大きく取り上げ、水島の経営責任を追及した。さらに号外まで出して「金融機関はそごうに対する債権放棄には応じるべきではない」と主張した。「そごうには民事再生法が適用されるべきである」と論陣を張った。

問題の本質は、長銀をリップルウッドに売ったときの契約、「瑕疵担保条項」にあった。ハゲタカファンドに絶対的に有利な条件で長銀を売り払った政府の判断ミスに対する批判をかわすために、「税金でなぜ私企業のそごうを助けるのか」という問題に、巧妙にすり替えられたのだ。のちに、マスコミは意図的にミスリードしたと非難されることになる。

そごうは興銀救済のために倒産したのか

２０００年７月11日、亀井静香《かめいしずか》自民党政調会長が山田恭一《やまだきょういち》そごう社長に電話で債権放棄を認めることが困難だと伝え、事実上の再建案の断念を迫った。そごうは自主再建を断念し、翌12日に株式会社そごう（上場企業）とそごうグループの主要企業は民事再生法を申請した。

負債総額は、グループ22社合計で２兆７３５８億円に達した。グループ間の借り入れ保証を相殺《そうさい》した結果、負債総額は１兆８７００億円となったが、過去最大の百貨店の倒産であることに変わりはない。

そごうの破綻処理は、興銀と政府・自民党の出来レースという見方がある。興銀は２０００年、第一勧業銀行と富士銀行とともに、金融持ち株会社みずほホールディングスを設立した。興銀の業務の大半は、みずほコーポレート銀行に移された。みずほには３つの金融機関がぶら下がったが、そのひとつがみずほコーポレート銀行だった。

興銀がそごうの債権放棄に応じていたら、３行の合併は成立せず、興銀も長銀と同じように、経営破綻への道を突き進んでいたといわれている。

３行の大同団結は興銀を救済するためだった。頭取の西村正雄《にしむらまさお》は興銀の破綻を防ぎ、組織の延命を果たした。西村は政治家・安倍晋太郎《あべしんたろう》の異母弟である。晋太郎の息子が、現在の首相の安倍晋三《しんぞう》である。

水島と興銀は、その後もバトルを繰り広げた。そごう破綻後の２０００年９月、興銀は水島を相手に保証債務の履行を求める訴えを起こした。錦糸町そごうの出店の際に、興銀と長銀が実行した２００億円の融資について、水島個人がおこなった債務保証を訴訟の根拠としていた。

興銀の動きを察知した水島は、差し押さえの執行直前に預金や投資信託、１億５０００万円を解約し、現金の一部を妻の親族に預けるなどして抵抗した。

２００１年５月、強制執行妨害《ぼうがい》罪で水島は逮捕・起訴された。２００６年８月、懲役１年６ヵ月、執行猶予《ゆうよ》４年の有罪判決が確定した。

興銀にすれば、経営責任を明確化するための個人保証であり、だからこそ、破綻後に履行を求めた、ということになる。しかし、水島は「94年以降、そごうは銀行管理化にあった。グループの所有者であっても、すでに経営者でなかった自分に、経営責任はない」と反論した。

水島にとって古巣・興銀は、経営権を奪ったあげく、勝手にそごうを倒産させた、憎き敵《かたき》となっていた。

水島は銀行マンとして、旧来の百貨店ビジネスの限界を見抜いていた。しかし、必ずしも消費の現場に精通していたわけではない。水島にとって、重要なのは店舗の拡大だった。その先に来るものは予想できなかった。

いま、水島を評価する経営者は、特に流通関係者には誰もいない。「怪物」が残した爪痕《つめあと》があまりに深かったからである。

長銀が大和銀行に替わってメインバンクの座に就き、その後、興銀が長銀に競り勝って主力銀行となったことは前に書いたとおりである。

そごうの経営危機を見抜けず融資をつづけた興銀の責任は重い、と金融界には辛口の批判がある。

水島は「銀行が借りてくれというから借りてやった」と発言して、責任放棄と糾弾《きゅうだん》されたが、次々と出店する水島そごうに、「借りてください」と頭を下げた銀行があったのは事実であろう。そごうの幹部は当時、「出店が決まれば、お金は水島さんが引っ張ってきてくれる」と信じて疑わなかった。

興銀がそごうに貸し込んだ金額は３６００億円に達した。そごうの負債総額の20％弱に相当する。

興銀ＯＢの水島は興銀との蜜月《みつげつ》関係を誇示し、金融機関との交渉で、これをフルに活用した。有利な融資条件を引き出す切り札に興銀を使ったといっていい。

千葉そごうが成功し、広島への出店計画を進めていた1970（昭和45）年か、その翌年に、水島が興銀に「おたくもどうですか」と切り出したのが、興銀の融資が始まる発端だったという。

興銀がそごうの融資団に加わったことが地域銀行に出資させる呼び水ともなった。そごうのバックに興銀がいるのだから、地銀の融資担当者は大船に乗った気で、そごうに融資できた。寄らば大樹の陰である。だからだろう、そごうの経営破綻時点の地銀、第二地銀、39行からの融資残高は3470億円余に積み上がっていた。メインバンクの興銀にほぼ匹敵する額になっていたのだから驚きだ。

地方都市の再開発事業の主役がそごうであり、興銀がそごうを支えている。水島がくどくど説明しなくても、地銀はそごうに、黙って融資を実行してくれた。

縷々《るる》述べてきたが、そごうの経営破綻に関して興銀の責任は、決して小さくないのである。

百貨店王、102歳での大往生

そごうと水島の、その後について触れておこう。

民事再生法を申請した22社中9社は再建を断念し、残り13社を休眠会社、十合《そごう》を受け皿会社として1社に統合する。十合の名称は創業者の十合伊兵衛の名前にちなんだもので、1887（明治20）年に大阪の心斎橋に十合百貨店を設立した当時から使われた。水島廣雄が社長に就任し、1969年にひらがなの「そごう」に変更するまでの商号だった。十合は、そごうの子会社の社名として細々と存続していた。

そごう復活の意気込みを示すために、創業時の屋号と同じ漢字の十合を使うことにした再生計画案を東京地裁に提出した。債権者集会での賛成を得て、2001年、再生計画は認可された。

経営破綻後、そごうは西武百貨店元社長の和田《わだ》繁明《しげあき》を特別顧問に招聘《しょうへい》し、2003年、そごうと西武百貨店は持ち株会社ミレニアムリテイリングのもとで経営統合した。

２００５年に、ミレニアムリテイリングをセブン&アイ・ホールディングスが買収した。水島の中央大学の後輩で旧知の鈴木《すずき》敏文《としふみ》が、そごうを引き受けたのである。２００９年、そごう・西武に社名を変えた。水島が残した巨艦店・横浜そごうと千葉そごうは、現在も健在である。

２０１２年4月15日、「水島廣雄先生百寿をお祝いする会」がホテルオークラ東京別館で開かれた。発起人代表は中央大学理事長である久野《ひさの》修慈《しゅうじ》。発起人には、元総理大臣の海部《かいふ》俊樹《としき》、元財務大臣の塩川《しおかわ》正十郎《まさじゅうろう》、三菱地所会長の高木《たかぎ》丈太郎《じょうたろう》、スズキ会長兼社長の鈴木修《すずきおさむ》、凸版印刷会長の足立《あだち》直樹《なおき》、元中央大学教授で弁護士の木川《きがわ》統一郎《とういちろう》、元中央大学評議委員会議長で元弁理士会会長の瀧野秀雄などが名を連ねた（いずれも当時の肩書）。

会には中央大学ＯＢのほか、そごうの関係者など二百五十余名が集った。会の司会進行は、かつて新店舗のオープニングイベントで司会を多くつとめた俳優・山口崇《やまぐちたかし》が買って出た。

有楽町そごうの親睦団体・有楽ちぎり会がホームページでこの様子を伝えた。

それから2年後の２０１４年7月28日、水島は聖路加国際病院で心不全のため１０２歳の生涯を終えた。大往生である。戒名《かいみょう》は「法泉院隆昌廣博居士」。遺骨は富士霊園に妻・静とともに納められるとともに、分骨され、故郷の成生の西徳寺の水島家代々の墓に納められた。

【民事再生法を申請したそごうグループの負債総額】（資料・東京商エリサーチ）

社名	負債総額
・そごう（上場していた本体、大阪市）	６８９１億円
・千葉そごう（千葉市）	４０５４億円

・新千葉そごう（千葉市）　９５３億円
・柏そごう（柏市）　１２３８億円
・廣島そごう（広島市）　３２８２億円
・廣島そごう新館（広島市）　５４５億円
・札幌そごう（札幌市）　４９６億円（破産宣告）
・黒崎そごう（北九州市）　３２１億円（破産宣告）
・船橋そごう（船橋市）　６６６億円（破産宣告）
・徳島そごう（徳島市）　６６２億円
・八王子そごう（八王子市）　５０３億円
・横浜そごう（横浜市）　１９５５億円
・大宮そごう（大宮市）　７７４億円
・豊田そごう（豊田市）　４９６億円（破産宣告）
・加古川そごう（加古川市）　３６１億円（破産宣告）
・奈良そごう（奈良市）　１２３１億円（破産宣告）
・呉そごう（呉市）　２３６億円
・西神そごう（神戸市）　２４０億円
・川口そごう（川口市）　７３６億円
・福山そごう（福山市）　７４２億円（破産宣告）
・小倉そごう（北九州市）　６７３億円（破産宣告）
・錦糸町そごう（東京都墨田区）　３０３億円（破産宣告）

以下の4社は法的処理を申し立てた
・多摩そごう（多摩市）　553億円（特別清算）
・そごう物産（東京都港区）　398億円（自己破産）
・木更津そごう（木更津市）　230億円（自己破産）
・長野そごう（長野市）　95億円（自己破産）

ポイント▼くり返す不動産バブル

38年間にわたってそごうに君臨してきた元会長の水島廣雄は、あらゆる意味で規格外の経営者だった。経営者とフィクサーのふたつの顔を持っていた。そして、「名もなき百貨店だった、そごうを短期間に日本一の百貨店にした」という強烈な自負心を水島は持っていた。

そごうが西武、ダイエーと共通する点はある。土地神話を過信したことだ。

地価は右肩上がりの上昇をつづけた。そごうは出店にあたり、グループの百貨店が債務保証をおこない、出店する会社が銀行から資金を調達してきた。そごうは1店1社主義をとっていたから、それぞれの店（＝会社）の業績は、地価の上昇がふいごの役割を果たし、オープンしたとたんに黒字になった。世間は、これを水島マジックと命名した。

水島マジックの舞台裏をお話ししておこう。百貨店用地の周辺の土地を取得し、百貨店の開業で地価が上がったところで、不動産の時価への評価替えをおこない、利益を捻出《ねんしゅつ》してきた。

地価が上がりつづけたからできた芸当である。バブル崩壊後、当然、地価は下落。歯車は一挙に逆回転をはじめ、累積赤字がどんどん膨らんでいった。

国税庁が発表した２０１７年分の路線価格（1月1日現在）で、東京・中央区銀座5丁目銀座中央通りの「鳩居堂」前が1平方メートル当たり４０３２万円となり、過去最高だったバブル直後（１９９２年）の３６５０万円を上回った。32年連続で全国一である。

鳩居堂前の路線価は、バブル崩壊直後にピークに達し、１９９７年には3分の1以下（１１３６万円）まで暴落した。反転するのは２０１４年。15年以降、２ケタ（14〜26％）増となり、バブル超えとなった。

チャイナマネーが大量に流入した湾岸エリアのタワーマンションの価格が崩落するのは２０１８年後半から２０１９年にかけてだ、と予測されている。爆買いは13年から14年に集中した。日本の税制では、取得後5年以上経過してから売却すれば税率は21％（5年以内だと35％）に下がる。売るチャンスは5年後とみられているから、売りが集中しやすいのだ。

不動産バブルは２０２０年の東京オリンピック・パラリンピックを待たずに破裂する。歴史はくり返されるのである。

第6章　安宅産業——組織を腐蝕させた創業家の壟断

「相談役社賓」として君臨した安宅英一

アタカコーポレーションの最高顧問、安宅昭弥《あたかてるや》が2015年11月7日、膵臓《すいぞう》がんのため亡くなった。81歳。1977（昭和52）年に経営危機を招き、伊藤忠商事が吸収合併した旧安宅産業の創業家一族で、元会長の安宅英一《えいいち》の長男である。安宅産業が解体される際に、英一は社賓《しゃひん》、昭弥は専務として経営中枢《ちゅうすう》にいた。

アタカコーポレーションは1990年、元安宅産業の幹部社員有志が最後の社主を自負している安宅昭弥を擁《よう》し、再起を期して立ち上げたキューバ貿易の専門商社だった。昭弥の長男の一弥《かずや》が現在、社長をつとめる。

社賓について説明しておこう。

社賓とは、その会社の最上級の客分《きゃくぶん》として扱われる人のことである。英一が1965年8月に会長を辞めるにあたって、「単なる相談役でなく、誰にでも安宅産業のオーナーだとわかる肩書がほしい」と言い出し、「相談役社主」ではどうか、ということになった。

しかし、上場会社に社主という肩書は正式にはない。社主とはオーナーのこと。社主を使っているのは新聞社しか見当たらない。新聞社は非上場の株式会社なので、創業家一族の筆頭株主を社主と呼んでいる。上場会社は創業家一族が筆頭株主であっても、不特定多数の株主がいるため、社主は使わない。社主には前近代的な個人商店という色彩が強く、開かれた会社を標榜《ひょうぼう》する上場企業には相応《ふさわ》しくないとされているためだ。そこで役員たちが知恵を絞って考え出したのが「相談役社賓」という奇妙奇天烈《きてれつ》な肩書だった。

「東芝は安宅産業の二の舞になる」――いま、その懸念《けねん》が指摘されている。破綻《はたん》にいたるプロセスがあまりに酷似《こくじ》しているからだ。

東芝は国際原子力市場に進出するため、2006年に米ウエスチングハウス（WH）を54億ドル（6300億円）で買収した。WHは1999年に英核燃料会社（BNFL）に12億ドルで売却されたが、BNFLは、東芝、三菱重工業、日立製作所の日本勢を競わせて入札価格を吊り上げていった。適正価格と見られていた2000億円台をあっという間に超え、採算分岐点の上限と見られていた3000億円をあっさりと突破。競《せ》り勝った東芝によるWHの買収金額は、6300億円に達した。

BNFLは12億ドルで買収したWHを4・5倍の54億ドルで東芝に売りつけ、莫大《ばくだい》な利益を得た。当時から、東芝は、「国際ビジネスに長《た》けた英国人に手玉に取られ、〝高値づかみ〟をした」と酷評《こくひょう》されてきた。

2017年、東芝の経営危機が表面化した。米原子力事業の失敗がもとで17年3月期に9656億円という、製造業最大・最悪の巨額損失を出した。17年3月期末時点の東芝の債務超過額は5529億円。18年同期に連続して債務超過となり、上場廃止に追い込まれるのを回避するため、ドル箱の半導体事業や東芝メディカルなど虎の子の事業を次々と売り払う破目《はめ》におちいった。

東芝の経営危機と安宅産業の解体は二重写しになる。東芝は米原子力発電所への投資の失敗、安宅産業はカナダの石油製油所への盲目《もうもく》的な投資に端を発した経営破綻である。国際規模の破綻だという点でも軌《き》を一《いつ》にする。

海千山千の国際ビジネスマンに翻弄《ほんろう》されたところも共通している。

石油で十大商社のドン尻からの脱出をはかる

日本経済の高度成長期には、プラント輸出など大型商談のオーガナイザー（まとめ役）として、あるいは資源開発プロジェクトの推進者として、総合商社が景気を牽引《けんいん》した。「ソーゴーショウシャ」は決して潰れることのない〝不沈戦艦〟の異名《いみょう》をとった。しかし、十大商社の一角を占めた安宅産業が、あっという間に経営破綻《はたん》し、不倒神話は崩壊した。

総合商社の序列について書いておこう。三菱商事、三井物産、住友商事の旧財閥《ざいばつ》系3社。伊藤忠商事、丸紅の非財閥系の2社はルーツが同じだ。上位5社を追うように、日商岩井、トーメン、ニチメン、安宅産業が走っていた。

現在ではトーメンを吸収合併したトヨタ自動車系のメーカー商社、豊田通商が6位につけ、日商岩井とニチメン（旧日綿）が合併して誕生した双日《そうじつ》がつづく。

安宅産業以外にもトーメン、ニチメンが姿を消し、一時期、9番目の総合商社だった兼松もいまでは年商6000億円規模の準大手商社となり、総合商社の範疇《はんちゅう》から外れた。

こう見てくると、ソーゴーショウシャは、激しい整理淘汰《とうた》の歴史をくり返してきたことがわかる。

産業・経済人の常識では、まず考えられない安宅産業の破綻は、小説のテーマにもなった。社会派推理小説の巨匠、松本清張《まつもとせいちょう》はドキュメントノベル『空《くう》の城』を、「文藝春秋」1978年1月号〜8月号に連載。１９７８年７月に文藝春秋から刊行された。

さらに、１９８０年にＮＨＫが和田勉《わだべん》の演出で、『ザ・商社』のタイトルでテレビドラマ化した。『ザ・商社』が放映されると、大きな反響を呼んだ。

『空の城』はこう書き出されている。

〈絢爛《けんらん》たる船旅は片道二泊三日であった。ニューヨーク港をはなれたのが一九七三年十月七日午後八時だった。英国キュナードラインが誇る世界一の豪華客船クィーン・エリザベス二世号である〉（注1）

クィーン・エリザベス二世号はカナダ東岸のニューファンドランド島カムバイチャンスに向かった。完成間近の新しい製油所の披露のためＮＲＣ（ニューファンドランド・リファイニング・カンパニー）のオーナー、ジョン・Ｍ・シャヒーンが〝海の女王〟を借り切って、１週間の船旅というオープニングセレモニーを催したのである。

招待客はＢＰ（ブリティシュ・ペトロリアム）をはじめ世界に君臨するメジャー（国際石油資本）の首脳、米、カナダの政官財の人たち、アラブの石油関係者、駐ニューヨーク日本総領事、そして三光汽船など日本側関係者といった豪華な顔ぶれだった。その数およそ１０００人。日本人を除けばみな、夫人同伴である。

招待客のなかには、ＮＲＣ社向けの原油を取り扱うことになった安宅アメリカの親会社、安宅産業社長の市川政夫、副社長の水田利雄、常務で安宅アメリカ社長の高木重雄の晴れがましい顔があった。

小説では安宅産業は江坂産業、社賓の安宅英一は江坂要三、市川政夫は河井武則、高木重雄は上杉二郎として登場する。主人公は高木重雄がモデルの上杉二郎である。

ＮＨＫテレビのドラマでは上杉二郎を山﨑務《やまざきつとむ》が、江坂要三は片岡仁左衛門《かたおかにざえもん》（一三代目）が演じた。夏目《なつめ》雅子《まさこ》が演じた、江坂要三がパトロンになっているピアニストは中村紘子《なかむらひろこ》がモデルといわれた。

安宅アメリカ社長の高木は、シャヒーン（小説ではアルバート・サッシン）と提携して今回の一大事業をまとめた立役者であり、船上での超豪華パーティーでシャヒーンとともに脚光を浴びたと、小説では描かれている。

この大仕掛けなオープニングセレモニーは、ニューヨークの新聞で報道されたほどだ。シャヒーンと高木にとって人生最高の晴れ舞台であった。

しかし、ふたりは瞬時のうちに奈落の底に突き落とされることになる。

1973（昭和48）年10月10日、豪華客船クィーン・エリザベス二世号で招待客を集めたNRC社は、現地で開所式をおこなった。同年12月15日、日産10万バーレルの能力を持つ製油所が操業を開始した。

この開所式の4日前の10月6日、シナイ半島とゴラン高原でイスラエルとエジプト・シリアのあいだで第四次中東戦争が勃発《ぼっぱつ》した。原油生産の削減を決めたOPEC（石油輸出国機構）は親イスラエル国への報復を意図し、原油価格を74年1月に一挙に4倍に引き上げた。

日本各地で主婦がトイレットペーパーの買い占めに走った、あの第一次オイルショックである。

NRC社はオイルショックの直撃を受けた。原油の仕入れ価格が4倍になってしまったら、いくらカナダの製造コストが相対的に安いといっても、米国で製品を売るときには、原油の仕入れ価格を割り込んでしまう。

中東の安い原油を輸入し、カナダで精製し、おもに米国で販売するというビジネスモデルが根本から崩れてしまったのだ。巨大な逆ザヤが原因で、NRC社は操業開始直後から赤字経営におちいった。

安宅産業は、中東からNRC社へ運ばれる原油を一手に取り扱う見返りとして、この製油所に巨額の融資をしていた。安宅産業は石油分野に進出することによって、十大商社のドン尻から脱出するという、大きな賭けに出たわけだ。しかし、オイルショックで、この賭けは大外れとなった。NRCは安宅産業が経営破綻する原因となった。

凄腕のレバノン系米国人政商シャヒーンに接近

1967年11月のある日、安宅アメリカ社長の高木重雄は、米国人実業家ジョン・M・シャヒーンが、カナダのニューファンドランド島に石油精製工場を建設し、米国東海岸で石油争奪戦に参入しようとしていることを、報道で知った。

高木はハワイ出身の日系二世である。戦後、英語力を駆使してGHQ（連合国軍総司令部）との折衝《せっしょう》の末、安宅産業が財閥解体の指定をまぬかれることに成功し、頭角を現した。このとき、GHQ対策チームのキャップだったのが、のちに社長・会長に昇り詰めた猪崎久太郎《いざききゅうたろう》である。高木は、猪崎の有能な部下だった。

1952年、安宅産業が戦後からの脱却をめざし、ニューヨークへの再進出を決めたとき、英語が堪能《たんのう》な高木に、現地での指揮官になるよう白羽の矢が立った。

シャヒーンの石油精製工場建設計画を知ったとき、高木は、他の総合商社に比べていちじるしく立ち遅れている安宅産業の石油部門を飛躍的に拡大させることができる絶好のチャンスととらえた。ひいては、安宅アメリカ社長としての自分の地位が不動なものになるという読みが、彼の脳裏《のうり》をよぎった。

〈というのも、前の年の一九六六年六月、安宅家の三代目昭弥氏（当時取締役）が新婚旅行を兼ねて、海外支店を視察した際、ニューヨークで高木氏の私生活をめぐる、とかくの噂《うわさ》を耳にして、父、英一氏（当時相談役）に高木氏の更迭《こうてつ》を進言した事実があり、その風評は既に、高木氏自身の耳にも入っていたのである。〝安宅家〟は高木氏は安宅アメリカ社長として不適格であるとの烙印《らくいん》を捺した。本社上層部から帰国命令が出るのは時間の問題とみられていた〉（注2）

高木の女性関係は派手で、米国の女性秘書から「自分のベッドの下に落ちていた」とタイピンを渡されたというエピソードがある。松本清張の小説にもこのエピソードが出てくる。安宅家から「米国の社長には不適格」との厳しい評価が下されていることに、高木は不安と焦燥《しょうそう》を募らせていた。

追い詰められた高木は、起死回生の一打として、石油精製事業への新規参入を考えた。

高木はさっそく、人脈を使ってシャヒーンに接近していった。

ジョン・M・シャヒーンは1915年生まれのレバノン系三世の米国人である。CIA（米中央情報局）の前身OSS（戦略情報局）の情報担当の大佐だったとされる。ニクソンが大統領選に出馬したときには、ニクソン陣営の選挙参謀《さんぼう》をつとめたともいわれる。ニクソン大統領に太いパイプを持つ希代《きたい》の政商と評されている人物だ。

シャヒーンのNRC社の石油精製事業をめぐっては、「国際的政商の陰謀」説や、「国際的政商とニクソン政権との黒い結びつき」説が、安宅関係者のあいだでささやかれていた。

もともとは、カナダのニューファンドランド州が1968年5月に州立石油精製企業、PRC（プロビンシャル・リファイニング・カンパニー）を設立したのがはじまり。当時、米国の原油より安い中東原油を輸入してカナダで精製し、おもに米国で販売する、というアイデアだった。

このPRC社の経営を指導する会社として設立されたのが、シャヒーンのNRC社である。NRC社はPRC社の売り上げの5％を受け取る契約を結んでいた。

ところが、ニューファンドランド州政府は1973年3月に州法を改定して、PRC社を州立から民間会社に変えた。その後、民間企業になったPRC社がシャヒーンの傘下《さんか》に組み込まれたわけだ。国際的政商のシャヒーンは凄腕《すごうで》ぶりを見せつけた。

〈だが、安宅はPRC社の「州立」から民間企業への変身に、長いこと気づかずにいた。その後、安宅の常務会に提出されたＮＲＣとの取引に関する資料には「ＰＲＣ社は州立であり、取引先として間違いない」旨が書き込まれていた。安宅経営陣がＰＲＣ社が民間企業になっていたことを知ったのは、約三年後の一九七六年一月になってからである。これが、安宅を支援する主力銀行五行の間から、ズサンな経営だと指弾の声が上がる一因にもなった〉（注3）

念願の原油輸入代理店となった安宅アメリカ

安宅アメリカ社長の高木重雄がシャヒーンの石油精製工場建設の情報をキャッチしたのは、ＰＲＣ社設立以前の１９６７年であることはすでに書いた。高木は、ＢＰからＮＲＣ社＝ＰＲＣ社への原油供給の用船契約に、三光汽船を嚙《か》ませることにした。

１９７２年８月に、安宅アメリカ、三光汽船、ＮＲＣ社の３社間で用船契約の締結にこぎ着けた。三光汽船はＮＲＣ社に大型タンカー３隻《せき》を長期に用船する。その用船を仲介する安宅アメリカは、ＮＲＣ社の製油所の設備資金として１５００万ドル（当時の為替《かわせ》レートで45億円）を融資する、というものだ。

さらに、念願の原油供給の代理店契約を手にした。安宅産業の常務会は１９７３年６月18日、安宅アメリカがＮＲＣ社の総代理店となることを決定した。ＬＣ（信用状）を開設して原油代金の面倒を見るとともに、ＮＲＣ社に対して６０００万ドル（約１８０億円）の与信限度を設けることを決めた。

この石油取引は、英国のＢＰから原油を安宅アメリカがＮＲＣ社の輸入代理店として購入し、ＮＲＣ社に原油を供給する。その一方で、ＮＲＣ社に資金を融資する。これらの総合的な組み合わせで投資額を早期に回収するというシナリオだ。

このプロジェクトのプロローグが豪華客船クィーン・エリザベス二世号でのオープニングセレモニーだった。このプロジェクトを手がけてきた高木は、永年の苦労がいまようやく実ろうとしていると肌で感じていた。

ＮＲＣの製油所は日量10万バーレル。これは日本の製油所では最低単位の規模だ。この程度の規模の製油所の披露としてはあまりにも豪華すぎるセレモニーだったが、このときは誰も、その不自然さに気づかなかった。安宅の面々は陶酔《とうすい》状態にあったからだ。

〈ＮＲＣは当時、カナダのノバスコシア州にも日量二〇万バーレル程度の精製施設の建設を計画していた。安宅は「この新規プロジェクトにも参加を検討している」とバラ色の夢を描きつづけていたのだ。

いわんや、安宅の歴史に輝かしい一ページを残すはずであったこのプロジェクトが一朝《いっちょう》にして安宅を死に追いやる墓標になるとは、当時は誰も夢想だにしなかったろう〉(注4)

安宅産業が総合商社と呼ばれる十大商社のひとつに位置づけられたのは、戦後も20年を経過した1960年代半ばに入ってからだ。それでも上位商社には大きく水をあけられていた。1976年3月期の売上高（営業収入）は1・9兆円。1位の三菱商事（同9・1兆円）の5分の1、2位の三井物産（同7・8兆円）の4分の1程度にすぎなかった。

総合商社のこの当時の花形はエネルギーや資源部門だった。なんとか万年下位から脱出しようと懸命に商圏拡大をめざしている最中《さなか》に、安宅産業は石油取引をはじめたのだ。

本社に無断で不利な補助契約を締結

1974年1月のある日、高木の後任として安宅アメリカ社長に就任した専務の田中康夫は、「補助契約書」とタイトルがついた書類を驚きの目をもって眺《なが》めた。

1973年9月16日にＮＲＣ社とのあいだで調印した代理店契約書のほかに、じつはその4日後の20日に追加調印した補助契約書があった。ＮＲＣ社の総代理店になることを承認した6月の常務会に、補助契約書は付議されていなかった。どうやら、高木が独断でシャヒーンと取り交わしたものらしい。

安宅アメリカがNRC社と結んだ補助契約書は、安宅に非常に不利なものである以上に、危険な代物《しろもの》だった。

補助契約書は、
I：安宅アメリカはNRCに対してBPT（ブリティッシュ・ペトロリアム・トレーディング）への原油代金決済の前渡金として当初、4200万ドルを貸し付ける。

II：4200万ドルの返済期限は1985年6月30日とする。

III：無担保。

となっている。

4200万ドル、日本円にして120億円もの大金を10年以上、無担保で貸し付けるという気前のよい契約なのである。

安宅アメリカはNRCの独占的代理人として、BPの販売会社BPTから原油を買い付け、NRCの関連会社PRCに販売した。PRCは原油買掛金の見返りとして、安宅アメリカに300万ドルの銀行保証状を差し入れるという内容だった。

つまりこうだ。安宅アメリカは外銀に信用状（LC）を開設して、BPTに対する原油買付代金の決済義務が生じる。原油を売る相手であるPRCに対する売掛金の見返りは、わずか300万ドルの外銀の銀行保証がつくだけなのだ。安宅アメリカにきわめて不利な契約内容であった。

NRC社はこの補助契約に沿って、約束手形を振り出し、これが〝空手形〟として累積していった。しかも、NRC社の担保、つまりスタンドバイLC（銀行保証）の増加枠が取れないうちに、1974年10月からNRC社の支払いが滞りはじめ、安宅の債権は雪だるま式に膨らんでいったのである。

スタンドバイＬＣについて説明しておこう。ＬＣを開設した企業（この場合はＮＲＣ社）が支払い遅延や支払い不能になった場合、売り主（この場合は安宅アメリカ）の要請に基づき、銀行が支払いを保証する信用状のことである。

補助契約は、実質的には「あるとき払いの催促なし」といえる代物なのだ。これが、安宅が巨額の不良債権を抱え込む元凶《げんきょう》となった。

〈田中専務は直ちに「至急裏付けをとるよう」本社に連絡、対策を要請する。しかし、真相が十分究明されることのないまま、一九七四年四月の常務会では、ＮＲＣから担保（スタンドバイ・ＬＣ。銀行による支払い保証）をとることを条件に四二〇〇万ドルの貸し付けを事後承認する。

と同時にＮＲＣへの与信ワクをそれまでの六〇〇〇万ドルから一挙に四倍の二億四六〇〇万ドルへ広げることを認めたのである。石油価格がオイルショックで四倍になったためだが、それだけ安宅のリスクが大きくなるにもかかわらず、ＮＲＣの現況を十分検討せずに決定している。市川前社長は「この決定が根本的に間違っていた」とのちに社員に釈明している〉（同注４）

ＮＲＣ社はシャヒーン帝国の中核企業の一社に位置づけられていたが、帝国の実態も、ＮＲＣ社の経営状況も、安宅産業にはほとんど情報が開示されていなかった。情報も数字の裏付けもないまま、安宅産業はＮＲＣに貸し込んでいったのである。

ありていにいえば、安宅産業、なかんずく米国法人の安宅アメリカは、シャヒーンの大がかりな魔術にかかっていたのだ。そもそも安い原油を中東から調達して精製し、北米市場に売るというビジネスモデルそのものが、大甘だったのである。

石油代金3億ドル、1000億円が焦げ付く

オイルショックの直撃を受けたNRC社は、操業開始直後から、たちまち赤字経営におちいった。1年後には6016万ドル（約180億円）、そして安宅産業の危機が表面化した1975年9月末には1億6000万ドル（約480億円）もの巨額赤字を計上した。NRC社とPRC社は破産状態になっていた。

安宅はNRC社に対する債権保全のため、第三抵当権の取得に望みをかけたが、国際交渉で第一抵当権者の英国輸出信用保証局、第二抵当権者のニューファンドランド州政府にゼロ回答され、交渉は暗礁《あんしょう》に乗り上げた。

NRC社は最終的に、1976年3月12日にニューファンドランド州最高裁によって破産宣告された。その結果、安宅産業に3億ドル（約1000億円）の焦げ付きが発生した。

安宅のNRC社への対応は、いかにも日本的だった。カネが回らなくなると、つなぎ融資して、延命させようとした。

〈日本企業の顧問弁護士にもなっているニューヨーク在住のある弁護士は、「NRCのような場合、米国企業なら油の代金を払わなければ直ちに契約を破棄するでしょう。損金扱いにしたほうが得だと経営者は判断するからです。だが、日本企業の場合は、純然たる個人経営者は別として一気にウミを出すことはまずできない。サラリーマンは特に自分が担当している間に最悪の事態になるのをなんとか避け、後任者にバトンタッチしようとするから、ますますドロ沼にはまり込む結果になります」。安宅のケースはまさにこの典型というわけだ〉（同注4）

NRC社への石油代金の焦げ付きが原因で、安宅産業は破綻する破目《はめ》におちいった。プロジェクトを推進した高木重雄は、全責任を負わされて退任した。下位の総合商社である安宅産業を上位に引き上げようとして、石油という国際的な商品の〝魔性《ましょう》〟に魅入られた高木は、世界を舞台に石油代理店獲得《かくとく》競争に立

ち向かい、もののみごとに敗れた。

生き馬の目を抜くようなオイル（原油）の国際ビジネスの世界では、正直で善良な日本人は、最初からカモだったのかもしれない。高木はシャヒーンがカナダで石油精製事業をおこすプランを持っているとの情報をキャッチし飛びついたが、じつは、この計画は他の商社にも持ち込まれていた。

〈三菱商事では「当社にも、この計画に参画しないかとの話はあったが、シャヒン（原文ママ）なる人物を調べたら〝訴訟魔〟であることがわかったので断わった」としている。このほか、三井物産、日商岩井（のちの双日）など他商社やアラビア石油にも、この計画が持ち込まれた形跡がある〉（注5）

石油取引で実績がある大手商社がシャヒーンとの取引を敬遠するなか、万年下位から脱出する好機ととらえた安宅産業は、シャヒーンの石油代理店になることに活路を求めた。シャヒーンは安宅を総代理店にする見返りに、無担保融資を要求して、高木はこれを独断で実行したのである。

原油の販売は石油会社から精製会社へ直接売るのが常識であって、そこに商社が介在する余地は、そもそもなかった。

にもかかわらず、ＢＰがわざわざ中間手数料を支払ってまでして安宅アメリカを使ったのは、シャヒーンという得体《えたい》の知れない人物が率いるＮＲＣ社に不安を持っていたからだろう。原油はＢＰから直接ＮＲＣ社へ行くが、カネの回収は安宅アメリカから取り立てるから心配ないと、ＢＰは踏んだのだ。はたせるかな、大赤字を出したＮＲＣ社は資金ショートをきたし、安宅アメリカにカネを一銭も払えなくなった。しかし、ＢＰには安宅アメリカは約束どおり支払わなければならないという、最悪の事態が起きた。

この結果、安宅アメリカは資金繰りに行き詰まった。安宅はシャヒーンというババを引き当ててしまったのだ。

1975（昭和50）年12月7日、毎日新聞は1面トップに「安宅アメリカに600億円（記事ママ）の焦げ付きが発生」というスクープ記事を掲載した。

これが、日本の経済史に残る安宅産業の崩壊のはじまりであった。

堅実経営の商社を築いた初代・弥吉

売上高2兆円規模の大企業である安宅産業は、なぜ、こうも、あっけなく崩壊してしまったのか。安宅産業の崩壊は石油取引の失敗が引き金を引いたが、これはあくまで引き金にすぎなかった。

安宅産業は普通の企業とは異なる、異様な二重構造を持っていた。それが内部を蝕《むしば》んでいき、焦げ付きの一撃でもろくも内部崩壊したのである。

安宅産業の歴史を振り返ってみよう。

創業者の安宅弥吉《やきち》は1873（明治6）年、石川県金石町《かないわ》（のちの金沢市）の肥料商の家に生まれた。

少年時代に、同じ金石生まれの幕末の大商人、銭屋五兵衛《ぜにやごへえ》の伝記を読み、自分もそうなりたいと商《あきな》いの道を志《こころざ》す。

東京高等商業学校（のちの一橋大学）を卒業後、1895（明治28）年に香港《ホンコン》貿易のパイオニアである日下部《くさかべ》商店に入り、香港支店の支配人となる。22歳のときだ。香港支店の支配人の時代に日本精糖（のちの大日本製糖）の指定商となり、巨利を得る。だが、1904（明治37）年の金融恐慌《きょうこう》で日下部商店は倒産、香港支店は閉鎖となる。

これを機に、安宅弥吉は独立。同年、大阪・船越町《ふなこしまち》に個人商店の安宅商会（のちの安宅産業）を店開きした。弥吉が住んでいた借家の3畳と6畳の2部屋を事務所にあて、店員は本店に6人、香港支店に3人、それにボンサン（弥吉が学費の面倒をみていた給費生）がひとり、ふたりいるだけの陣容だった。

１９０９年、香港時代からの最大の取引先である日本精糖が経営破綻する。だが、大商社、鈴木商店の大番頭である金子《かねこ》直吉《なおきち》の支援もあって、安宅商会は窮地《きゅうち》を脱出する。

１９１９年に株式会社に改組した。資本金は３００万円、社員は48人になった。個人商店の頃から鉄鋼の輸入を手がけていた。１９２６年２月に官営八幡《やわた》製鐵所の指定商となった。八幡製鐵所が鋼材製品の販売をやらせた５商社のなかに、鈴木商店、三井物産、三菱商事、岩井商店（のちの日商岩井）とともに入った。「鉄の安宅」のはじまりである。

さらに、１９２７年の金融恐慌で鈴木商店が倒産すると、指定４社の１社となり、取扱比率は指定５社時代の９％から一挙に19％へと増えた。鉄鋼には強い、堅い経営の商社という評価が定着した。

戦前・戦後を通じて、八幡製鐵（のちの新日本製鐵）の鉄、王子製紙のパルプ、世界有数の工作機械メーカーである米グリーン社の工作機械が安宅を支える営業の三本柱だった。

１９３３年、弥吉の長女、登美子はのちに住友化学工業の社長となる長谷川《はせがわ》周重《のりしげ》と結婚、財界人の社交場である大阪倶楽部で大阪の財界人を集めて盛大な披露宴を開いた。２年後の１９３５年、弥吉は念願の大阪商工会議所会頭に就いた。

その後は、戦争が影を落とすことになる。陸軍は優秀な中規模光学会社を糾合《きゅうごう》して、将校用の双眼鏡をつくることを目指していた。安宅商会に、顕微鏡や写真機のレンズをつくっている高千穂製作所（高千穂光学工業をへてオリンパス）を陸軍に差し出せと要求した。これに弥吉は抵抗。同郷の加賀の殿様、前田《まえだ》利為《としなり》公爵まで動いた。陸軍省と加賀閥の争いになり、蓮沼蕃《はすぬましげる》侍従武官長が仲裁に乗り出し、これで陸軍が折れた。

とはいっても、時の権力者、東条英機《とうじょうひでき》中将（のちに大将、大戦中の首相）をバックにした帝国陸軍が、はいそうですかと引き下がるはずがない。社長の弥吉を引退させてほしいと注文をつけた。仲介した郷土の先輩にいい含められ、弥吉は無念の涙を流しながら勇退を決断した。

加えて、陸軍が要求していた軍関係者を高千穂製作所の副社長に迎え入れた。戦時中に陸軍がつくった八光会に、42年に社名を変更した高千穂光学も加わった。オリンパスがかつて安宅の子会社だったことを知る人は少ない。

陸軍の不興を買った弥吉は１９４２年5月に安宅商会社長を辞め、相談役に退いた。翌年の１９４３年1月1日、安宅商会を安宅産業株式会社に社名変更した。

１９４３年6月、弥吉は脳出血で倒れ、これ以降、自宅療養をつづけていたが、１９４９（昭和24）年2月に75歳で亡くなった。

戦後、芸術家肌の長男・英一が擁立される

１９４２年5月、陸軍とのいざこざが原因で、安宅商会の社長を辞めた弥吉は、後任に次男の安宅重雄を指名した。

弥吉にはふたりの息子がいた。１９０１（明治34）年生まれの長男は神戸高等商業学校（のちの神戸大学）卒業の安宅英一、１９１１（明治44）年生まれの次男が東京帝国大学文学部哲学科を卒業した安宅重雄である。弥吉は長男の英一ではなく、10歳年下の次男の重雄を後継者に選んだ。

事業に成功して金に不自由しなくなった弥吉は、大阪の旦那《だんな》衆のお決まりのパターンである、外に女性を囲って子供までもうけたとされる。そういう弥吉に対抗してか、妻は長男の英一に欲しがるものは何でも買い与え、溺愛《できあい》した。贅沢《ぜいたく》の限りを尽くさせた。

英一は自分でピアノを演奏するなど音楽に興味があったこともあって、数多くの芸術家のパトロンとな

り、月に当時の金額で1万円以上（当時の大学卒の平均的な初任給は40円だった）を浪費していた。学生時代から靴のひもすら使用人に結ばせるような「殿様気質《かたぎ》」を持っており、堅実を信条とする弥吉が「英一には守成の才はない」と危惧《きぐ》を抱いたため、後継者にしなかったといわれている。

一方、英一自身も「社長なんて面倒なことはかなわん」と言い、重雄に社長のポストを譲ったという説もある。いずれにせよ、社長に指名された重雄も哲学専攻という学究肌で、商売に身を入れるタイプではなかった。

弥吉が重雄を後継者に指名したことが、英一と重雄の確執を生み、社内に重雄を支持する派と英一を擁立するグループが生まれ、対立した。そして、これが内紛《ないふん》のもとになる。

１９４５（昭和20）年8月15日、太平洋戦争は終わった。安宅産業はほかの大手商社と同様、敗戦によって最大の試練の刻《とき》を迎えた。

戦前、海外にもっていた61の支店・出張所と６つの直営生産会社をすべて失った。そのうえ資本金の３倍におよぶ戦時補償特別税を課せられたため、創業以来40年にわたって築き上げた資産は一朝にして消えた。１９４６年には、他の商社と同じく会社経理応急措置法による特別経理会社に指定され、会社再建整備法に基づく再建案の審査を受けることになる。

戦後の安宅解体の危機に、弥吉の長男、英一を擁立して、安宅再建の立役者となったのが猪崎久太郎である。猪崎は大阪商人の士官学校といわれた大阪高等商業学校（のちの大阪市立大学）を卒業して、１９２２年に安宅商会に入社した。１９２７年から英一がロンドンに留学した際、ロンドンに赴任していた猪崎が面倒を見たことでつながりができた。

英一を担ぐことによって一気に出世階段を駆け上がることを狙った猪崎と、実務を担うのは嫌だが、芸術家のパトロン稼業をつづけるには安宅の君主になる必要があった英一の利害が完全に一致した。

戦後すぐのことである。戦争責任問題を、経営者は後継者を選ぶ際に必ず意識した。権力を把握するために英一を担ごうとする猪崎の裏工作もあって、弥吉の前で重雄と英一の兄弟が話し合いの場を持った。1945年10月に、戦争中軍部に協力した責任を明らかにするため、重雄以下のほとんどの役員が辞任したが、最も若い役員だった猪崎は残留した。後任として神田正吉が社長に就任することになった。英一は猪崎を社長に据《す》えるように重雄に迫ったが、重雄は「神田を社長にしないのであれば、僕も退任しない」と、この要求を拒否したと伝わっている。

重雄は野心家の猪崎が大嫌いなのだ。英一が会長、神田が社長、猪崎が副社長の新体制が発足した。公職追放を恐れた英一は、すぐに会長を退任した。新経営陣の初仕事は、GHQとの交渉である。

1948（昭和23）年2月、安宅産業が過度経済力集中排除法＝財閥解体の指定を受けたことが、猪崎が社内の主導権を握るきっかけとなった。副社長の猪崎は、語学が堪能《たんのう》な高木重雄を使いGHQに提出する資料を作成し、ロンドン仕込みの英語を駆使して掛け合った結果、5月に指定解除が決まった。

1948年12月、安宅産業は資本金2500万円で、戦後の第一歩を踏み出した。

三菱商事、三井物産は集中排除法によって解体されたが、安宅はこれをまぬかれた。英語使いの名手、猪崎と高木のコンビの功績であった。

日系二世の高木は、すでに述べたように、のちのち安宅崩壊のきっかけをつくった張本人である。

社業は社長、人事権は創業家という二重構造

1952（昭和27）年4月28日、サンフランシスコ講和条約が発効し、日本の主権が回復した。英一と猪崎はいち早く動いた。英一は1955年、会長に復帰した。猪崎久太郎は1957年11月、悲願としていた社長に就任した。

だが、この体制は権力の二重構造であった。戦後処理のなかで公職追放を恐れた安宅家は、合計で85％以上保有していた株式をほとんどすべて手放した。安宅産業の営業報告書などによると、戦時中の１９４３（昭和18）年の安宅産業の株主構成は、安宅弥吉が持ち株63・５％の筆頭株主。長男の英一が３・３％、次男の重雄が３・３％といった具合に、安宅一族で合わせて85％の株式を保有していた。

戦後、集中排除法の指定を逃れるために、病床にあった弥吉を説得して、安宅一族が保有していた株式を幹部社員に分けて持たせるという手段を講じた。１９４８年時点の株主は、神田正吉が３・３％で筆頭、猪崎久太郎が２・５％の第２位など幹部社員の名前が並び、安宅一族は誰一人、大株主名簿に入っていなかった。この時点で、安宅家の安宅産業でなくなったわけだ。

ＧＨＱの占領体制の終焉《しゅうえん》を迎え、他の財閥解体の指定を受けた一族が株を取り戻して支配力を回復したのに対して、安宅家は株の買い戻しには動かなかった。安宅産業が総合商社となっていく過程で、１９５５（昭和30）年、安宅家当主の安宅英一が４・７％を保有する第３位の株主として返り咲く。安宅弥吉に育てられた経営陣の神田正吉・猪崎久太郎らが恩に報《むく》いるために、このようにしたのだ。その後、増資によって発行済み株式数が増えたため、安宅英一の持ち株比率は２％台にまで下がった。

安宅家はオーナーと呼べるような存在では、すでになくなっていたのである。

しかし、社業の切り盛りは社長の猪崎がおこなうが、人事権は創業家というだけで大株主でもない会長の安宅英一が保持していた。英一は「経営のことはわからんが、人間の判断はわしがする」と言い放った。社員の採用でも、諾否《だくひ》の最終的な判断は英一が下した。幹部社員などの重要人事は、英一が反対すれば流れる情況がつづいた。

安宅産業は、株主主権の株式会社ではなく、個人経営の安宅商店というのが実態だった。

店主の英一から見れば、ワンマン社長として絶対的権力をふるっていた猪崎といえども、一介の使用人でしかなかった。猪崎のワンマン体制は、その背後に英一の支持があったればこそ、成立したものだった。社長は安宅家の番頭なのである。猪崎は、そのことを思い知らされることになる。

住友商事との合併構想を「社賓」が潰す

猪崎が英一に叛旗《はんき》を翻《ひるがえ》す事件が起きた。1966（昭和41）年の住友商事との合併劇である。

〈一九六六年夏、住友銀行の頭取の座にあった堀田庄三《ほったしょうぞう》氏は、これも当時現役の安宅産業猪崎社長を呼び、「安宅産業の安泰を保つため、この際、住友商事と合併してはどうか」と密《ひそ》かに打診した。「猪崎君は大乗り気だった。『確かに安宅産業の経営には問題があり、将来も不安だ。すべてお任せします』というものだから私は住友商事の津田《つだ》君に話を持っていったのだ」

堀田氏は、当時の模様をこう述べている。当時住友商事社長だった津田久相《ひさし》談役によればこうである。

「その時の安宅との合併話は、住友商事にとって大きな魅力だった。とにかく住友という看板を背負ってはいるものの、当時はまだまだ売り上げの規模が小さく、どうやったら総合商社として一人前になれるかばかりを考えていた。商社の経営には何といっても人が財産だが、当時の安宅産業の社員には優秀な人材が揃っていたし、そのうえ住友商事がまだほとんど手をつけていない木材、紙、パルプなど安宅の商権も魅力的だった〉（注6）

戦後、スタートした住友商事は規模が小さかったが、堀田は住友グループに三菱商事、三井物産に匹敵《ひってき》する巨大な商社をつくろうとした。この点で、同族的な体質の安宅の経営の近代化をはかろうとする猪崎の思いと同じベクトルを結ぶことができた。トップ会談で3人の合意が完全にできあがった。

合併比率は一対一。社名は住友安宅商事。社長は住友の津田久、会長は安宅の猪崎久太郎と首脳人事も内定し、合併覚書調印にまでこぎ着けた。

ところが、英一から待ったがかかった。英一は１９６５年に会長を退き、〝社賓〟という特別な称号つきの相談役だった。会長でも取締役でもなかったが、人事権だけは放さなかった。

英一には「安宅産業は安宅家の会社である」という考えが骨の髄《ずい》までしみ込んでいた。驚くべきことだが、役員も社員も、英一のこの考え方に異を挟まなかった。安宅産業は特異な社風の会社だった。

英一の長男、昭弥は当時、弱冠32歳で取締役の要職にあり、近い将来、昭弥を社長に就けるつもりだった。住友商事と合併したら、息子の昭弥を社長にできなくなる。英一からしてみれば、番頭にすぎない猪崎が、安宅家の意向も確かめずに、住友商事との合併を進めたことになる。

英一は「君は安宅を潰す気か」と激怒した。それまで英一の支持をバックに、社内では絶対的ワンマンとして君臨していた猪崎は、一瞬のうちに失脚。１９６６年11月、会長に棚上げされた。虎の尾を踏んでしまったのである。

のちに社長となる市川政夫は、英一の意向を受けてこの合併に反対する急先鋒だった。が、その市川が10年後、住友銀行に合併を要請する破目《はめ》になったのだから、歴史のめぐり合わせは皮肉だ。このことはあとで書く。

三者のトップ会談で合意成立してから、１ヵ月ほどで住友安宅商事構想はあっけなく潰《つい》えた。

〈当時安宅産業の副社長であった越田左多男氏は猪崎社長に伴われて合併計画を断わるため、芦屋《あしや》の堀田邸を訪ねた日のことを、今もまざまざと記憶している。

「猪崎さんが『合併には安宅家から強い反対があるので、この間の話は白紙に戻して欲しい』と要請すると、堀田さんはまるでそれで社長がつとまるのかといわんばかりにテーブルを叩いて激怒された」〉

（同注６）

「社長は安宅家の会社を一時的に預けた番頭」

猪崎の後を継いだ越田左多男は社長に就任すると同時に、大福帳経営と揶揄《やゆ》される経営体質を改めるべく、管理中枢機能を強める社内の組織づくりに着手した。常務会の創設、企画調査室、審査部の新設などがそれだ。

この人事をめぐって、英一と、またまた軋轢《あつれき》が生じた。社長就任当初、英一とのあいだで「役員人事は相談するが、一般社員の人事については社長に任せる」という暗黙の了解があった。だが、管理中枢機能を強化するにつれて、英一の人事介入は役員から一般社員にまで広がった。重要な人事が、理由がわからないまま、しばしば長い期間棚ざらしになったりした。管理機能の強化に、英一が警戒《けいかい》を強めたのかもしれない。

人事権のない社長は社長ではない。越田は英一と一戦を交えることにした。

1969（昭和44）年9月、弥吉の故郷、石川県金沢市で、「安宅コレクション」の最初の展覧会が開かれた。

〈ここで越田社長（当時）と英一氏は決定的な衝突を起こす。

「英一さん、むやみに社内人事に口をはさむのはやめてもらえないだろうか。今のように私の考えた人事がスムーズに実現しない事態が続くと、社長として責任をもった経営ができない」

思いつめて話しかけた越田社長に対して英一氏は冷たくつき放した。

「越田さん、あなたがそう思うなら、社長をお辞めになればよいでしょう」

この一ヵ月余り後に、任期半ばで越田社長の更迭が発表された〉（同注6）

「社長は安宅家の会社（＝安宅産業）を一時的に預けた番頭でしかない」

会社経営の表面には出ず、しかも首脳人事を思うままに壟断《ろうだん》する英一は、そのパワーをまざまざと見せつけた。

密告が横行し、恐怖政治がまかり通る社内

1969年11月、反猪崎の急先鋒《きゅうせんぽう》だった市川政夫が社長に抜擢《ばってき》された。市川社長の時代は「安宅ファミリー政権」と呼ばれている。制度上、権限と責任は社長に集中する格好になったが、人事権のない社長は、真の実力は持ち得ない。人事権は相変わらず、英一を筆頭とする安宅ファミリーの手の内にあった。

安宅ファミリーを率いるのは、社賓という不思議な肩書の英一と、その長男の昭弥。昭弥は安宅一族では唯一《ゆいいつ》、代表取締役専務として経営陣に名を連ねていた。ゆくゆくは昭弥を社長にしたいと考えていた英一が、昭弥の忠実な部下に据えたのが柴田芳雄である。

〈安宅ファミリーの中で、市川社長時代にメキメキ頭角を現わしたのが柴田専務だった。直接担当の財務部以外に管理、人事も掌握、常務会を取りしきった昭弥専務と、柴田－昭弥ラインを形成していた、といわれる。シンは強いものの、おとなしい市川社長とは対照的に、いかにもヤリ手で、ワンマン的なところも強かった柴田氏は社員の目にも「一体どちらが社長か？」と映っていた〉(注7)

社内では、安宅ファミリーと呼ばれる社員グループが主流派を形成した。ファミリーになるためには3つの条件があった。

ひとつは、「ボンサン」という戦前の給費生である。弥吉は独立したとき、旧日下部商店から引き取った社員や中途入社で入った社員が、経営が難しい折に給与値上げの要求をしてきたり、弥吉が目の届かない東京支店で勝手に取引をして損を出すなど、苦い経験をした。

そのため、弥吉は「信頼できる部下は自分で育てなければならない」との思いを強くし、郷里から小学校の卒業生を紹介してもらい、学費を出して上級の学校に通わせ、卒業後は安宅商会で働かせるという制

度をはじめた。

安宅ファミリーの第一は給費生制度によって安宅に入社した社員（ボンサン）で占められていた。第二は、安宅家のコネクションで入社した社員。どちらも石川県出身者が多い。第三は、入社後、英一と英一の長男、昭弥の目に止まって引き立てられた社員。英一は、若手社員を集めた「若狭会」をつくり、昭弥が社長に就くときの親衛隊にすることを企図《きと》した。

〈日頃日常業務に直接タッチすることのなかった〝社賓〟の英一氏だが、新卒者の採用だけは別だった。いよいよ入社試験の最後を締めくくるという面接には必ずといっていいほど英一氏の顔があった。そのあと英一氏は、これぞと目を付けた新入社員を入社前の一日、福井県高浜町にある同社の保養所「高浜臨海荘」に集め親しく懇談するのを毎年の行事としていた。こうして英一氏に目をかけられた社員の集りが「若狭会」だった〉（同注7）

その数は200人、300人ともいわれた。あらゆる部門に浸透し、いったい誰がファミリーであるのか、社員ですら区別することができなかった。しかも、その勢力は、「ファミリーにあらずんば人にあらず」といわれるほど絶大だった。

社内には密告が横行した。恐怖政治が現実のものとなった。人事権は安宅家にあった。英一の居住地に由来する「日本橋の意向」が、社長人事を含めて優先された。

〈「ファミリーを批判するものは外され、能力がなくてもイエスマンは昇進していく。優秀な人でもファミリーににらまれたら最後、閑職《かんしょく》に追いやられたり、関係会社に飛ばされたケースはいくらでもあった」――ファミリー批判派のある役員は「当時の安宅内部には、ファミリーによる恐怖政治がまかり通っていた」と語る。

また、退社した元労組幹部は「ファミリーの人事権は女子社員にまで及んでいた。ある女子社員が営

業部門から経理部門に移ることになっていたが、ファミリーの頂点にいた某氏の反対でこの人事は流れた」と証言した〉（同注7）

安宅ファミリーが、〝シャドウ・キャビネット（影の内閣）〟そのものだったわけだ。安宅家の過度な経営介入が会社消滅の導火線、いや、ダイナマイトとなった。

「安宅の破綻は万難を排して食い止めねばならない」

さて、売上高が2兆円の安宅産業が潰れれば、負債総額は1兆円を超える。安宅の取引先は3万5000社あまり。国内での取引金融機関は223行。これらの中から、かなりの連鎖倒産が予想された。

1927（昭和2）年、貿易商社、鈴木商店が経営破綻したが、おりからの昭和恐慌で火に油をそそぐ格好となったことを銀行関係者が想起したという。これは、あながち大げさではなかった。

1975年11月4日、住友銀行頭取の伊部《いべ》恭之助《きょうのすけ》は極秘に日本銀行総裁の森永貞一郎《もりながていいちろう》を訪ねて会談し「安宅アメリカの破綻は万難を排して水際で食い止めねばならない。安宅産業の本体が揺らげば、その影響はあまりに重大である」との認識で一致した。住友銀行は臨戦態勢を組んだ。

住友銀行は12月2日、副頭取の磯田《いそだ》一郎《いちろう》をトップに据えた安宅問題処理の特別チームを発足させた。磯田が統括し、常務の樋口廣太郎《ひぐちひろたろう》が安宅専任の役員として入った。安宅の実態調査にあたった調査第二部長の百瀬《ももせ》雄次《ゆうじ》、融資部次長の西川善文《にしかわよしふみ》など10人程度の精鋭によるチームが編成された。

特命チームが結成された直後の12月7日に、毎日新聞がスクープし、安宅産業の経営危機は広く知られることになった。

12月中旬、安宅産業〝社賓〟の安宅英一は会長の猪崎久太郎をともなって、東京・大手町の住友銀行に会長の堀田庄三を訪問した。銀行などに絶対に足を運ばなかった誇り高い英一が、創業以来の危機に直面して、堀田庄三に頭《こうべ》を垂れたのだ。

〈安宅英一氏が伏目がちに「このたびは大変ご迷惑をおかけしまして」と挨拶するのを引きとるように、猪崎会長はしゃべり始めた。

「えらいことになってしまいまして。私がおる時にはこんなことにはならなかったのですが。何しろ会長になってから会社（安宅産業）のことは任せっきりで。私も昭和石油の会長をやってますから石油のことはよく知っていますが、石油は恐ろしいものです。ＮＲＣのことも私に相談してくれれば、こんなことには絶対ならなかったのですが、それを……」

とめどもなく続く猪崎氏の繰《く》り言《ごと》を遮《さえぎ》るように、堀田会長が口を開いた。

「猪崎君、君は一体何をいいたいんだ。一〇年前、私は安宅産業の将来を心配して、住友商事との合併を勧めた時、君は一度いいと言っておきながら、隣の人（安宅英一氏）が反対するからといって、断わりに来たのじゃないか。あの時、私のいうことを聞いておればこんなことにならなかったんだ」

猪崎会長はことばに窮《きゅう》して、「汗顔《かんがん》のいたりです……」というのが精一杯だった。

「安宅英一さんは黙ったままだし、猪崎さんはピントはずれのことばかりをしゃべっていた。実際のところ何のために来たのかわからなかった」

同席していた住友銀行の関係者はこう話している〉（注8）

伊藤忠による安宅解体・救済合併

年が押し詰まった12月30日、安宅産業会長の猪崎久太郎と社長の市川政夫が、住友銀行頭取の伊部恭之助と協和銀行（のちの、りそな銀行）頭取の色部《いろべ》義明《よしあき》に対して、人材派遣の要請と合併を含む今後の対策の全面的委任を伝えてきた。色部は日本銀行からの天下り頭取で、明治の文豪、森鷗外《もりおうがい》の甥《おい》だ。

その夜のことだ。

〈戸崎誠喜《とざきせいき》・伊藤忠商事社長の自宅の電話が鳴った。電話の主は住銀頭取の伊部と協和銀頭取の色部だった。「これからお宅におうかがいしたい」。声音は切迫していた。

「こちらからうかがう」と、その晩は二人を押しとどめた戸崎は翌朝、東京・大手町の住銀東京本部に向かった。「伊藤忠には迷惑をかけない。日本の信用保全という見地からぜひ（合併を）考えて欲しい」。二人の頭取はこう言い、伊部は「住友銀行としては後世に名を残す合併にしたい」と強い決意を披露した。

伊藤忠による安宅救済のドラマの幕が上がったのだ。
「当社（＝伊藤忠）としては経済環境が必ずしも良くない時なので慎重に検討したが、住友、協和の両行からの要請があり、新日本製鐵の協力も得られましたので、大乗的な見地から日本の商社が世界に置かれている地位も考え、安宅の苦況を救うため、協力することにしました」（戸崎・伊藤忠社長）〉（注9）
1976（昭和51）年1月12日、伊藤忠商事社長の戸崎誠喜、安宅産業社長の市川政夫、協和銀行頭取の色部義明と住友銀行副頭取の磯田一郎の4社首脳が経団連会館で記者会見をして、「将来の合併をめざした、人材派遣を含む広範な業務提携をすることで合意した」と発表した。
〈「将来、両社の合併に発展することも予想される」と発表文に明記され、市川政夫・安宅産業社長が戸崎誠喜・伊藤忠社長に握手を求めた〉（同注9）
繊維商社の伊藤忠にとって、安宅を解体合併することは大きな賭けだった。「（安宅の持つ）鉄と機械の商権が魅力」と伊藤忠はいうものの、これはあくまで建て前論であり、合併の実をあげるためには細かい目配りと冷徹な計算が必要だった。成功すればスプリングボード（跳躍《ちょうやく》の踏み切り板）になるが、失敗したら地獄だ。伊藤忠そのものが沈没する。

安宅解体にあたって、伊藤忠の基本方針は「資金や債権処理の面で銀行が完全に責任を持つ」というものだった。住銀は銀行の歴史はじまって以来の大規模な会社整理に、正面から取り組まなければならなくなり、小松康《こまつこう》常務・国際業務担当（のちの頭取）を筆頭に13人を安宅に顧問団として送り込むことになる。

一方、安宅の社員は生活を守るために労働組合を結成した（それまでは社員会という親睦団体しかなかった）。安宅労組は「（伊藤忠との）業務提携に反対し、自主再建」を主張した。

こうしたなかで、安宅の〝生体解剖《かいぼう》〟は着々と進んだ。その存在が世界的に知られていた「安宅コレクション」の一部を、山種美術館におよそ20億円で売却したのもその一環だった。

商権の洗い出しもおこなわれた。その結果、伊藤忠は「安宅の健全な商権は鉄鋼など半期売り上げにして２７００億円（年商換算で５４００億円）、これに見合う人員は男子５００人、女子２００人の合計７００人」と、住銀に伝えた。

安宅の半期売り上げは落ち込んでいたとはいえ、８０００億円あった。従業員は３６００人を超える。伊藤忠が引き受けるのは「売り上げは3分の1、人員は5分の１」という厳しい内容だった。安宅の商権は鉄鋼と木材（紙パルプ）が両翼《りょうよく》だといわれていたが、その一翼《いちよく》を担う紙パに関しては伊藤忠は引き取らないと決断した。

結局、１９７６年9月期の売り上げ８２００億円のおよそ半分。これに見合う１２００人強を引き受けることで合意した。

同年12月29日、伊藤忠、安宅、住銀、協和の四者は合併覚書に調印した。伊藤忠が引き取らない繊維、木材（紙パ）、工作機械、不動産の4部門は別会社に分離されることになった。合併期日は77年10月１日と決まった。

交渉の外野席にいた準主力銀行のなかからは「合併という名の営業譲渡だ」「やり方が拙劣《せつれつ》だ。交渉に1年以上かかったことでロス（損失）が大きくなった」との厳しい批判が出た。

銀行が面倒を見ることになった安宅の損失（不良債権）は4000億円弱に膨らんだ。〝安楽死のための葬式代〟としては、空前絶後の規模である。

住銀は1行で1000億円以上の損をかぶった。準主力の4行（東京、三菱、三井、住友信託）だけでなく、富士、第一勧銀、日本興業銀行など都市銀行グループ10行も行政指導で一部、損失を負担するという、金融界あげての支援となった。

住銀は安宅問題がほぼ一段落した77年6月に、首脳陣を一新した。会長の堀田が取締役相談役、頭取の伊部が会長となり、安宅処分の最前線に立った副頭取の磯田一郎が頭取に昇格した。

安宅の解体、伊藤忠による救済合併は、八幡製鐵《やわたせいてつ》と富士製鐵が合併して誕生した新日本製鐵、第一銀行と日本勧業銀行が合併した第一勧業銀行に匹敵する大ニュースであった。

社員の3分の2は移籍できず

元三井住友銀行頭取の西川善文は、『ザ・ラストバンカー　西川善文回顧録』で、安宅処理について触れている。

当初、住友銀行が合併相手に想定していたのは、前回と同じように住友商事だった。それが伊藤忠商事に切り替わった舞台裏を、西川が回顧録で書いた。西川は住友商事副社長の屋代治三郎《やしろはるさぶろう》と交渉し、いい感触を得ていた。

〈ところが、樋口廣太郎常務が屋代副社長とソリが合わなかった。樋口常務のほうがかなり後輩だったこともあったからか、屋代副社長は樋口常務について何かと口が悪い。それだけでなく、百瀬調査第二部長もこの方（屋代）と合わなかった。それほど屋代さんという人は個性的で、根はとてもいい人物なのだがずけずけともものを言い、私のように年が離れて親しくしている若造にしてみれば何でもないのに、相応のキャリアを持つ人からすれば、まるで馬鹿にされているように思えてしまうらしい。

そのことを巽《たつみ》さん（巽外夫《そとお》、当時の常務、のちの頭取。引用者注）に報告したら、早速それを磯田副頭取の耳に入れた。そこで磯田さんから樋口さんと百瀬さんに言ってもらったのだが、その二人は絶対に（住友商事との合併を）聞き入れなかったらしい。私怨《しえん》のようなものがあったのかもしれない〉（注10）

こんな裏の経緯もあって、安宅産業の合併先は、新日鐵の商権を欲しがっていた伊藤忠商事に決まった。M&Aの成否が数字など経済原則に基づいたものではなく、交渉人の感情に左右されるのだとわかる、なかなかおもしろい逸話である。

1976年6月30日、住銀から派遣された小松康が安宅産業社長に就任した。住友銀行主導で、伊藤忠との合併に向けた解体作業が進められた。希望退職者を募集。子会社を次々と倒産させ、繊維、建材、木材、不動産、農水産部門は独立させ、本体から切り離した。伊藤忠が引き受けない安宅の残存資産は、エーシー産業という受け皿会社を設立して、全部移した。

安宅の最後の社長をつとめた小松康は「安宅がこんなひどい会社とは思わなかった」と、うめいたことが何度もあったという。

1977年3月期は安宅産業の最後の決算となった。売上高は1年前に比べて、25％減の1兆4901億円、総資産は31％減の6465億円。当期損失1331億円は当時としては空前絶後の赤字額だった。これが、1年以上におよんだ安宅解体の〝清算書〟となった。

〈一九七七年五月三一日、伊藤忠、安宅は合併契約書に正式に調印した。東京・内幸町の帝国ホテルで住銀頭取の伊部恭之助、協和銀行頭取の色部義明の立ち会いのもとに、伊藤忠商事社長の戸崎誠喜社長が契約書に署名した。参会者全員が乾杯し、祝福し合ったが、安宅のプロパーは、経営陣では田中康夫専務一人。彼はたたずむだけだった〉(注11)

1977年10月1日、伊藤忠と安宅は合併した。合併比率は、安宅株式5株に対し、伊藤忠の株式1株を割り当てる。新商号は伊藤忠商事。安宅の社名は消えた。

伊藤忠に継承された商権はほとんどが鉄鋼を中心とした金属部門で、およそ3000億円だった。業務提携発表時に3600人いた社員のうち、伊藤忠に移籍できたのは1058人にとどまった。これが経営破綻した企業の冷酷な現実であった。

経営者が無能だったために2600人が離散した。伊藤忠に移った1000人強も、現在は根絶《ねだ》やしとなってしまった。

伊藤忠商事の役員によると、2017年5月末現在、部長クラスの幹部には、安宅出身者はひとりも残っていないそうだ。グループ企業を含め、安宅出身の役員は伊藤忠食品の濱口泰三《はまぐちたいぞう》社長、ただひとりだったが、濱口は6月21日の株主総会後の取締役会で社長を退任し、取締役相談役になった。

他方、安宅産業の解体にたずさわった住友銀行の面々は、出世街道を駆け上がった。磯田一郎は頭取に就き、安宅社長だった小松康は磯田の後任の頭取になった。樋口廣太郎は副頭取からアサヒビール社長に転じ、「アサヒスーパードライ」でヒットを飛ばした。平和相互銀行買収をめぐる対立から、小松と樋口は磯田から追われた。イトマン事件で、磯田を追い落とした西川は頭取の座を手に入れた。

住友銀行では生臭い、男の闘いが繰り広げられたのである。

東洋磁器の安宅コレクションとして名を残す

安宅産業の名前は消えた。いまではそんな会社があったことさえ知らない人が多くなった。虎は死して皮を留《とど》め、人は死して名を残すという。

創業家の面々は、経営者としては、英一に代表されるようにじつに凡庸《ぼんよう》だったが、歴史に名を残すことになる。

古都鎌倉の東慶寺境内に、日本の禅文化を海外に知らしめた仏教学者、鈴木《すずき》大拙《だいせつ》が残した書籍を管理する松ヶ岡文庫がある。文庫の入り口にある「自安」と刻まれた頌徳碑《しょうとくひ》は、鈴木大拙の経済支援をした安宅弥吉を顕彰《けんしょう》するため、大拙が建てたものだ。碑には「財団法人松ヶ岡文庫の基礎は君の援助によるもの」と刻まれている。

弥吉と大拙は石川県の同郷。弥吉は、旧加賀藩主前田家が石川県出身者のために本郷西片《にしかた》町に建てた寄宿舎久徴館《きゅうちょうかん》に在館した。ここで3年先輩の鈴木貞太郎（のちの大拙）と出会い、彼に連れられて鎌倉の円覚寺《えんがくじ》に参禅した。

そして「君は学問の道を貫きたまえ、私は商売に専念して一生、君を支える」と約束した。弥吉はその約束を守り、生涯、大拙に資金援助をおこなった。

安宅家にはパトロンの資質がある。弥吉の長男、安宅英一は神戸高等商業学校を卒業し１９２４（大正13）年、安宅商会に入社。音楽愛好家の英一は26歳で、ロンドン支店長となる。母親から巨額の仕送りを受け、ロンドンで芸術に開眼した。帰国後の30代半ばから、音楽家のパトロンとしての活動をはじめた。

１９３８（昭和13）年、東京音楽学校（のちの東京芸術大学音楽学部）に安宅奨学金を創設した。若い音楽家に対して、海外留学や滞在費を支援した。声楽家の中山悌一《なかやまていいち》、バイオリニストの辻久子《つじひさこ》、声楽家の大橋国一《おおはしくにかず》、五十嵐喜芳《いがらしきよし》、ピアニストの田中希代子《たなかきよこ》、柳川守《やながわまもる》、中村紘子、野島稔《のじまみのる》、チェリストの堤剛《つつみきよし》などが英一の援助で巣立っていった。

英一がコレクションに熱情を傾けるのは、戦後、会長に復帰してからだ。戦後の税制改革で美術品の大量流失が起こったことによる。

西川善文は回想録にこう記す。

〈安宅コレクションは、安宅英一氏が一九五一（昭和二六）年に近代日本画の速水《はやみ》御舟《ぎょしゅう》の作品をまとめて購入できる機会があったことから収集が始まったという。（中略）御舟のほか中国陶磁と韓国陶磁の体系的収集は世界に類を見ないものであり、文化財として世界的に高く評価されている。

（中略）陶磁は、韓国のものが高麗《こうらい》と李朝《りちょう》時代を主体に約八五〇点に及び、中国のものは後漢から明《みん》時代までのもので約一五〇もある。そのうち国宝が二点、重要文化財が一三点含まれていた。速水御舟の作品は、日本画三〇点、素描七六点の計一〇六点で、そのうち重要文化財が二点あった〉（注12）

英一の長男、昭弥も父親に負けていない。クラシックカーのコレクターである。

英一、昭弥親子が、ポケットマネーでコレクターになったのであれば、他人がとやかく言う筋合いではない。だが、彼らは自分の道楽のために、会社のカネを湯水のごとく使っていた。

英一は安宅社内に美術品部という部門を設けて、社業として集めていた。道楽を会社の事業に持ち込んだ、公私混同の極みであった。昭弥も子会社の安宅興産を通じて、2億円を使って41台のクラシックカーを購入していた。

本業と関係のない美術部門を設けて集めさせたこれらのコレクションは、会社経営と個人の趣味の境界線を完全に逸脱していた。

〈住友銀行から安宅再建のために派遣された顧問団は「安宅昭弥専務が月一〇〇〇万円を使っている」と聞いて目を丸くして驚いた〉（注13）

安宅ファミリーによる人事の壟断《ろうだん》、安宅コレクションの公私混同が、安宅産業を崩壊させた最大の原因であった。経営にはまったく関心はないのに、美術品のコレクションと若く才能のある芸術家のパトロンになることという、いわば彼の生き甲斐《がい》を担保するために、安宅英一が院政を敷きつづけてきたことが、安宅産業を内部から腐らせたのである。

昭弥は、安宅が消滅する寸前の1977年5月20日、インタビューに応えている。

〈「〝安宅ファミリー〟なんてものは存在しなかった。父（英一氏）を含めて安宅家が絶対的な人事権を持っていたというのも事実ではない。ただ私にとって安宅産業は祖父が創業した会社であり、人一倍愛着があったのは確かだ。父は私以上に会社のことを考えていた。父は人材を育てることに強い情熱を持っており、安宅産業社内で早く優秀な社員が育つことを願っていた。それが誤解を生んだのかもしれない。ただ、会社をこんなことにしてしまったことについては、代表権を持っていた役員として責任を痛感している」〉（注14）

昭弥の弁明は、安宅産業の元社員たちには空疎《くうそ》にしか響かなかったろう。ここには、父子そろって会社を私物化してきたことに対する罪の意識は、まったくなかった。

安宅産業は崩壊した。安宅の社名は消えた。

安宅英一は1994年5月7日に亡くなった。93歳。英一が残した東洋磁器の安宅コレクションは、幸いなことに散逸をまぬかれた。同コレクションの鑑定評価額は152億円に達した。

安宅解体後、安宅コレクション（東洋磁器）は住友銀行によって大阪市立東洋陶磁美術館に寄贈された。

ポイント▼会社を育てても潰しもする創業家

カナダの製油所NRCによる3億ドル（日本円で1000億円）の焦げ付きが、安宅産業の息の根を止めた。NRCのオーナーはレバノン系米国人、ジョン・シャヒーン。シャヒーンの実態は、秘密のヴェールに包まれ、NRCの経営状況は、安宅にはほとんど知らされなかった。

安宅産業、なかんずく米国法人の安宅アメリカは、シャヒーンの大がかりな魔術《イリュージョン》にかかってしまった。安い原油を中東から調達し、カナダで精製して石油製品をつくり、北米に売るというビジネスモデルが、そもそも成り立たなかったのである。安宅産業で、この〝詐欺〟に気づく経営者がいなかったのだから仕方がない。騙《だま》されるほうが悪いのだ。

安宅が倒産すれば負債総額は1兆円といわれていた。安宅の取引先である中小企業の連鎖倒産が全国に波及する。「倒産だけは回避しなければならない」メインバンクの住友銀行と協和銀行は、大手商社との合併で信用を維持することにした。安宅産業を解体し、1977年、優良資産だけを伊藤忠商事が吸収合併した。

「絶対潰れない」とされてきた総合商社の不倒神話が崩れた。

安宅は企業としてなぜこうも脆《もろ》かったのか。それは「社賓」という肩書を持つ安宅英一の存在を抜きにしては語れない。彼の思想の根本にあったのは「安宅産業は安宅家の会社」である。経営者も社員も安宅一族の僕《しもべ》なのだ。

安宅家の経営介入と公私混同――。これが会社消滅の導火線となり、安宅産業を木っ端みじんに破壊した。

第7章　セゾングループ——時代をつくり自壊した感性経営

元共産党活動家で護憲派の堤清二

雲浮ぶ波音高き岸の辺に菫咲くなり春を迎へて　　召人　堤清二

2012年1月12日、新年恒例の歌会始《うたかいはじめ》の儀が、皇居宮殿、松の間で開かれた。

お題は「岸」。天皇・皇后両陛下や皇太子殿下をはじめ皇族方、召人《めしうど》として招かれた詩人で小説家の堤《つつみ》清二《せいじ》（筆名・辻井喬《つじいたかし》）、さらに選者のほか、一般応募の1万8830首から選ばれた入選者10人の歌が、古式にのっとった独特の節《ふし》で朗詠《ろうえい》された。

召人の堤清二は、前年の東日本大震災の復興を岸辺に咲く菫《すみれ》に重ねて詠《よ》んだ。召人とは、宮中の歌会始で、天皇から指名を受けて歌を披露する人をいう。清二が召人に選ばれると、さまざまな方面で物議を醸《かも》した。

清二が歩んできた思想と行動が、天皇の召人という立場とあまりに違っていたからである。

清二は1927（昭和2）年、東京で生まれた。父・康次郎《やすじろう》は一代で西武グループを築き上げた実業家で、母の操《みさお》は正妻ではなかった。

1948（昭和23）年、東京大学経済学部に入学直後、日本共産党に入党。東大細胞（支部の意味）の活動家となった。共産党に入党したため、父親の西武グループの創始者、堤康次郎から勘当《かんどう》された。

清二は経営者としては異端だ。財界で唯一《ゆいいつ》、ベトナム戦争に表立って反対した。東大時代の学生運動の同志である安東仁兵衛《あんどうじんべえ》との交遊は有名だ。1960（昭和35）年の安保闘争後、安東が創刊した構造改革派の理論誌「現代の理論」の資金スポンサーとなり、清二自身も寄稿した。

〝安仁《あんじん》〟と呼ばれた安東のもとには、旧左翼（共産党系）でも新左翼（反代々木系）でもない、市民運動の活動家の若者たちが集まった。のちに民主党政権の中枢《ちゅうすう》を担う、元首相の菅直人《かんなおと》、元官房長官の仙谷由《せんごくよし》人《と》、元経済産業相の海江田万里《かいえだばんり》は、安仁の教え子である。

率いてきたセゾングループの経営破綻《はたん》で、1991（平成3）年、同グループの代表を辞任した清二は、執筆活動に専念するとともに、改憲反対、原発反対運動の中心となる。

1991年、護憲派の作家ら9人が呼びかけ人となり、日本が戦争を永久に放棄し戦力を保持しないと定めた第九条を含む日本国憲法の改定を阻止《そし》する「九条の会」が結成された。呼びかけ人は、井上《いのうえ》ひさし（作家）、梅原猛《うめはらたけし》（哲学者）、大江健三郎《おおえけんざぶろう》（作家）、奥平康弘《おくだいらやすひろ》（憲法学者）、小田実《おだまこと》（作家）、加藤周一《かとうしゅういち》（評論家）、澤地久枝《さわちひさえ》（作家）、鶴見俊輔《つるみしゅんすけ》（哲学者）、三木睦子《みきむつこ》（元首相・三木武夫《たけお》の妻）の9人。堤清二こと辻井喬は「九条の会」傘下《さんか》の「マスコミ九条の会」の呼びかけ人をつとめた。

清二は亡くなるまで、特定秘密保護法案反対、改憲反対、原発問題で呼びかけ人となるなど、積極的に活動してきた。これらの活動と歌会始の召人が結びつかない。世間の人々に違和感が生じたのも無理からぬところだった。

「僕なんかに声をかけて大丈夫ですか」

ジャーナリストの児玉博《こだまひろし》は「文藝春秋」に「堤清二『最後の肉声』」を連載した。清二は「歌会始の儀」について、こう語っている。

〈二〇一一年の秋、清二は五十年以上の交遊を結ぶ歌人で、詩人でもある岡井隆《おかいたかし》から連絡を受けた。岡井の用件は、新年宮中で行なわれる「歌会始の儀」において、清二に召人（天皇の指名を受けて歌を披露する人）を引き受けて欲しいというものだった。

「そりゃ、驚きですよ。岡井さんもかつては寺山修司《てらやましゅうじ》と並び称される前衛の歌い手（歌人）だったけれども、僕は正真正銘《しょうしんしょうめい》の共産党の活動家だったでしょう。『僕なんかに声をかけて大丈夫ですか』って、まず岡井さんの心配をしてしまったんですがね」〉（注1）

〈清二が召人に選ばれると、様々な波紋が広がった。多くはかつて日本共産党の活動家だった清二の経歴、また憲法九条を守る「九条の会」に代表されるような左翼的な言動との違和感だった。当の清二にして、なぜ自分なのか自問自答したが分らなかった招聘《しょうへい》だったが、間違いなく天皇皇后両陛下が了承した上での人選だった。

「岡井さんからの頼みだったでしょ？　あなたしかいないんだな、とまで言われちゃうとね。まあ、ツネ（渡邉恒雄《わたなべつねお》・読売新聞グループ本社代表取締役会長）に電話したら『遠慮しないで行ってこい。短歌を詠めれば俺が行きたいぐらいだ』っていってたけど」〉（同注1）

岡井隆は塚本邦雄《つかもとくにお》、寺山修司とともに前衛短歌の三雄のひとりである。岡井は春が好きらしく、春の歌を数多くつくっている。

ホメロスを読まばや春の潮騒のとどろく窓ゆ光あつめて

古代ギリシアの詩人ホメロスを読もう、春の潮騒のとどろく窓を通して光を集めて、と解釈されている。岡井の自註によれば「北九州の海岸近くに隠れ住んでいた頃」だ。

岡井は天皇・皇后両陛下や皇族方の和歌の相談役である御用掛《ごようがかり》をつとめ、新年恒例の歌会始の儀の選者だった。

清二が〝ツネ〟と呼ぶ渡邉恒雄は、東大時代、氏家齊一郎《うじいえせいいちろう》（元日本テレビ放送網会長）とともに、共産党員として活動した仲間だ。渡邉が氏家を共産党に誘い、そして氏家が清二の入党をオルグした関係だ。清二と渡邉の交わりは60年以上におよぶ。

「話しにこいよ」との渡邉の誘いに応じ、清二は、東京・大手町の読売新聞本社までときどき雑談をしにいった。

〈決して思想信条を同じくする二人ではない、むしろ正反対だが、清二が渡邉の名前を口にする時、特別な親愛の情が響く。

「ツネがね、僕が帰ろうとすると、『もう帰るのか？　もっといろよ、そうしろよ。今度いつ会えるか分らないんだから』って。やはりツネも年を取ったんですね」〉（同注1）。

渡邉は氏家とともに母校である東京高等学校（のちの東京大学教育学部付属中等教育学校）へオルグに行った際に、インターハイをめざす後輩の野球部員たちに対して、「野球なんてくだらないものをするときではない」と共産党への入党を強く勧誘した。その渡邉がプロ野球団、読売巨人軍のオーナーとなり、〝ナベツネ〟の呼称でメディアの帝王として君臨している。

清二が天皇に招かれて召人になったことは、右も左も、自然体で取り込む天皇陛下の包容力の大きさを物語るものだ。

たとえば、戦前の非合法時代の日本共産党の中央委員長だった田中清玄《たなかきよはる》は、獄中で転向。敗戦直後の1945（昭和20）年12月21日、生物学御研究所接見室に招かれ、昭和天皇に拝謁《はいえつ》した。小一時間、清玄は「退位すべきではない」と申し上げたという。清二が召人になったことと重ね合わせ、清玄が宮中に招かれたことを想起した人は、少なくなかった。

じつは、清二が宮中に招かれたのは、このときが初めてではない。彼が経営する西武百貨店（セゾン系の高級ブランドや宝飾品の販売店ピサに、人を介して島津貴子《しまづたかこ》が訪ねてきた。昭和天皇の第五皇女、旧清宮貴子内親王《すがのみや》は、皇族出身者で初めて民間企業に就職した女性となった。はからずも、皇室と関係を持った清二は、何度か内々に宮中に招かれ、昭和天皇らと語らう時間を持った。

数十年ぶりに宮中を訪れた清二は驚きを隠さなかった。

〈何より清二を驚かせたのは昭和の御代《みよ》にはなかった天皇皇后両陛下の自ら腰を折る、気さくな姿だったようだ。

「テーブルが五つ六つありましてね。そこへ陛下、美智子様がわざわざ足を運ばれまして、陛下の方から挨拶《あいさつ》されましてね。これには驚きました。美智子様にも『あの方はお元気でいらっしゃいますか』と声をかけていただいて。これまた驚いたのは、かなり進歩的というか、左翼的ですな、そうした方の名前を出されましてね。皇室は本当に変わったな、と思いました。昭和ではまず考えられなかった。色々なところで変化が起きている。だから、それを分からないと本当に時代とズレてしまうと、痛烈に思うな、この頃は」〉（同注1）

清二は生い立ちに起因するかもしれないが、差別を嫌悪する思想が根底にあった。戦死者や被災者に寄り添う天皇の姿勢に、護憲派の清二はシンパシーを感じたようだ。

経営と文学、ふたつの世界を生きた男

堤清二は2013年11月25日午前2時5分、肝不全《かんふぜん》のため、東京都内の病院で死去した。86歳だった。西武百貨店社長をつとめた義弟の水野誠一《みずのせいいち》が、ツイッターで「密葬に行ってきた」と呟《つぶや》いたことが、堤清二の死がメディアに広がるきっかけとなった。

2014年2月26日、東京・帝国ホテル本館三階の富士の間で、「堤清二・辻井喬　お別れの会」が開かれた。

清二はマルチ人間だった。経営者と詩人・作家というふたつの世界を同時に生きてきた。昼は堤清二として経営にあたり、夜は辻井喬となって詩・小説の創作の時間に充《あ》てた。お別れ会には、親交があった文化人や経営者ら2500人が参列した。

喪主は妻の堤麻子《あさこ》。実行委員長は米コロンビア大名誉教授のドナルド・キーンとクレディセゾン社長の林野宏《りんのひろし》。クレディセゾンはセゾンカードを軸に、流通系カードで業界首位の会社だ。

キーンは「辻井さんは本当の意味で芸術や文化を理解できる希有《けう》な人物だった。細やかな心配りがおありで、理知的な楽しい会話のできる人格者だった」とするコメントを寄せた。

喪主の麻子は清二の後妻である。元芸妓で水野成夫《しげお》の養女だ。西武百貨店社長をつとめた水野誠一は成夫の息子である。

水野成夫は東京帝国大学時代に新人会（東京帝国大学の学生を中心とする社会主義思想運動団体）に入り、日本共産党の活動家になった。逮捕され、獄中で転向を表明。出所後は翻訳をはじめた。アナトール・フランスの『神々は渇く』はいまも名訳と評価が高い。

水野は、その後、経済界に身を投じ、フジテレビジョン初代社長、産経新聞社社長に就いた。池田勇人《いけだはやと》政権時代に「財界四天王」と呼ばれた。財界四天王とは日本開発銀行初代総裁の小林中《こばやしあたる》、富士製鐵社長の

永野《ながの》重雄《しげお》、日清紡績社長の桜田武《さくらだたけし》、そして水野成夫をいう。

共産党での活動、翻訳業をへて、経済界に身を置くことを選んだ水野は、ことのほか、清二を可愛がった。自らのたどった道と清二のそれをダブらせていたのかもしれない。

清二の父、康次郎の西武と五島慶太《ごとうけいた》の東急のバスの乗り入れをめぐる箱根山戦争は有名だが、清二の頼みで仲介して決着させたのが水野成夫だ。のちに清二は、水野の人生を振り返り『風の生涯』というタイトルの小説を書いた。

4兆円を超えたところでグループは崩壊

清二のお別れの会には、イオン名誉会長の岡田《おかだ》卓也《たくや》、セブン&アイ・ホールディングス名誉会長の伊藤《いとう》雅俊《まさとし》、ライフコーポレーション会長の清水信次《しみずのぶつぐ》など、流通業の発展を支えた経営者が顔を揃えた。

そうそう、こんなこともあった。２００５年12月5日に、脳梗塞《のうこうそく》のため83歳で亡くなったダイエーの創業者、中内切《なかうちいさお》をしのぶ「お別れの会」が、東京・千代田区のホテルニューオータニで挙行された。

当時、ダイエーは再建途上にあり、社葬はしなかった。中内がこのままで終わるのは忍びないとして、岡田卓也、伊藤雅俊、堤清二、スーパーマーケットの「育ての親」として知られる渥美俊一《あつみしゅんいち》など、戦後の流通業界の黎明期《れいめいき》を築いた〝戦友〟らが発起人となり、一堂に会した。

今度は清二が「お別れ会」を開かれる番になった。

日本のスーパーの先達《せんだつ》たちは、「渥美学校」の門下生である。渥美俊一は読売新聞の経済記者時代の１９６２（昭和37）年に、チェーンストアの研究団体「ペガサスクラブ」を創設した。渥美、36歳のときのことだ。当初のメンバーはスーパーの若手経営者13人である。

中内切（39歳、ダイエー＝当時は主婦の店ダイエー）、伊藤雅俊（37歳、イトーヨーカ堂＝当時ヨーカ堂）、岡田卓也（36歳、イオン＝当時岡田屋）、二木《ふたぎ》英徳《ひでのり》（26歳、二木一一《かずいち》の次男、イオン＝当時フタギ）、西端行雄《にしばたゆきお》（45歳、マイカル＝当時セルフハトヤ）、大高善兵衛《おおたかぜんべえ》（27歳、ヨークベニマル＝当時紅丸商店）、西川俊男《にしかわとしお》（36歳、ユニー＝当時西川屋）、和田満治（30歳、イズミヤ＝当時いずみや）などだ。翌年、堤清二（37歳、西友＝当時西友ストア）が参加した。

日本の流通革命を担った若手経営者たちは、ペガサスクラブから巣立っていったのである。

栄華を誇った中内㓛のダイエー、堤清二のセゾングループなどが姿を消し、死屍累々《ししるいるい》といった情況のなかで流通業界は再編・淘汰《とうた》をくり返し、岡田卓也のイオン、伊藤雅俊のセブン＆アイの二強に集約された。

第一世代の最後の生き残りであるライフ会長の清水信次は、「週刊朝日」で「政財界交遊録」を綴《つづ》っている。

堤清二については、こう述懐《じゅっかい》した。

〈「堤さんは頭がいいし、私もわりと親しくさせていただいて、食事に行ったりしていた。『いっぺん、あなたの社長室が見たい』と言ったら『ああいいですよ』と言って、私を招待してくれたことがあります。部屋の中が白で統一されていて、ひんやりした感じがして、あれっと思ったものです。

堤さんは親会社の西武鉄道をバックに、西武百貨店、西友、良品計画、外食産業などいろんなことをやったが、4兆円を超えたところで中内さんと同じように崩壊した。堤さんが亡くなって残ったのは良品計画とカード会社（クレディセゾンのこと。引用者注）だけ。人間の欲望ってきりがないもの。もっともっと大きくしたいと思ったらつぶれちゃう」〉（注2）

清水の商売の哲学は「足るを知る」ことにある。とどまることを知る。一〇〇歩のところを五〇歩で立ち止まる。ものには必ず終わりがくるからだ。ダイエーの中内、セゾンの堤は、とどまることを知らなかったから、会社を潰してしまったというわけだ。

たしかに、清二は立ち止まることをしなかった人だ。攻めて攻めて攻めまくる。そして、それら（の成果）をぶち壊す。安定した秩序を破壊しなければ気がすまない〝破壊神〟を信奉していた。

「常に破壊し続けている人間だな、堤は」

「最後のフィクサー」と呼ばれた福本邦雄《ふくもとくにお》は、清二という人間の本質を、こう表現している。その記述が『最後の肉声』に出てくる。

〈「堤の情念は枯渇《こかつ》することがないんだろう。彼をじっと見れば分るんだが、体制があればそれを壊そうとし、そして出来た新しい体制をまた壊そうとする。どこまでたっても満足を覚えない。常に破壊し続けている人間だな、堤は」〉（注3）

福本邦雄は戦前の日本共産党の理論的指導者だった福本和夫《かずお》の長男に生まれた。清二とは東京大学経済学部で机を並べた。

福本和夫が共産党の中央委員政治部長のとき、直系の部下が水野成夫だった。邦雄は、東大を卒業したが、共産党の大物、和夫の息子ということで就職口がない。水野成夫と作家の尾崎士郎《おざきしろう》、日ソ漁業交渉、日中貿易交渉の立役者となる高碕達之助《たかさきたつのすけ》が保証人となって産経新聞社に入社した。

産経が水野体制になったとき、第二次岸信介《きしのぶすけ》内閣の官房長官、椎名悦三郎《しいなえつさぶろう》の秘書官に出向を命じられた。秘書官として赴任したとたんに、父親から岸信介に電報がきた。〈「反動岸内閣ノ秘書官ニ息子ヲスルコト絶対反対、福本和夫」と書いてあった〉（注4）。福本和夫は東大で英国法を、岸信介は同じく東大でドイツ法を学び、ともに大秀才だった。左右に道は分かれても、お互い、よく知っていた。

福本邦雄は独立後、人脈を縦横に張りめぐらせ、政界と財界の深部に入り込んで暗躍。「最後のフィクサー」の異名《いみょう》がついた。

福本自身、実母の奔放《ほんぽう》さに翻弄《ほんろう》された過去があった。肉親の業《ごう》を背負わねばならなかったという点で、清二と邦雄は似た者同士だった。だからだろう。邦雄は堤家の後継問題では、つねに清二の側に立って助言をつづけた。

福本は『回顧録』で、清二の小説『風の生涯』は水野成夫の実像とは違うと指摘している。小説だからモデルを美化することもできるわけだ。

清二の人脈には、東大の共産党時代の仲間が少なくない。高丘季昭《たかおかすえあき》がそうだ。東京新聞記者から清二の招きで西武百貨店に入り、西友会長、セゾングループ代表になった。

理論闘争に走りがちだった東大の学生党員は、共産党の代々木本部から、次々と除名された。渡邉恒雄、氏家齊一郎、高丘季昭、堤清二は、いずれも除名組だ。

清二の〝刎頸《ふんけい》の友〟といえる渡邉恒雄はこう回想している。

〈「高丘も僕も読売新聞と東京新聞に受かる。（中略）それで、二人で東大新聞研究所の初代所長だった小野秀雄《おのひでお》先生に相談に行った。そのとき小野先生が言ったのは、「読売新聞ほど悪い新聞はない。あんな新聞社に入ったら一巻の終わりだ」。読売新聞は右に左に大揺れで、未曾有《みぞう》の争議で当時メチャクチャになっていたわけだ。それに比べて「東京新聞は前途洋々たるものがある。あれは大新聞になる」と言う。

二〇分ぐらい（話を）聞いて廊下へ出た。廊下に出たとたん高丘は、「ナベちゃん、おれ東京新聞に決めたよ」と言うんだ。相談して決めようと思ったら、先に決められちゃった。じゃあ僕は読売に行くしかない、こうなったわけだ。

だから、高丘が、西武セゾン系の会社の社長か会長になったとき、お披露目パーティで僕に一席ぶてと言うから、その話をしたよ。「僕が東京新聞に入り、高丘が読売新聞に入っていたら、両方ともいまごろはガードマンかなにかだったろう。お互いトップまでこれたのは、あのときの選択の天の配剤だったんだ」と。それを聞いて、堤清二さんはゲラゲラ笑っていたよ〉(注5)

日本共産党の書記局長、幹部会委員長になった不破哲三《ふわてつぞう》(本名・上田建二郎)は、清二の東大共産党細胞の同志だった。不破も除名されたが、のちに不破は復党した。

不破の息子が父親の関係で就職できなかったとき、清二が口を利いてセゾングループに入社させた。そのお礼でもあったのか、清二は除名された共産党の代々木本部に講演に招かれた。このとき、ストレートに共産党を批判したため、二度と呼ばれることはなかった。

父の好色が生んだ複雑きわまりない家庭

詩人で文芸評論家の近藤洋太《こんどうようた》は、『現代詩手帖』に「辻井喬と堤清二」を連載した。「反レッド・パージ／オルグ／新日文」と題して、「堤清二・辻井喬　お別れの会」に参列したときの様子を書いている。展示ブースには、彼の著作が並べられ、幼児期から晩年にいたるまでの写真が大きく引き伸ばされて掲示されていた。

〈一番右、最初のほうにあった写真に私は胸を衝《つ》かれた。父堤康次郎、母青山操《あおやまみさお》、清二、邦子《くにこ》が写った家族写真である。戦前、昭和一四年(一九三九年)に、麻布広尾町に引っ越したあとの家の庭で撮られた写真だろうか。私はこの写真を見たことがなかった。ひょっとしたら生前、辻井喬は写真を公表しなかったのではないか。(中略)その家族写真を見て衝撃を受けたのは、辻井喬の不幸の原点を見てしまったと思ったからだ〉(注6)

円満そうで恰幅《かっぷく》のよい父、優しく美しい母、育ちのよさそうな美少年と美少女。戦前の上流階級の絵に描いたような家族写真だ。近藤が衝撃を受けたのは、麻布の自宅には、この写真から外された、母親が違う4人の男子が同居していたことを知っていたからだ。長男の清《きよし》、三男の義明《よしあき》、四男の康弘《やすひろ》、五男の猶二《ゆうじ》である。

清二は辻井喬のペンネームで、自伝的小説『彷徨《ほうこう》の季節の中で』を1969年に新潮社から出版した。登場人物は実名ではないが、西武関係者が読めば、モデルが誰であるかは一目瞭然《いちもくりょうぜん》だ。堤一族の血の問題を語る際、この小説が下敷きになる。

清二は前書きにこう記した。

〈生い立ちについて、私が受けた侮辱《ぶじょく》は、人間が生きながら味わわなければならない辛さの一つかもしれない。私にとっての懐かしい思い出も、それを時の経過に曝《さら》してみると、いつも人間関係の亀裂《きれつ》を含んでいた。子供の頃、私の心は災《わざわ》いの影を映していた。戦争は次第に拡がり、やがて世の中の変革があった。私は革命を志向したが、それは、外部の動乱ばかりが原因ではない。私のなかに、私の裏切りと私への裏切りについて、想いを巡らさなければならない部分があった〉（注7）

辻井喬は、主人公・甫《はじめ》（＝清二）の目を通して、「事業の鬼」と言われた父・津村孫次郎（＝堤康次郎）の好色の性癖が生んだ複雑きわまりない家庭を舞台に演じられる、家族それぞれの人間模様を描いた。父親の女性関係も詳細に、赤裸々《せきらら》に暴露している。

康次郎の後継者として西武鉄道社長になった義明は、この小説を読んで「清二さんが作家として何を書こうとも自由だが、家族のことをここまで書かなくてもいいんじゃないか」と激怒したと伝わっている。

この小説が、西武グループの関係者に与えた衝撃は大きかった。

西武王国を一代で築いた堤康次郎は1889（明治22）年、滋賀県愛知《えち》郡八木荘《やぎしょう》村（のちの愛荘《あいしょう》町）に生まれた。1913（大正2）年、早稲田大学政治経済学部政治学科を卒業。学生時代からさまざまな事業に手を出して失敗した。

康次郎は土地に執着して西武王国を築いたが、スタートは1918年、不毛地帯といわれていた長野・軽井沢に乗り込んで高級避暑地を開発したことだ。その後、東急の五島慶太とバスの乗り入れをめぐり箱根山戦争を戦った。東京・大泉《おおいずみ》、小平《こだいら》、国立《くにたち》に学園都市をつくった。武蔵野鉄道の立て直しを頼まれて、西武鉄道として再生させた。

こうした業績は広く知られている。

康次郎は怪物という表現がピッタリくる人物だった。「英雄色を好む」とは言い古された言葉だが、康次郎の漁色《ぎょしょく》ぶりは生半可《なまはんか》ではなかった。お手伝いさんから華族まで、女と見れば手当たり次第、手をつけた。

わかっているだけで妻は5人いる。5人のうち正式に入籍した正妻は3人。西沢《にしざわ》コト、川崎文《かわさきふみ》、青山操である。このほかに、岩崎《いわさき》ソノと石塚恒子《つねこ》という日陰の女性がふたり。隠し子はあまたいた。子供12人というのは認知した数にすぎない。隠し子は100人を超えていたという説もある。

二番目の正妻と離婚し、妾を入籍

西武王国が崩壊する最大の原因は、康次郎の乱脈な女性関係にあった。骨肉の争いを引き起こし、自滅した。康次郎は女性たちに復讐《ふくしゅう》されたのである。

最初に入籍したのは西沢コト。長女の淑子《としこ》を産んだが、康次郎が郷里の滋賀から上京する前に別れた。淑子は、西武王国の王位継承者となった堤義明（元西武鉄道社長）が経営を引き継ぐまで西武鉄道の社長をしていた小島正治郎の妻となった。

次の女性が岩崎ソノ。ソノは入籍しなかった。康次郎は早稲田大学に通うかたわら、株の売買で儲け、その金で三等郵便局を運営していた、そのときの事務員がソノである。長男・清が生まれた。

清は反抗して廃嫡《はいちゃく》となった。

淑子と清のふたりを育てた二番目の妻、川崎文には子供ができなかった。文は日本女子大学を総代で卒業した才媛。康次郎の土地開発事業の出発となる１９１８年の軽井沢開発の資金は文の実家が出した。西武王国の大恩人のはずである。しかし、康次郎は文をないがしろにした。

もともと政治家志望だった康次郎は、財産ができると政界に進出し、世が世なら不敬罪に問われかねない大事件を引き起こした。

１９５３（昭和28）年5月、皇居で衆議院議長の認証式がおこなわれた。衆議院議長に選出された堤康次郎は妾《めかけ》を同伴して、天皇・皇后両陛下に拝謁したのだ。長年、夫婦同然だったとはいえ、戸籍上の妻は別にいた。堤の行為は、世の中の常識に照らして、容認されるはずがなかった。

特に康次郎を悩ませたのが、女性の人権擁護を訴える新聞を発行していた女性団体だった。愛人をともない宮中に参内《さんだい》したことが記事になれば、衆議院議長の椅子はもちろんのこと、政治生命も終わりかねない。不敬として右翼のテロの標的になることも考えられた。

当時、康次郎の秘書官となっていた清二は、その団体との交渉を買って出た。団体の顧問的存在として作家の平林《ひらばやし》たい子《こ》がいた。戦前、女流プロレタリア作家と呼ばれたが、戦後は反共色を強め「転向作家」と呼ばれた高名な作家だ。

清二は、前出の『最後の肉声』のインタビューでこう語っている。

〈「『何しに来た』っていうから、記事の内容を変えてくれとか言いに来たんじゃありません。お好きなように書いて構いません。ただ、あなた方は女性の権利を守るというけれども、その主張をされて、権利を守る記事を書かれた結果、浮かばれない女性が一人出て来るのはどう思われますか」

清二がいう犠牲《ぎせい》者とは、記事になった場合、〝愛人〟〝妾〟と書かれるであろう操のことである。怪訝《けげん》な表情で清二を見つめる女性たちに、さらにこう続けたという。

「今度のことはどう申し開きをしても父が間違っています。だから、今月内に父親には今迄の奥さんと別れてもらいます。その上で私の母と正式に一緒になってもらいます。そうすれば、形式として陛下の前に二号を連れて行ったことになりませんから」

意表をつく提案に女性たちはあっけに取られたが、

「これを認めて頂ければ、私は直ぐに帰って父親に進言します。どうでしょうか」

という清二の念押しに、

「来週一杯が限度よ」

と、その条件を飲んだ〉（注8）

不敬に問われないための解決策はひとつだ。息子の進言を受け入れて、正妻と離婚し、妾を入籍するしかなかった。1954（昭和29）年7月、正妻と離婚し、操を入籍した。このときの正妻は川崎文である。三番目の妻となった青山操は、二男の清二、二女の邦子を育てた。

清二の自伝的作品である『父の肖像』にも、衆議院議長の認証式のくだりが出てくる。

〈「お前の報告通りに離婚手続きを始めることにした。『婦人新聞』が考え違いをしないようにしっかり押さえておいてくれ」

と、父は言い、私は生まれてはじめて父が私の提案を受け容れたのを知った。と、同時に、私は理解されたことで父の胸に私を憎み、警戒《けいかい》する気持が根を下ろしたに違いないと、何の根拠もなしに思った〉（注9）

清二の〝母〟は姉妹ともども愛人にされた

自伝的小説『彷徨の季節の中で』で、興味深いのは次の一節である。

〈「美也（＝妹・邦子）ね、甫兄さんの本当の兄妹なのかしら」

突然美也は箸で摘《つ》まんだ海苔巻を口もとに運ぶ手を止めて行った（原文ママ）。ついでに聞く、といった何気ない調子だったから、かえって不意を打たれて私は美也を見返した。「どうして、そんな」暫《しばら》くして私は責める口調で反問した。

「美也を生んだのはねえ、のぶちゃんだって言うのよ、ほら、ずっと三鷹にいた」

「ああ、それは孫清（＝長男・清。引用者注）さんの発想だ」と今度は私は即座に言い返した。

「ええ、孫清さんがそう言っていたって、緑（＝清の嫁）さんが言うの。美也はあまりお母さんに似てないでしょう」

彼女は長いあいだ心に蟠《わだかま》っていたことを思い切って口に出したようだった。口に出せた時はもう心のなかで大きな比重を占めていないのだと思いながら、私はどうして私にしたのと同じような話を緑が美也にしたのかと不審に思った。

「そんなこと嘘《うそ》だと思う。僕だって母は別にいる、浅草で花屋をやっているって此の間言われたばかりなんだ」

「誰に言われたの、そんなこと」

「緑さんに」

「そう」美也は黙った。私は自分のことは言わなかった方がよかった、と後悔《こうかい》した〉（注10）

それまでも、清二と邦子の母親は別人ではないか、つまり母といわれている操は、じつはふたりの実母ではないのでは、という推測が西武関係者のあいだで駆けめぐっていた。清二と邦子が、その問題に悩んでいたことが、よくわかる。

じつは、清二と邦子は操の子ではなかった。その間の事情を、康次郎の従兄弟の上林国雄が「文藝春秋」に寄稿した「わが堤一族　血の秘密」で回想している。

1920（大正9）年、康次郎は倒産した東京土地建物の青山芳三社長宅に乗り込んだ。この倒産は東京土地建物を乗っ取るために、康次郎が仕組んだものといわれている。

〈そこに四人の姉妹がいたのです。その三番目が操さん、りりしい顔立ちの美しい女性でした。倒産したのち、先代（康次郎）があとをひきうけたため、先代は青山家で好き放題でした。まず、操の姉を口説き、ついで妹を口説いたのです。そんなバカなと思われるかもしれませんが、先代はそういう方でした。……何年かのちに二人ともあいついでみごもりました。が、先代が一番めをかけていたのは、実は操でした。操は気丈で、なかなかうんと言いません。が、先代もあきらめません〉（注11）

まったく無力化した父親、姉妹すべてを愛人にされた家庭、抵抗しようにも、財産のすべてを握られている。こういう状況下で操は、ある決心をする。自らは子供ができない体にしたうえで、こう言い放ったという。

〈「姉と妹は手離して下さい。そのかわり私が子供を引き取って育てます」。操が身をまかせたのは鎌倉の腰越の別荘でした。おわかりでしょう。姉の子が清二さん、妹の子が邦子さんなのです〉（同注11）

操の父、青山芳三は割腹自殺を遂げた。康次郎から青山家が受けた仕打ちを、操は一生忘れなかった。康次郎に復讐するために正妻の座を手に入れた操は、青山家の血を引く清二を後継者にしようとした。清二と邦子は、生まれたときは青山姓を名乗っていた。

異母弟、義明との出会い

そこに強敵が現れる。石塚恒子である。父親の石塚三郎は、康次郎と同期の代議士。康次郎が娘に手をつけたことを知った石塚は「堤と刺し違えてやる」と激怒した。

〈やがて、義明、康弘、猶二が生まれたが、恒子は正妻になっていない。西武王国の王位継承者・義明の結婚式に恒子は招かれなかった。これが恒子・義明親子の最大の悔恨《かいこん》となる。複雑な家族関係の中で、「親子の絆《きずな》」を保ち続けたのは、恒子・義明の親子だけだった、といえるかもしれない〉（注12）

清二は『彷徨の季節の中で』で、義明との出会いを、こう描写している。

〈その日の新聞はイタリアが聯合《れんごう》軍に降伏したことを告げていた。夕食のあと私達は不思議に静かにしていた。父が急に顔をあげて言った。

「甫と美也、今晩お前らの弟が挨拶にくる。今まで話していなかったが、可愛がってやれ」

私は驚いて母の顔を見た。無表情を装っていた母は私と眼が合ったとき、カンニングを見つけられた中学生のような表情をした。母のバツの悪そうな薄笑いを見て、私は眼を合わせたことを済まなく思った。小半刻たって女中のしまが客の到来を告げた。（中略）

しまの報《しら》せで父と母が席を立ち、やがて私と美也が奥の間に呼ばれた。部屋に入ると、殊更《ことさら》地味な紬《つむぎ》の着物を着た若い婦人が、小さい男の子を連れて座っていた。彼女は孫清の結婚式の時、〝御大《おんたい》の知人〟という席の中にいて私に微笑《ほほえ》みかけてきた、あの婦人だった。

「この人が、孫治（＝義明）を今日まで育ててくれた田沢静江（＝石塚恒子）さんだ」と父が言った。

彼女と孫治を目の前に見ると、私にははじめて異母弟がいるという実感が湧《わ》いてきた。それは奇妙な、バツの悪さを伴う不快感であった。田沢静江が、数ヵ月前、私がそうとは知らずに憧《あこが》れた婦人であったことが、私のこころを混乱させた〉（注13）

〈孫治は時々ひとりで麻布の家に遊びにやってきた。父は孫治を私達と一緒に住まわせたいと考えている様子だった。血の繋《つな》がりのある子供達を身辺に置いて眺めたいと思う父の心を、私は理解できなかった。この希《おも》いの奥にどんな焦《あせ》りが隠されているのか私には分からなかった。分かったとしても許せないことに違いなかった〉（同注13）

〈それは、父にとって家族はあるが、私達には家庭がないということであった。出来ることなら父は田沢静江もこの家に入れたそうであった。彼女達は麻布の家からそう遠くない渋谷に住み、孫治もそこから小学校に通っていた。彼等は三鷹時代の私達と全く同じ境遇に生きていた〉（同注13）

康次郎が義明を呼び寄せたのは、後継者を誰にするかの問題と深くかかわっていたように筆者（有森）は思う。清二は、戸籍上は操の息子だが、実子ではない。7人の子供たちのなかで、母親がはっきりしているのは、石塚恒子を母親とする義明・康弘・猶二の3人しかいない。康次郎は義明を手元に置いて、後継者に育てることに決めたのだ。

後継者になれず、傍流の百貨店へ

父親の乱脈な女性関係に対する嫌悪から、清二は日本共産党の東大細胞の一員となった。しかし、共産党内部の権力闘争に巻き込まれ、除名された。

彼は挫折《ざせつ》感にさいなまれながら、肺結核を患《わずら》い、2年間あまりの療養生活を余儀《よぎ》なくされた。結核の特効薬は米国で開発されたストレプトマイシンだったが、ストマイは「家一軒買える」といわれるほど高価だった。

清二がこの薬を、何の心配もなく使うことができたのは、あれほど反抗していた父・康次郎の財力があったからにほかならない。一度は勘当したとはいえ、不治の病といわれた結核にかかった息子を不憫《ふびん》に思ったのかもしれない。

結核が完治した清二は、父親に対する反抗心が薄れたのか、衆議院議長に就任した父・康次郎の秘書官になった。康次郎が妾を同伴して宮中に参内した事件を、清二が解決したことはすでに述べた。その年、1954年、母・青山操が康次郎の籍に入った。清二は西武百貨店に入社し、経営にたずさわるようになる。

義明は、ふたりの異母兄と違って、父・康次郎に反抗することはなかった。自分に反抗する長男の清と次男の清二を見限った康次郎は、三男の義明を後継者にするため、小学生の頃から工事現場に連れていった。

高校生になると、朝早くから夜遅くまで身近に置いて、事業のイロハを徹底して叩《たた》き込むスパルタ教育を実行した。質問に的を射た答えが返せなかったりすると、容赦《ようしゃ》なくゲンコツが飛んだ。義明は後年、「父親の発言に全神経を集中していたため食事の味がしなかった」と語っている。

1964（昭和39）年4月26日、康次郎は75歳で亡くなった。このとき、清二は37歳、義明29歳。清二は、西武百貨店の若き店長として、次々と斬新《ざんしん》なアイデアを打ち出して話題を集めていた。

辻井喬のペンネームで書いた詩集『異邦人』が第2回室生《むろう》犀星《さいせい》詩人賞を受賞し、詩人・経営者としてマスコミの寵児《ちょうじ》となっていた。清二に比べると、義明はまだ無名に近かった。世間は清二が後継者になるものと思っていた。

ところが、死亡広告は「喪主・堤義明」。後継者は義明だった。清二を後継者にと望んだのは、母の操や妹の邦子の家族。他方、義明を後継者と見なしたのは、康次郎の意思がそうだと思っていた長女・淑子の娘婿で、西武グループの大番頭だった西武鉄道社長の小島正治郎たちだった。

康次郎が信頼していた側近たちは、義明が後継者になることは自明のこととした。義明が正統な後継者という受け止め方をしていたわけである。

西武グループは、西武鉄道の親会社である国土計画を中核とした企業集団である。義明は大学を卒業すると同時に、国土計画に入社した。一方、清二が任されたのは傍流《ぼうりゅう》の西武百貨店である。

しかも、清二が西武百貨店の代表取締役に就任したのは1961年。8歳年下の義明が国土計画の代表取締役になるより4年も遅い。康次郎の清二・義明兄弟に対する評価は、すでに定まっていたのである。

康次郎の意思とはいえ、ふたりの後継者争いは、清二の側にも義明の側にも、決して癒《い》やされることのない心の傷を残した。これが遠因となって、晩年に憎悪《ぞうお》剝《む》き出しの兄弟バトルが火を噴くことになる。

西武王国の分裂、セゾングループ独立へ

「死後10年間は新しい事業に手を出すな」

康次郎は臨終《りんじゅう》の際にこう遺言した。義明は、その教えを忠実に守った。だが、清二は、新規事業に積極的に進出した。西武百貨店の業務の多角化を進めるにあたり、清二は「百貨店から百貨店業へ」というスローガンを掲げた。

清二が『彷徨の季節の中で』で、家族の恥部を曝《さら》したのは、義明と決別し、西武グループから独立する宣言であった。

康次郎の死後、西武王国は「火曜会」による集団指導体制に移行した。メンバーは、国土計画社長の堤義明、西武鉄道社長の小島正治郎、西武化学社長の森田重郎《もりたじゅうろう》、西武百貨店社長の堤清二、そしてグループ全体の財務を担当していた西武鉄道専務の宮内巌である。

小島や宮内ら番頭たちは、清二の膨張策を懸念《けねん》していた。康次郎の遺言を無視して、新規事業をどんどん進める。それがグループ全体に悪影響を及ぼすことを恐れた。

そこで清二と義明は、事業を棲《す》み分けることにした。1970(昭和45)年、康次郎の七回忌の場で「相互不干渉」の確約書を交わし、西武鉄道など交通部門と西武百貨店の流通事業の分裂が、正式に決ま

った。

清二は1971年、西武流通グループを旗揚げした。1985（昭和60）年に西武セゾングループと改称、さらに1990（平成2）年、西武を外してセゾングループを名乗ることで、独立色を鮮明にした。

西武グループと児玉誉士夫との接点

康次郎が創業したリゾート事業やホテル事業は義明の領域とされたが、清二は躊躇《ちゅうちょ》することなく、義明のテリトリーに踏み込んでいった。

東京拘置所の跡地払い下げで、西武グループと闇社会の接点ができた。

東京・東池袋の東京拘置所は、戦前の巣鴨《すがも》監獄。戦後はA級戦犯を収容した巣鴨プリズンとして歴史に名をとどめる。1958年、同拘置所の移転が閣議決定され、跡地（国有地）が払い下げられることになった。

この払い下げに熱心に取り組んできたのが、池袋を本拠地とする西武グループの康次郎である。彼が亡くなった後は、清二が引き継いだ。

清二は新都市開発センターを設立して、跡地買収の受け皿とすることにした。相談相手の水野成夫を通じて、「財界四天王」の小林中ら財界長老の助けを借りた。1970年8月、小林の出身銀行である日本開発銀行から筆頭理事だった太田信が新都市開発センターの社長に、日経連総理事の今里廣記《いまざとひろき》（日本精工社長）が会長に就任した。株主数は100社を超えた。東京拘置所跡地利用計画は、小林、水野、今里ら財界主流派の後押しを受けたプロジェクトとなった。

1000室以上の客室を持つ大型都市ホテルを建設することにした。清二にとって、都市ホテルへの本格的進出の第一歩となるはずだった。

こうしたおり、右翼の大物、児玉誉士夫《こだまよしお》から電話がかかってきた。『最後の肉声』で、清二はこう語っている。

〈電話の趣旨は、巣鴨拘置所が取り壊されるのを知り、是非《ぜひ》取り壊される前に一度中を見たい。ついては、清二に案内を乞いたいというものだった。

「そりゃ、驚きましたね。なんといっても児玉ですからね。ちょうど僕とはまるで逆さまで、僕は左翼だけど、(児玉は)右翼では知らない人はいないような存在でしょう？　でも僕は鈍感というか、恐ろしさに鈍いんでしょう、平気なんですな。周りは止めた方がいいとか言っていたけれども」

当日、巣鴨拘置所の正面前で、清二は秘書と二人で、児玉の到着を待った。ごま塩頭の児玉は、巨大なキャデラックから線香の束を手に持って降りて来た。秘書には花束を持たせていた。児玉は清二の前に来ると、「児玉です。今日は面倒をかけます」と頭を下げた。

敷地内を歩きながら、児玉は清二に聞かせるように、けれども聞き取り難《にく》いボソボソとした声で呟《つぶや》くのだった。

「僕はこの棟にいたんだ」「あっちの棟には東条《とうじょう》(英機《ひでき》)さんがいたな」「岸(信介)さんは、いつも元気でよくこの庭を散歩していた」

児玉はある一角に来ると線香に火をつけ、花束を手向《たむ》けて手を合せ頭《こうべ》を垂れた。小一時間も歩いただろうか、児玉は清二に向って深々と頭をさげ、「今日はありがとう。長年の胸のつかえがいくらか軽くなった」と、礼を口にした。

そして、やにわに「一緒に写真を取ろう(原文ママ)」と言うや、清二を傍《かたわ》らに招いて秘書に写真を取らせた。

「この写真は大切に持っていなさい。後に役に立つ時が来るかもしれないから」

共産党の元細胞と右翼の大物との奇妙な邂逅《かいこう》だった〉（注14）
児玉との邂逅を機に、右翼の街宣車の姿が消えた。昭和天皇の皇女、島津貴子をピサのデザインアドバイザーに起用したことで、連日、右翼の街宣車が西武百貨店の正面玄関で「皇族を商売に利用する奸賊《かんぞく》」と叫びつづけていた。
立石勝規《たていしかつのり》は『ダイヤモンド「腐食の連鎖」』で、このときの写真を取り上げている。『風雪　児玉誉士夫著作選集』上巻冒頭に、児玉と堤清二・義明兄弟との関わりを証明する2枚の写真が掲載されていた。
〈右手を樹木に添えた児玉と清二が話している写真には、「巣鴨拘置所が廃止される直前（昭和四六年一一月）に物故者の冥福《めいふく》を祈り、往時を回想する右から三人目堤清二、著者……」の説明。児玉の後ろには、A級戦犯容疑で児玉自身が収監されていた巣鴨拘置所の建物がまだ取り壊されずに写っている〉（注15）
〈腕を組んで、児玉の話を聞いている義明の写真には、こんな説明がついている。
「A級戦犯死刑場の跡。ここは著者らの要請により、堤義明国土計画社長（西武グループ代表）並びに堤清二西武百貨店社長が永久保存を計画し、記念公園として残されている。堤義明氏（右）と著者〉（同注15）
清二がホテルの建設を断念した後、弟の義明が事業を引き継いだ。児玉は西武グループの若き総帥《そうすい》になった義明に条件を提示した。「一角を公園にし、ここが巣鴨プリズンであったことがわかる碑を置くこと」義明はその場で即決し、了承した。
児玉はこのときの義明に好感を持ち、「なかなか腹のある男だ」と周囲に語っている。跡地に建てられたサンシャインビルの足元、東池袋中央公園の一角には「永久平和を願って」と記された石碑が建っている。

この頃、義明は西武鉄道を乗っ取られる危機にさらされていた。児玉と接点ができた義明は、乗っ取り屋の異名を取った横井英樹《よこいひでき》が西武鉄道株の買い占めに走った際、児玉に仲介を依頼した。児玉が仲裁に乗り出したことで、横井は西武鉄道から手を引いたという。

買い戻し交渉はプリンスホテル内でおこなわれ、仲介者として児玉が出席した。横井が株式の代金を現金で支払うように求めたため、テーブルの上にコクド（旧国土計画）側が用意した数億円分の現金が山積みされたという。

実業家ではなく、名論卓説を吐くだけの文化人

結局、清二は悲願としていたシティホテルのオーナーになれなかった。東京拘置所跡地の果実を手にしたのは義明だった。

清二にとって、１９７３年のオイルショックが誤算となった。日本経済は急減速し、清二の大型都市ホテルの建設プロジェクトを根本から覆してしまった。参加を表明していた多くの企業が撤退し、計画のとりまとめ役である清二の経済人としての鼎《かなえ》の軽重《けいちょう》が問われた。

立石泰則《たていしやすのり》の『ふたつの西武』によると、１９７６（昭和51）年8月、新都市開発センター（のちのサンシャイン）を実際に切り盛りしている今里廣記を訪ねた清二が突然、西武百貨店が担当していたホテル建設を辞退したい、と言い出した。今里は、清二の後ろ盾である水野成夫の要請で、新都市開発センターの会長に就いていていた。

〈すぐさま、今里は（清二の）異母弟の義明を訪ねることにしたものの、ちょうど、そのとき、義明は軽井沢の別荘に出掛けていて東京を留守にしていた。「それでは」と今里は、今度はウイスキー片手に軽井沢に乗り込んだのだった。

今里は、義明に鉄道グループ傘下のプリンスホテルの進出を求めた。

そのさい、今里は「お兄さんがやりかけたことなんだから、弟である貴方が（代わって）引き受けて下さい」と、義明に対して、〝西武の共同責任論〟を持ち出したのだった。〝西武鉄道も西武流通も「西武グループ」を構成している企業同士でしょう〟というわけである。

プリンスホテルの進出を執拗《しつよう》に求める今里に対して、義明は次のように答えて、最初は全く取り合わなかった、という。

「いかに、今里さんのお話とはいえ、少し筋が違うのではありませんか。その話は、うちが昔、いったん断った話です。その後、清二さんのところでやるというので、ホテルのベテランを百貨店に貸して協力はしていますが、自分のところでやる気は全然ありません」

それでも今里は、諦めなかった。（中略）

もし義明が承知しなければ、跡地利用計画そのものが頓挫《とんざ》する恐れが十分にあった。そんな最悪の状況は、何としてでも避けねばならない。それには、無理を承知で義明に「ウン」と言ってもらうしかなかった。

堤義明は、最後に今里の徹夜の直談判《じかだんぱん》に根負けしたのか、夜明け間近になってプリンスの進出を了承した〉（注16）

東京拘置所跡地を再開発して建設された複合商業施設サンシャインシティは１９７８年10月に開業した。超高層ビルのサンシャイン60とプリンスホテルで構成されている。

サンシャインの再開発事業に取り組む経営者としての姿勢の違いから、ふたりの財界での評価が完全に逆転した。

〈今里広記は堤清二の一方的なホテル部門からの撤退を、その安易な取り組みの姿勢を公然と批判するようになった。

「考えて見ると、清二さんは、これまでこの会社（新都市開発センター）の内部のことでは何もしなかったものね。譬《たと》えは悪いが、人のフンドシで相撲をとるような気持ちもあったんじゃないかな」〉（同注16）

「財界の官房長官」といわれた今里には、清二は事業を推進する実業家ではなく、名論卓説を吐くだけの文化人と映ったようなのだ。

「セゾン文化」を生んだ80年代の寵児

清二は1980年代に「セゾン文化」の生みの親として称賛された。

西武百貨店は1980年代初頭に百貨店業界のトップに立った。清二は流通事業から脱け出そうとした。西武鉄道グループとの距離を広げながら、「遊・休・知・美・安・健」の分野にウイングを伸ばした。「遊」はレジャー、「休」はリゾート、「知」は知識、「美」は芸術、「安」は安全、「健」は健康である。小売部門では若者向けショッピングセンターのパルコ、無印良品の良品計画、高級品販売のピサ、ファッションのエフ、海外ブランドのエルビス、書店のリブロ、輸入車のジャガージャパンなど。ファミリーマートもグループだった。

ホテルにはことのほか力を入れた。インターコンチネンタルホテルズ、西洋コンチネンタルホテルズ、ホテル西洋銀座、サホロリゾート、英国のオールドコースリミテッド。外食では西洋フードシステムズ、牛丼の吉野家ディー・アンド・シーも傘下企業だ。カードのクレディセゾン、セゾン生命保険、オールステート自動車・火災保険と金融にも進出した。

コピーライター糸井《いとい》重里《しげさと》を起用した「不思議、大好き。」（1982年）、「おいしい生活。」（1983

年）などのキャッチコピーでハイセンスなイメージを打ち出して一世を風靡《ふうび》し、現代美術や前衛的な音楽、現代思想を意欲的に紹介した。セゾンは時代の最先端を走っていたと、誰もが感じていた。

１９８４（昭和59）年10月、朝日新聞社や日劇のあった東京・有楽町に、複合商業施設、有楽町マリオンがオープン。キーテナントとして有楽町西武が入店した。

セゾングループ代表の堤清二は高らかに、こう宣言した。

「情報発信機能を持った、まったく新しいタイプの店をつくっていく。ここ（有楽町西武）は、感性劇場、マインドシアターだ」

彼は飛ぶ鳥を落とす勢いで流通業界を席巻し、80年代の寵児だった。

銀座・中央通りにあったホテル西洋銀座は、銀座テアトルビルの竣工《しゅんこう》にともない、１９８７（昭和62）年３月に開業した。清二が志向したハイクオリティな文化戦略の結晶《けっしょう》が、ホテル西洋銀座であった。

義明のプリンスホテルに、スケールではなく質で対抗したのがホテル西洋銀座だった。少ない部屋数で最高のラグジュアリーを提供する画期《かっき》的なホテルと評された。豪華な施設に、贅沢《ぜいたく》なサービスを詰め込み、日本で初めてコンシェルジュを導入し、日本のホテルでは唯一、全77室にバトラー（専属の客室係）を配置し、話題をさらった。

山口瞳《やまぐちひとみ》は、このホテルに泊まったときの印象をエッセイ集『新東京百景』に書いている。チェックインの手続きで係の女性から、８種類ある枕のどれを希望するか聞かれたという。そばがら、あずき、羽毛、模造真珠……。

〈客の満足を限界まで追求する理想主義に感じ入りつつ、いささか浮き世離れしたサービスに、「経営者は夢のある、宮沢賢治《みやざわけんじ》みたいな人だろう」「でも収支が合うのかな」〉（注17）と思ったという。詩人経営者に危惧《きぐ》を抱いた山口瞳の直感力はさすがというべきか。

ホテル西洋銀座の知名度を上げた立役者は田崎真也《たさきしんや》だろう。1977年、19歳のとき単身、ワインの本場フランスに渡った彼は、パリのワイン学校のアカデミー・デュ・ヴァンへ通い、本格的なソムリエの道を歩む。1987年にオープンしたホテル西洋銀座へ、シェフ・ソムリエとして入社した。1995年に第8回世界最優秀ソムリエコンクールで日本人として初めて優勝し、ソムリエという職業を広く世間に認知させた。

銀座のど真ん中のホテル西洋銀座のメインダイニングで、著名なソムリエが薦めるワインを飲みながらフランス料理のフルコースに舌鼓《したつづみ》を打つ。これが、いつしかバブリーな紳士淑女のステイタスとなった。

幹部社員には理解できなかった感性経営

詩人の感性を経営に持ち込んだことが墓穴《ぼけつ》を掘った。セゾン全盛時代のエピソードを、立石泰則は『漂流する経営』に、こう刻印した。

1983年8月、西武百貨店本社で開かれた兵庫県尼崎《あまがさき》市の大型プロジェクト「つかしん」(塚口新店。通称つかしん店)のコンセプトを決める会議のシーンだ。開設準備室長の清水教彦《のりひこ》が「新しいショッピングセンター」のコンセプトを説明したが、清二を納得させることができなかった。

〈堤の表情が険しくなっていく。こめかみのあたりが、微《かす》かに震えている。ついに堪《たま》りかねたように、激しい口調で清水に叱責《しっせき》の言葉を投げつけてきた。

「全然違う。俺が作りたいのは店なんかじゃない。街を作るんだ。計画を白紙に戻せ」

清水は全身に強い緊張感を覚え、背中や腋《わき》に再びどっと(冷や汗が)滲《にじ》み染み出てくるのを感じた。

「街づくり」……清水教彦にとって、初めて聞く言葉である。これまで堤は一度も「街づくり」という言葉を使ったことはない。

「会長は、ショッピングセンターという概念を超えたものを考えられていたのか」——清水は堤との間に基本的な考え方の違い、超えることの出来ないギャップがあることを改めて再認識させられたのだった。

立ち直れずにいる清水にかまわず、堤は清水の後ろに控えている社員たちに説き始める。「君たちは、百貨店で培《つちか》ったすべてのものを捨てろ。今日から、本日、只今、この時間から百貨店人であることを捨てろ。君たちが百貨店人である限り、百貨店のノウハウを持っている限り、君たちには、この塚口の開発は出来ないだろう」

そして最後に、じろりと清水を見ると、こう訊ねた。

「ところで、君は会社に入って何年になる」

「はい、二十三年になります」

清水が直立不動のまま答えると、

「では、その二十三年間の百貨店の垢《あか》を全部捨てなさい」

清水教彦は、暗い気持で会議室を後にした〉（注18）

清二は提出される企画・プランに不満を示すが、理由は決して言わない。なぜ問題があるのかまったく理解できない幹部社員に、「町には飲み屋や交番や銭湯がなきゃおかしいだろ」と叱責する。ショッピングセンターをつくると思い込んでいた幹部社員は、「街づくり」という初めて聞く言葉の意味がわからない。だが、清二も「街づくり」の具体的な内容を諭《さと》し教えることはしなかった。

〝経営の神様〟こと松下幸之助《まつしたこうのすけ》にはこんな逸話《いつわ》がある。東大出の技術系部長が開発中の新製品について進講した。質問ひとつせずに耳を傾けていた幸之助は、部長の説明が終わると、ただ一言いった。

「それで儲《もう》かりまっか」

清二は、儲かるか、儲からないか、といったストレートな質問をしない。経営者であれば誰でも、儲かるか、儲からないか、という普遍的な経済原則に目を向け、プロジェクトや具体的な商品を考えるものだ。だが、清二には、そんな発想がまったくない。

凡人《ぼんじん》には難解な言葉が矢継ぎ早に飛んでくる。

セゾングループの幹部社員たちには、詩人の感性から発せられる言葉が、最後まで理解できなかったのだろう。

トップがイメージを口にするだけで具体的な指示をしなければ、組織は動かない。

バブル崩壊後、セゾングループがあっけなく解体した根本的原因は、清二が経営者と詩人・小説家の二足のわらじを履いていたことにあったのではないのか。第一線で働く人々は、詩人・小説家が、経営者として成功することなどないことを、感覚というか肌でわかっていた。

不動産とノンバンクに手を出し、グループ解体

最も大きな変化は不動産への展開が本格化したことだ。それを象徴するのが、西洋環境開発がグループに加わったことだ。1972（昭和47）年1月、西武化学工業の不動産部門を分離し、西武都市開発を設立した。西武百貨店の不動産部と協力して、住宅地開発・住宅分譲をはじめた。

70年代当時は、列島改造ブームで不動産価格は暴騰《ぼうとう》していた。堤清二は、当初、不動産への投機を厳しく禁じていた。

それが一転する。「平和で人間的な生活を希望する需要家の要望に応える」不動産業に転換すれば、未来が開けると言い出した。詩人経営者は感性から導きだされた方針を、生煮えのまま推進した。理論的な

裏付けをする番頭（側近）はいなかった。

１９８６年1月、西武都市開発を西洋環境開発に社名を変更した。この前後から、合併・買収・提携などで事業範囲が拡大した。ゆとりと満足のある暮らしの提供を目指し、ハイグレードなレジャー・リゾートに重点を移した。西武百貨店の一住宅部門から出発して、総合デベロッパーへと大変身した。

リゾート開発、ゴルフ場経営、ホテルの運営会社を次々と買収していく。１９８４年にはフランスのリゾート会社地中海クラブ（のちのクラブメッド）と提携し、世界最高峰のレジャー施設の運営ノウハウを取得する。西洋環境開発は地中海クラブと折半出資でエス・シー・エム・レジャー開発を設立。海岸、山岳、都市近郊の３つのタイプのバカンス村を開発することになる。その第1号が87年にオープンした北海道のクラブメッドサホロ。世界１０７番目のバカンス村となった。

87年、西武百貨店グループの売上高は業界で№１となった。

堤清二は、西洋環境開発をセゾングループの将来を担う最重要部門と位置づけた。社名変更前の１９８５年の売上高は４０４億円だったが、西洋環境開発に社名を変更して売り上げは急増。１９９３年の年商は１２００億円と3倍に膨張した。

だが、西洋環境開発のレジャー・リゾート開発事業は、バブル崩壊で、ことごとく不良債権となった。これが西武百貨店、セゾングループが崩壊する、直接の引き金となった。

不動産・デベロッパー部門だけではない。ファイナンス事業も多角化した。もともとグループのファイナンスを担っていた東京シティファイナンスは、巨大なノンバンクに化けてしまった。

ここでバブルが崩壊する。バブル期にデベロッパー事業を大規模に展開した西洋環境開発の負債額は、１９９４年末には７５２７億円に達した。西友が子会社、ノンバンク東京シティファイナンスにおこなった経営支援は、１９９９年までに１６８１億円に膨れ上がった。

銀行主導でセゾングループの解体が進められた。

1999年、東京シティファイナンスは清算。2000年7月、5538億円の負債を抱え、西洋環境開発が倒産した。この破綻《はたん》を機に、清二が一代で築き上げた西武百貨店、ファミリーマート、西友、無印良品ら100社以上におよぶセゾングループは解体の憂《う》き目にあう。

2001年、セゾングループは解散した。

グループの本丸である西武百貨店は2006年6月、セブン&アイ・ホールディングスに売却された。セブン&アイは2010年12月、感性劇場のキャッチコピーで華々しくオープンした有楽町西武を閉店した。

ホテル西洋銀座は2000年3月に東京テアトルの傘下に入った。同ホテルが入居する銀座テアトルビルの売却にともない、2013年5月、ホテルの営業を終了した。

有楽町西武につづいて清二の夢だったホテル西洋銀座も、銀座から姿を消した。

ピサ事件の深い闇

清二は経営者を引退後、辻井喬として精力的に創作活動をはじめた。

『父の肖像』など自伝的作品が多いが、ついぞ、書かれなかったテーマがひとつだけある。セゾングループの西武ピサが発火点になった「住銀・イトマン事件」との関わりである。

洗練されたフランス文化に憧れをもつ清二は、東京プリンスホテルの地階に高級美術品・宝飾品の販売店ピサをつくった。そのピサが「戦後最大の経済事件」といわれた住銀・イトマン事件の舞台となった。

筆者は『社長解任　権力抗争の内幕』『住友銀行暗黒史』で、住銀・イトマン事件を取り上げている。ピサにまつわる部分を両書から要約して紹介する。

〈1989（平成元）年11月、首都高速を走行中のイトマン社長、河村良彦《かわむらよしひこ》のクルマの自動車電話が鳴った。電話の主は黒川《くろかわ》園子。豪腕バンカーとして鳴り響く住友銀行頭取、磯田《いそだ》一郎《いちろう》の長女である。父親の寵愛《ちょうあい》を一身に受け、蝶《ちょう》よ花よと育てられた園子は、家庭におさまる良妻賢母のタイプではなかった。1982（昭和57）年7月、ピサに美術品担当の契約嘱託社員として入社した。セゾングループ代表の堤清二に磯田が頼み込んで入れたのである。

その園子の相談に乗ったのが、〝磯田の番頭〟を自任していた河村だった。

「じつはピサが買い付けを予定しているロートレック・コレクションの絵画類があるんです。イトマンさんで買っていただけませんでしょうか」と園子。「ぜひ、ご要望にそえるよう前向きに検討させていただきます」と答えて河村は電話を切った。

黒川園子からの一本の電話が、闇の仕掛け人たちがイトマンを足場に住友銀行に駆け上がっていく、きっかけをつくった。

河村は「ロートレックの買い手に心当たりがあるか」と、腹心の常務、伊藤寿永光《いとうすえみつ》に話してみた。河村の言を借りれば、「伊藤君はすぐに飛びついてきました」。

河村から一任を受けた伊藤は、定宿にしていた帝国ホテルの一室で黒川園子とピサの美術事業部長と会い、イトマンが16億円（実際は16億7００万円）で買い入れると言った。伊藤はピサとの交渉を終えた足で、同じ帝国ホテルに事務所を持っていた大物フィクサー、許永中《きょえいちゅう》に会い、68億円で転売することで話がついた（許は結局、ロートレック・コレクションは買わなかった）。

大型商談はまだまだつづく。許永中の美術館用にということで、イトマンはピサから4回にわたって絵画を買っている。それらの購入総額は128億円という気の遠くなるような金額である。だが、絵画は転売されず、イトマンの倉庫に山積みになったままだった。

絵画については、西武百貨店塚新《つかしん》店の家庭外商三課長で美術担当だった福本玉樹《ふくもとたまき》が作成した偽造の「鑑定評価書」が流出した。この課長は海外に逃亡した後、帰国したところを逮捕されている。交渉を担当したピサの美術事業部長が突然、心不全で亡くなるという、おまけがついた。

西武百貨店の関西事業部を担当する取締役は、塚新店の大口の得意先である許とたびたび会い、会食もしていた。

これらの絵画の取引の実態はどうなっていたのか。ピサに入ったカネはどこに消えたのか。西武百貨店もピサも首脳の関与を全面否定したが、当時から大きな謎だった〉（注19）

これが、清二がセゾングループの代表を退く遠因ではなかったのか、と一部で取り沙汰《ざた》されている。セゾングループ全体で1兆円を超えていた借入金の問題が表面化したことにより、1991（平成3）年、清二は引責辞任し、経営の表舞台から消えた。

結局、清二がピサ事件について語ることはなかった。墓場まで持っていったのかもしれない。

父に愛されたのは弟ではなく自分

〈世間では東急を近代的だとか大企業らしいなどと言っているが、どの企業も五島家のものではない。そこへいくとわしの事業は全部楠家のものだ。埼京電鉄（＝西武鉄道。引用者注）は上場しているが、それは形だけのこと、絶対の支配権はわしが一人で握っている。成り立ちが違う。経営の実態を知らない、近代かぶれの学者や記者ごとき軽薄才子《けいはくさいし》に惑わされてはいかんぞ〉（注20）

辻井喬こと清二の『父の肖像』は、西武王国を築いた堤康次郎の生涯を、息子（恭次）の視点で描いた伝記小説だ。作中の父・楠次郎（＝堤康次郎）が、後継者の清明（＝堤義明）にこう訓戒する。

〈「世間の評判は一切無視しろ。そんなもの、悪ければ悪いほどよろしい」〉（同注20）

この言葉は、康次郎が執念《しゅうねん》を燃やした王位継承の真の狙いを端的に示している。東急グループは総帥・五島昇《のぼる》亡き後、もはや五島家のものではなくなった。しかし、西武は堤義明がひとりで所有する。その王位継承の仕組みが牙《きば》を剝き、西武王国を崩壊に追いやることになるとは、康次郎は夢想だにしなかっただろう。

同書におもしろい表現がある。

〈楠次郎の企業集団は縁故者以外は採用せず、それも柔道部とか野球部という体育会系ばかりであった。その理由は次郎に言わせれば「秀才は謀反《むほん》を考える」という簡単なことであり、「商売に学問は要らない」という彼の信条もそれに加わっていた〉（同注20）

２００５年３月３日、東京地検特捜部は西武グループの総帥、堤義明・前コクド会長を証券取引法違反（有価証券報告書虚偽記載）容疑で逮捕した。

西武王国は最大の危機に直面した。

この事件をきっかけに、堤家の財産をめぐる骨肉の争いが勃発《ぼっぱつ》した。三男・義明に叛旗《はんき》を翻《ひるがえ》した四男・康弘、五男・猶二の陣営に、二男・清二も加わった。

「堤家の永遠の繁栄」を第一に考えた康次郎は、相続による株式の散逸や相続税の支払いを逃《のが》れるため、親会社にあたるコクド（旧国土計画）株式を役員や幹部の名義を借りて独占した。

康次郎の死後、後継者の義明が資産のすべてを引き継いだ。だが、「義明はあくまで財産の〝管理人〟であって、義明名義のコクド株式のうち、55％は自分たちが相続している」と異母兄弟たちが主張して裁判に持ち込んだのだ。

経営の第一線から身を引いてからは、西武グループの問題に口をはさまなかった清二が、なぜ、この問題に関与することになったのか。

清二を突き動かしたものは、晩年に書いた父の伝記小説『父の肖像』に込められている思いだった。青年期の自伝小説『彷徨の季節の中で』には、父に対する嫌悪、反抗が描かれているが、晩年の作は、まったく逆だ。『父の肖像』では楠恭次＝清二となっている。

〈私は父が世間の目にどんな男に見えていたのかを知ろうとしていくつかの伝記や人物論の類《たぐい》に目を通してみた。『雷帝・楠次郎』『巨星・楠次郎伝』『ピストル楠次郎』『泥にまみれた土地王』等々。そのいずれもが父の一面すら伝えていないように私には思われた〉（同注20）

暴君だった父に対する見方は、あくまでも優しい。父に愛されていたのは、異母弟の義明ではなく、自分なのだという、狂おしいほどの情念がほとばしり出ている。

そのため、清明（＝義明）を見る目は厳しく冷たい。〈清明とは駄目だった。その原因は言葉でうまく説明できない、匂《にお》いとか息遣いとか、咄嗟《とっさ》の時の表情の動きなどの違いで、言い替えれば直感としか言いようのない違和感があった〉（同注20）と書く。

〈「どんな機会を作ってやっても、それを活かせん奴がいるからな」。

と珍しく（次郎＝康次郎の）慨嘆《がいたん》する口振りが出た。

恭次はオヤッと思った。清明が次郎の意に沿わない失敗をしたのか〉（同注20）

〈次郎は、皆がだんだん成長してくると、それぞれにどういう役割を持たせたらいいかを考えるようになった。あくまでも一人一人が自分と直結していなければいけない。母親の系統で閥《ばつ》を作るようなことがあってはならないと次郎は考えた。腹は借り腹なのであって、女の存在はそれ以上のものではない。男の子ならば、将来何をするかはこのわしが秩序正しく決めるのだ、自由放埓《ほうらつ》は認めない。これは家長としての責任である。そう思うと次郎は清明の人物が小さいことが心配になってきた〉（同注20）

『父の肖像』は作家・辻井喬の名を借りて、清二が「堤家の家長は自分だ」と主張した作品なのである。

『最後の肉声』で、「凡庸《ぼんよう》な義明君に任せたのが失敗だった」と義明を切って捨てる清二の言葉は、「家長」の立場から発せられたものにほかならない。

側近たちは、清二と義明を仲直りさせようと仲介の労をとったが、徒労に終わった。

〈「（清二が）俺に会いたいのなら、今までの非礼を詫びて俺の前で土下座するのが先だ。土下座できないならば俺は会わない」〉（注21）

義明が清二を突き放したのである。

堤康次郎が未来永劫《えいごう》つづくことを夢見た西武王国は、異母兄弟の確執によって二代で終わりを告げた。

ポイント▼感性経営のあやうさ

1970年代、西武百貨店を核とする西武流通グループをユニークなグループたらしめたのは、新しい業態のパルコや無印良品という、まったく未知の分野を開拓したからである。

詩人経営者、堤清二の感性経営の成果と謳《うた》われた。

西武流通グループは1985年に西武セゾングループ、さらに90年には、西武の冠《かんむり》を外し、セゾングループと改称。同時に、生活総合産業へと転換した。消費に限らず「人びとの生活のあらゆる分野に密着した産業」と自ら規定した。

グループをたばねる中核的な組織として、1987年にセゾンコーポレーションが設立され、堤清二が代表に就いた。だが、バブルが崩壊すると、業績は急速に悪化していく。

1991年、堤清二はグループ代表を辞任した。「消費社会の正常な発展への寄与」——これが、堤が掲げるセゾングループの基本理念だったが、1980年代末からの日本の消費社会の変化は、堤自身の予想をはるかに超えるスピードで起こった。堤は「自分の感性では、消費社会の変貌《へんぼう》をとらえきれなかった」と告白している。

西武鉄道の堤家というブランドを暗黙の担保として急成長をとげたのだから、もともと砂上の楼閣《ろうかく》だったのである。そのうえに、堤清二のワンマン体制と華やかな企業イメージが重なり、破綻の大きな蕾《つぼみ》は上手に隠蔽《いんぺい》されていた。だが、それがバブル崩壊で一気に表面化した。

詩人経営者の感性経営は、バブルの徒花《あだばな》となって散った。

第8章　三光汽船——大バクチに敗れた世界一のタンカー会社

リスクに挑む果敢な経営で〝沈没〟

1985（昭和60）年8月13日、運航船舶の世界一の荷動き量を誇る三光汽船は、登記上の本社がある神戸地裁尼崎支部に会社更生法を申請して倒産した。負債総額は5200億円、海外船主や商社などに契約が残っている用船料の債務などを加えると1兆円を超える、当時わが国最大の企業倒産であった。

前日の8月12日、日本航空の東京発大阪行123便ジャンボジェット機が群馬県御巣《おす》鷹山《たかやま》付近に墜落した。乗員乗客524名のうち、生存者はわずか4名という航空史上未曾有《みぞう》の大惨事《だいさんじ》の前に、三光汽船の戦後最大の倒産は霞んでしまった。

8月13日午後零《れい》時15分、東京・有楽町の新有楽町ビルにある三光汽船東京本部の大会議室で、三光汽船の記者会見がおこなわれた。

6月末の株主総会で三光汽船の社長に就任したばかりの秋篠洋一《あきしのよういち》は、内ポケットから取り出したメモを読み上げた。

〈「更生法を申し立てるに至った原因は、（昭和）四十八年の石油危機に端を発した海運不況が長期化、泥沼化したこと。五十九年四月に作った再建三カ年計画で主力金融機関の全面的な支援をいただいたが、海運市況が一段と悪化し、不採算船が増大したこと。六十年三月期決算で三光本体で繰越損失が千六百八十三億円、連結ベースでは四百六十四億円の債務超過になったことの三点です。（中略）二百六十三隻のうち、百五十隻が航海中です。残り百十三隻は国内外で停泊しています。（中略）負債総額はグループ全体で五千二百億円。うち銀行への債務が四千二百億円を占めており、金融債務の多いことが特徴です」（注1）

全国紙は、実質的な負債総額は1兆円と報じた。残存年数のある用船契約があって、将来払うことになる用船料の金額を合算した数字だ。用船はチャーターともいい、荷主（用船者）が船舶所有者（運航業者）に貨物の輸送を委託する形態を指す。

三光汽船の盛衰は、その冒険的な企業家精神を抜きには語れない。

三光汽船は1934（昭和9）年、三光海運という、530トンの「さざなみ丸」を1隻《せき》運航するだけの会社からスタートした。その会社が日本でのタンカー保有シェア28％、世界の同4％を占める世界一のタンカー会社に昇り詰めた。株式時価総額は一時、新日本製鐵を抜き日本一になったのである。

三光汽船は、政治家・河本敏夫《こうもととしお》と経済学博士・岡庭博《おかにわひろし》がコンビを組み、強引ともいえる経営のカジ取りをしたことによって栄光を手にした。しかし、その一方で、リスクに果敢に挑戦する姿勢が三光丸を〝沈没〟させたのである。

河本敏夫と岡庭博の栄光と挫折《ざせつ》の航海を見ていこう。

反軍演説で放校処分となった河本敏夫

「世界のタンカー王」と呼ばれた河本敏夫は1911（明治44）年、兵庫県揖保《いぼ》郡神部《かんべ》村（のちの相生《あいおい》市那波野《なばの》）で、父・光《あきら》、母・たつの長男に生まれた。生家は戦国時代の豪族・赤松《あかまつ》一族の流れを汲む旧家で、代々、庄屋となり、父は村長や小学校の校長をつとめた地元の名士である。

旧制・龍野《たつの》中学（のちの兵庫県立龍野高校）から地元の名門・姫路高等学校（戦後、神戸大学に併合）にトップの成績で入学した。同級生に、のちに神戸市長になった宮崎辰雄《みやざきたつお》がおり、1級下にビジネスパートナーとなる岡庭博がいた。

同校で人生を決定づける事件を引き起こす。1929（昭和4）年の高校2年の夏、軍事教練が姫路の歩兵39連隊の演習と同じ場所でおこなわれた。

その昼休み、連隊の歩兵部隊が昼食をとっている前で、河本は、

「戦争はやるべきではない。関東軍と軍部の暴走は、絶対に阻止《そし》しなければならない」

と反戦演説をぶったのである。

駆け寄ってきた下士官に殴り倒され、河本は憲兵隊に連行された。反軍思想の持ち主として、学校に通知された。特別高等警察、いわゆる〝特高〟による思想弾圧が強化されはじめた時期である。

アカの処分を迫る軍の圧力に屈した学校は、河本の放校処分を決めた。同級生の宮崎辰雄が先頭に立って学校に抗議文を突きつけたところ、宮崎も放校処分となった。

河本は神部村の村長の父親からも勘当《かんどう》された。家を出た河本は大阪で港湾労働者や工員をしながら、反戦ビラを配ったり非合法の共産党グループと接触していたといわれている。

反戦活動を1年半つづけたが、「やはり大学に進むべきだ」と河本は考えた。実家に戻って、父親に頭を下げて進学しようとしたが、姫路高校から全国の大学に「札付きのアカ」という連絡が入っていて、簡単に入学できそうにない。

そこで、父親と親交があった日本大学出身で、郷土の衆議院議員だった原惣兵衛《はらそうべえ》の世話で1931年、

日本大学法文学部に入学した。原は河本を書生として住み込ませ、身元引受人になってくれた。アカの思想に染まった青年という烙印《らくいん》を押されていた河本は、これで大学の門をくぐることができたのである。

大学時代の河本は、新聞記者をめざして勉強に打ち込んでいたが、義兄が経営する三光海運の役員に名前を貸したことから、新聞記者になるという夢ははかなく消えてしまった。

関西の大手船舶会社、岸本汽船の監査役をしていた吉田市之助が、1934年8月に設立したのが三光海運である。社名の三光は、大阪府堺市の諏訪《すわ》ノ森《もり》にある名松・三光ノ松にちなんだ三光通りからヒントを得た。

三光は陽光、月光、星光の3つの天体の光を表す。姉婿《あねむこ》の吉田に頼まれ、学生の身で河本は取締役に就任したのである。事務所は大阪市西区の飯野海運の大阪出張所の一角に間借りしていた。

河本は1936年に日大を卒業したが、姫路高校を放校処分になった経歴がたたり、まともな就職先はなかった。姉婿のたっての頼みだったこともあって三光海運に正式に入社した。

海運業の知識はゼロだ。入社1年目は、日本海運集会所が募集した「世界海運戦とわが国トランパー(不定期船)の進路」という懸賞論文に応募するため、大阪・中之島《なかのしま》の図書館に通いつめた。100編近い応募のなかから、河本の論文は3等に入選した。

こうした経験を経て、河本は26歳の若さで三光海運の社長に就任した。1937年7月のことである。以来、1974年、三木《みき》武夫《たけお》内閣の通産大臣に就任するまで、社長空席の一時期を除き、社長の椅子に座りつづけた。

天津航路で当てるも、敗戦でゼロに

河本が社長に就任したときは、2隻の船舶(1隻は故障で係船中)と16人の乗組員、4人の陸上員という本当にちっぽけな会社だった。創業以来、赤字がつづき破産寸前だった。

社長に就いた河本は、翌38年に社名を三光汽船にした。三光海運は海運仲立業（海運ブローカー）が中心だったが、船舶の所有、就航に切り替えることにし、新しい船をつくる計画に着手した。

社長就任直後に、河本は姫路歩兵第3連隊に召集された。召集された人が定員をオーバーしていたため、1ヵ月後に除隊となった。そのまま兵役に服していたら、三光汽船は廃業していたかもしれない。

除隊した河本は5隻の新しい船をつくる計画を打ち出した。これが、大量に船舶をつくるスタートラインとなる。建造資金は野村銀行（のちの大和銀行）堀江支店が出した。三光汽船とメインバンク・大和銀行（のちの、りそな銀行）の付き合いはこのときからはじまった。

当時、日本から中国大陸への物資は天津港《てんしん》で陸揚げされていた。川が浅いので大型船では航行できない。1000トン前後の船にすれば直接、天津港に着岸できる。そこで河本は800トンクラスの新造船5隻を天津航路に投入した。

河本の読みが当たった。三光汽船の船はつねに荷物を満載する状態がつづいた。建造費140万円を瞬《また》く間に回収し、他社が驚くほどの利益を上げることができた。

河本が企業家精神の片鱗《へんりん》をみせた最初の決断だった。

1941（昭和16）年12月、真珠湾《しんじゅわん》攻撃で太平洋戦争に突入した。このとき、三光汽船の所有船は18隻（2万1000重量トン）に増え、小型船主では日本一となった。役所からの要請で、新造船の発注先である中田造船所の社長を引き受け、三光造船所に改称。上陸作戦用の船（上陸用舟艇《しゅうてい》）をつくった。

戦時中の1943年9月、河本は、日本興業銀行の若き調査部員をスカウトした。姫路高校の1年後輩の岡庭博である。

岡庭は1912（大正元）年、京都市に生まれた。姫路高等学校をへて、1935年に九州帝国大学

(のちの九州大学)法文学部に入学した。在学中に高等文官試験に合格したが、官僚の道は歩まず、卒業後、日本興業銀行に入行。調査部に配属され大阪支店に勤務していた。

河本に乞《こ》われ、三光汽船に取締役として入社した。河本32歳、岡庭31歳のときである。岡庭は財務担当役員として河本を補佐し、海運業界に一大旋風《せんぷう》を巻き起こすことになる。

1945(昭和20)年8月、日本は敗戦。三光汽船の船は40隻(5万8000重量トン)が撃沈され、船員の犠牲《ぎせい》者も300人におよんだ。13隻の船が残ったが、いずれも戦争中に買収した中古船や老朽《ろうきゅう》船ばかりだ。河本と岡庭はゼロからの出発を余儀《よぎ》なくされた。

計画造船を機に政界入り

ゼロから出発した三光汽船は、政治主導で再建にこぎつけた。日本の敗戦で潰滅《かいめつ》的打撃を受けた海運業界と造船業界を救済するために、政府は救済策の計画造船を打ち出した。

1947(昭和22)年9月、海運会社に対して船舶公団や復興金融公庫を経由して長期の低利融資を実施して、造船会社に計画的に船を発注させることで、対外貿易に必要な船舶を確保することにした。これは造船業界に新規受注をもたらすという一石二鳥の計画だった。

戦前まで中小型船を経営の柱にしてきた三光汽船は、これを機に大型の外洋船を運航する会社に変身することにした。しかし、中小の海運会社にすぎなかった三光汽船は、計画造船による割り当てを十分に受けられなかった。だから、1949年5月の株式の売買の再開と同時に、株式を大阪証券取引所に上場して、証券市場から直接調達した資金で新しい船をつくることにした。

〈自ら船舶を運航せず、大阪商船(国内海運2位の商船三井の前身の1社。引用者注)の系列下に入り、そこに船を貸して用船料を受け取るというオーナー(船舶提供者。同)会社の時代が三十四年まで続いた。現在のように自ら船を運航して、運賃収入を得るというオペレーター（運航。同）会社に復帰するのは、それ以降のことである。三光汽船にとって戦後の十数年間は、いわば雌伏《しふく》期であったといえる〉（同注1）

三光汽船の株式が上場された１９４９年は、河本が政界への初舞台を踏んだ年でもある。なぜ、政界に進出したのか？　計画造船の割り当てを十分に受けられなかったため、海運会社の経営には政治力が必要だと痛感したからでもある。同年1月の戦後3回目の総選挙に、河本は恩師・原惣兵衛の地盤を引き継ぎ、兵庫4区から、保守系野党の民主党の候補として立候補し、トップ当選を果たした。37歳だった。

47年の第2回総選挙では、民主党から田中《たなか》角栄《かくえい》や中曽根《なかそね》康弘《やすひろ》が初当選している。当時は保守政党も離合集散をくり返しており、１９５０年4月の国民民主党結成で、河本は三木武夫と出会う。その後、三光汽船の収益を親分の三木武夫にせっせと運ぶ金庫番となった。

自主独立を尊ぶ企業家精神

計画造船の実施により、各社の船舶保有量は１９５７年に戦前の水準を回復した。海運各社はタンカーや各種専用船へと多角化を進めていたが、１９６０年に池田《いけだ》勇人《はやと》首相が打ち出した所得倍増計画の達成に必要な船腹量の確保は不可能だった。

そこで、政府の海運造船合理化審議会は、１９６２年に支配船腹量１００万トンの企業グループを誕生させるための海運集約を発表。翌年、海運会社は日本郵船、大阪商船三井船舶、川崎汽船、山下新日本汽船、ジャパンライン、昭和海運を中核とする6グループに集約された。6グループが外航船腹量９３６万トンの90％を握ることになる。

集約を条件に認められた日本開発銀行の融資利子の徴収猶予《ちょうしゅうゆうよ》や利子補給率（利子の一部を政府が補助してくれる比率）の引き上げ、さらには日本の貿易量（輸出入）の増大により、海運市況は好転。急速に6グループの企業体質は改善に向かった。

1964年から実際に実施された海運集約にはほとんどの主要船主が参加したが、三光汽船だけはこれを拒否。補助金も受け取らなかった。

明治大学商学部教授の山口孝は「栄光から転落へ　三光汽船倒産への軌跡」（週刊エコノミスト）を企業家精神をキーワードに書き進めている。岡庭博の『社業回顧録』をもとに、企業家精神が端的に示された例を3つ挙げている。

ひとつが、戦前の華北航路と東亜海運による合同。

〈三光汽船は昭和一四年三月、天津航路を開発して大もうけするのであるが、政府は対華航路の国策統一をはかるため一四年、東亜海運株式会社を設立し、日清汽船、日本郵船など11社を参加させた。これは「わが国海運史上にみる一つの典型的な形態」と岡庭氏はいう。「各社の競争状態にある航路を政府の指導や圧力のもとに合併し、官僚などが初代社長となるが、その実権は郵商船（原文ママ。日本郵船の意味と思われる。引用者注）が握り、やがてその傘下《さんか》に入れるという方式である」と。三光汽船はこの合同に参加せず、天津航路で対抗して競争し大をなした〉（注2）。大成功したのだ。

ふたつ目が戦時統合。

〈昭和一七年四月から海運の国家管理がなされた際、三光汽船は合併、集約をがえんぜず（肯《がえ》んぜず。承服せずの意。引用者注）、二次運航実務者の指定に漏れている。岡庭氏は、同社の野武士的風格がここに浮き彫りにされているといい「当社は統制下にあってはいわゆる要領の悪さを発揮したのであって、戦争中に軍官僚と結んで巧みにのし上がったような企業とは対照的な性格を示している」と述べてい

る〉（同注2）

3つ目が戦後の海運集約に参加せず、一匹狼としての道を歩んだことだ。

河本が社長に就任して以来、一貫しているのは、異常なまでの船腹拡充に対する情熱である。政府の海運集約と補助に示される伝統的な海運政策のなかで、自主独立の立場を貫いた。その企業家精神が三光汽船を世界一のタンカー会社にまで押し上げたが、逆に、これが、倒産に追い込まれる原因ともなった、と山口は分析している。

株の仕手戦や船転がしに力を入れた岡庭博

国会議員として政界に軸足を移した河本に代わって、三光汽船の経営を仕切ったのが岡庭博である。1960年に常務、62年に専務となり、海運集約に参加せず、政府の統制を受けないという自由度の高さをフルに生かし、タンカーなど大型船の新造に力を入れたのである。

岡庭は1965年12月、京都大学で経済学博士号を取得した。学位論文は「海運産業構造の研究」。経済学博士号をもつ経営者が誕生したわけだ。河本の知恵袋、参謀《さんぼう》と呼ばれた岡庭は、その一方で〝三光証券〟の生みの親でもある。

海運市況に左右される海運業は、安定的な経営が難しい業種であった。三光汽船は1960年代に、荷主との長期的契約で経営の安定をはかろうとした。だが、コストがどんどん上がるのに、運賃は安いままに据《す》え置かれるという苦汁《くじゅう》をなめた。

長期契約にばかり頼っていては、海運会社の経営は、より厳しくなる。そこで、海運市況の変動をヘッジ（回避）するために、船舶や株式の売買をはじめた。

岡庭は海運業、船舶売買、株式の売買を経営の三本柱に据えた。海運市況の浮き沈みは激しい。業績が悪くなって、あわてて資産を切り売りするのでは、もう遅い。株の仕手戦や船舶転がし（転売）で、しっかり稼いで、不況に強い、筋肉質の会社にすることをめざした。

拙著『秘史「乗っ取り屋」』から要約して紹介する。

〈1970年代に、岡庭は兜町《かぶとちょう》の寵児《ちょうじ》に躍り出た。

1970（昭和45）年5月、東京・兜町の証券業者懇談会で、岡庭は異例ともいえる強気の発言をして、証券関係者を驚かせた。

「わが社は、昭和50年までに、資本金を5倍にし、2割配当を実現。そのために昭和48年までに運航船腹量を1500万トン、うち自社船を500万トンにする。これが実現すれば、株価は現在の6倍、500円をつけることになろう」

当時、年間配当8分（8％）で株価80円台、業界10位の三光汽船が、5年後には配当2割、株価500円、日本郵船、ジャパンラインに次ぐ、わが国第3位の海運会社になるとぶち上げたのである。

岡庭の仰天《ぎょうてん》発言は、海運業界では「大風呂敷のハッタリ」と黙殺された。この発言が、岡庭式錬金術の号砲だったことに、海運業界の人たちが気づくのは、もっと後になってからのことだ〉（注3）

時価発行増資をフル活用した錬金術

岡庭式錬金術が全貌《ぜんぼう》を現すのは1971年11月である。三光汽船は、3400万株の第三者割当増資を発表した。日立造船、川崎重工業、石川島播磨重工業などの造船各社が、一株460円で増資を引き受けた。この増資で三光汽船は156億円の現金（キャッシュ）を手にした。

造船会社にとって、海運会社は大事なお客様である。「株式の持ち合いをしたい」と言われれば断れない。造船会社に株式を持ってもらうために三光汽船は、証券会社名義で、造船株を買い漁《あさ》った。

1971年3月期に、三菱重工業5000万株、石川島播磨重工業2500万株をはじめ、日立造船、函館ドック、日本鋼管、川崎重工業、佐野安船渠《せんきょ》、波止浜《はしはま》造船の8社の株式、当時の時価で100億円以上の名義が、あっという間に三光汽船に書き換えられた。そのうえで、大株主としての威光をかさに着て、造船各社に第三者割当増資を引き受けさせたのである。

岡庭式錬金術の極意は時価発行増資にあった。

〈時価発行増資という当時としては目新しい方法を取り入れたのだ。それまでの増資といえば、額面の50円でおこなわれるのが普通だった。三光汽船の増資を契機に時価発行増資が大流行することになる。

時価発行（増資）を成功させるには、株価を引き上げなければならない。岡庭は、取引をする証券会社を選定するにあたり、競争原理を導入した。三光汽船の株式を扱った実績に応じて、取引量を決めたのである。三光汽船との取引を増やすには、証券各社は三光汽船株を扱わなければならない。自己売買では限度がある。証券会社は、三光汽船株の購入を顧客に勧めるようになる。

顧客に勧める口実に使われたのが、岡庭発言である。5年後に株価を500円に引き上げ、2割の配当を実施するという、あの発言である。人気に煽《あお》られ三光汽船株は、高値を追いつづけ、（71年）11月には780円をつけた。

自社株を吊り上げることに成功した三光汽船は、時価発行増資で156億円の資金を、易々《やすやす》と得た。

株価を吊り上げた後で、時価発行方式の第三者割当増資で資金を集めるというのが、岡庭が編み出した資金調達法。まさに無から有を生み出す、濡れ手で粟《あわ》の錬金術である〉（同注3）

〈岡庭式錬金術は、この1回にとどまらなかった。造船会社を引受先とする増資で得た156億円で、取引関係のある商社、銀行、損保の株式を買い集めた。そして1972年4月、第2回の第三者割当増資を実施し、330億円の資金を得た。

さらに同年12月には、第3回の第三者割当増資を断行。276億円を手にした。ダメ押しとして1974年1月に第4回の第三者割当増資をおこない、149億円をものにした。割当先の業種もそのたびに変えた。2回目は大和銀行など金融機関、3回目は伊藤忠商事が最大の割当先になった。そして4回目はふたたび造船会社を中心に割り当てたのである。

4回の増資でかき集めた資金は締めて911億円。1962年に、額面割れの12円の超安値をつけていた三光汽船株は、第三者割当増資をくり返すうちに2560円の高値にまでハネ上がった。じつに、200倍以上に株価は暴騰《ぼうとう》したのである〉（同注3）。

〈時価発行増資をフルに活用して資金を集めると、次には造船所の船台《せんだい》を押えて、船舶を大量に発注した。

その結果、三光汽船の運航船腹量は飛躍的に増大、10位前後にとどまっていたものが、一躍、日本郵船、ジャパンラインに次ぐ、国内第3位の海運会社に成り上がった。

岡庭は、大風呂敷のハッタリと見られていた発言を、みごと実現してみせた。〝三光証券〟の異名《いみょう》に恥じない岡庭マジックによって、彼は兜町のスターとなったのである〉（同注3）

ジャパンライン乗っ取りに動く

時価発行による第1回第三者割当増資を実施した1ヵ月後の1971年12月、三光汽船は証券会社名義にしていたジャパンライン（ジ・ライン）株式を自社名義に変更。発行済み株式の22・6％にあたる8000万株を保有する筆頭株主に躍り出た。名義を出したくない投資家は、証券会社の名義で株を買う〝名義貸し〟が珍しくない時代のことである。三光汽船は和光証券、三重証券、一吉証券、平岡証券の名義で買い集めていた。

ここから1年8ヵ月におよぶジ・ライン乗っ取り騒動の幕が切って落とされた。

ジャパンラインは1964年の海運集約によって、日東商船と大同海運が合併して誕生した海運会社である。その後、ジ・ラインと山下新日本汽船が合併してナビックスラインとなり、さらに、ナビックスラインと大阪商船三井船舶が合併して商船三井となった。海運集約会社の典型である。

三光汽船は株式の相互持ち合いを迫るため、造船会社の株を買い占めたが、同業の海運会社、ジ・ラインの株を買い占めた理由《わけ》は何なのか。

美《み》里《さと》泰《やす》伸《のぶ》は「週刊文春」に連載した「児玉誉士夫戦後事件史（第四回）」で、こう書いた。

〈三光が、ジ・ラインの株を買い占めに入るきっかけは、昭和四十五年、三光の河本社長とジ・ラインの当時の社長である故岡田修一氏が、両社の業務提携を話し合ったことだとされている。その具体策が、両社の株式の持ち合いで、三光は五％ずつを、ジ・ラインは三％ずつを主張したと言われている。

業務提携の狙いは、タンカー部門で海運業界第一位（ジ・ライン）と第二位（三光）の両社が手を結ぶことによって、タンカーレート（運賃）の低落を防ぐことにあると、当時は伝えられているが、真相は定かではない。裏では、株の操作利益を密約したという説も流れている。（買い占め説が流れれば株価が高騰し、その時点で売り抜ければ多額の株式売却益が得られる。公表されている株式以外に別の名義で買っておき、それを秘密裡に売ることだってできた。引用者注）

しかし、この提携話に対しては、運輸省が反対し、ジ・ラインのメインバンクである興銀（日本興業銀行）も反対したという。なぜなら、ジ・ラインは、三十九年四月、運輸省の海運集約化政策にもとづいて発足した中核六社の一社であるのに対して、三光は、集約化政策に反発して、政府の利子補給も断った一匹狼の会社だからである。つまり、海運行政に混乱をもたらす、というわけだろう〉（注4）

ところが、三光汽船は証券会社を使ってひそかにジ・ライン株を買い進めていた。「乗っ取り」と感じ取ったジ・ライン側は、三光汽船が保有しているジ・ライン株式の売却を求めた。だが、三光汽船側は業務提携を迫って、揺さぶりをかける。

その渦中《かちゅう》の1971年11月下旬、ジ・ラインの岡田社長が急逝《きゅうせい》する。新社長には、12月、土屋研一が就任する。

と同時に、新社長の土屋は、メインバンクの日本興業銀行に駆け込んだ。「財界の鞍馬天狗《くらまてんぐ》」と呼ばれ、新日本製鐵誕生の舞台裏で活躍した財界の大物である興銀相談役の中山素平《なかやまそへい》が仲介して、両社は交渉のテーブルについた。だが、4ヵ月後の1972（昭和47）年3月、中山はサジを投げる。

和解交渉が不調に終わるや、三光汽船はジ・ライン株をさらに買い進め、1972年9月末には、関係会社の東光商船、瑞東《ずいとう》海運名義の分を含め、ジ・ラインの発行株式数の41％にあたる1億4600万株を掌中《しょうちゅう》にした。

第三者割当増資という打ち出の小槌《こづち》を手に入れていた三光汽船は、資金調達に関してまったく心配していなかった。実際、その年末に、第3回の第三者割当増資を実施するわけだが、増資によって得た資金で、さらにジ・ライン株が買い増されれば、過半数を握られることになりかねない。乗っ取りの成功は時間の問題となった。

ジ・ラインの経営陣は土俵際に追い詰められた。

〈絶体絶命の窮地《きゅうち》に立ったジャパンラインの経営幹部に、朝日新聞社の編集幹部がこう示唆《しさ》した。

「もう普通の手段では無理ですよ。児玉《こだま》氏のような人物にでも頼まなければ」

ジャパンラインの社内では、児玉誉士夫《よしお》のごとき人物に仲介を依頼することに反対の声があがったが、社長の土屋研一が「河本原爆（三光汽船社長の河本敏夫のこと）に対するには児玉水爆しかない」と判断し、児玉に頼むことになった〉（注5）

児玉誉士夫は戦後最大のフィクサーであった。ウラ世界のもめごとの解決を頼める、よろず相談受付所の所長が児玉だった。経営者は児玉の名前を聞いただけで震え上がったが、その一方で、もめごとを解決するためひそかに児玉の力を借りた。

世界最大のタンカー・オペレーターであるジャパンラインのトップは、児玉誉士夫に交渉を一任したのである。

児玉誉士夫に渡された1億円

このとき、児玉誉士夫への橋渡し役をつとめたのが、曽根啓介《そねけいすけ》と水谷文一《みずたにぶんいち》である。曽根啓介は東京商大（のちの一橋大学）を卒業後、海軍主計中尉になった。復員後、証券会社に入り、東光証券の常務をへて独立、当時は株式評論家であった。

水谷文一は児玉と戦時下の上海《シャンハイ》時代からの付き合いだった。上海時代の特殊部隊は児玉の名前をとって〝児玉機関〟と呼ばれたが、水谷は児玉の下で水谷機関を率いていた。戦後は、児玉の側近としてさまざまな企業間のトラブルの解決に当たってきた。曽根は、ずっと昔から、株の買い占めによるトラブルが起きると、水谷に応援を仰いでいた。

水谷は、児玉を引っ張り出すことを依頼されたいきさつを、前出の美里泰伸にこう語っている。

〈そもそもは、曽根さんから、私を通じて児玉さんを引っ張り出してくれんかという依頼があったんです。

曽根さんは、当時ジ・ラインの専務だった松永寿さん（のちに社長。引用者注）とは、一橋（旧東京商大）の同期生という関係なんですね。

買い占めが表面化して以来、いろんなところが仲裁に入っても、河本さんが絶対に『ウン』と言わんから、これはもう児玉さん以外に仲裁者はないんじゃないか、というわけです。当時の日記をみますと、最初に話があったのは、四十七年の十月二日になってますね。

（中略）翌三日に、正式に曽根さんから、ジ・ラインの件、児玉さんに斡旋《あっせん》を頼む、という話が来たんです。そこで、私は、『よし、引き受けた』という返事をしましてね、五日にジ・ラインの本社で、土屋研一社長、松永専務と曽根さんの三人に会って、児玉さんに斡旋を依頼することを、（私が）正式に確約したわけです〉（注6）

1972年10月2日、水谷は、ジャパンラインの土屋研一社長、松永寿専務を、東京・世田谷区等々力《とどろき》の児玉邸に案内した。児玉は「自分が仲裁に入って、片付くかどうかについては確信はないけれども、よく勉強し相談し合いながら、この問題を片付けていきましょう。援助いたしましょう」と引き受けたという。

この日、水谷は、ジャパンラインから預かった唐草模様の風呂敷に包んだ1億円を持参した。それとは別に、曽根と水谷には行動費として5000万円の小切手が渡された。

〝爆弾男〟楢崎弥之助を使って政治問題化

東京・銀座の塚本素山《つかもとそざん》ビル3階の児玉事務所が、対三光汽船の作戦本部となった。

児玉が仲裁を引き受けて、まず使ったのが、中曽根派の大物代議士・稲葉修《いなばおさむ》。彼を使者に立て、代議士仲間の河本敏夫の説得にあたらせたが、これは不調に終わった。

児玉が次に使ったのは、野党による国会質問。ジ・ライン買い占めを政治問題化して、事件にすることだった。このとき、国会で質問に立ったのは、〝爆弾男〟の異名をもつ社会党の楢崎弥之助《ならざきやのすけ》であった。

1973年2月27日、衆院予算委員会。三光汽船に株価操作の疑いがあるとして爆弾質問を開始した。

〈三光汽船が一九七一年一一月から七二年一一月の一年余の間に三回も行った時価発行による第三者割当増資により、七二〇億円のプレミアム（額面以上の株価で発行した超過分を指す。引用者注）を取得した裏側に株価操作や、手持ちの船舶の価格を吊り上げ、資産を膨《ふく》らました〝粉飾決算〟の疑惑があるとして、政府に迫った。

「一方（ジャパンライン）は政府が補助している集約会社でしょう。それがもう半分も食われているのですよ。これは非集約会社（三光汽船）の、政府の海運行政に対する挑戦と見なされないこともないですよ。しかも、三光汽船の社長は、もういわずと知れた元大臣。だから、もし、海運政策に対する挑戦だったら、私は国会でやるべきだと思うのですよ。政治家であるだけに。だから、この辺は非常に重大だから、こういう状態を目の前にして、一体運輸大臣としてはどういう姿で解決されるのが好ましいとお思いですか、と聞いておるのですよ」

野党第一党の〝爆弾男〟の発言で、三光汽船によるジ・ライン買い占めは政治問題になった〉（注７）

このときの三光汽船攻撃のデータは、「ロッキード事件」の発覚後、「児玉側から出た」と公然と言われるようになった。

その調査活動をおこなったのが、ほかならぬ水谷文一と曽根啓介なのである。三光汽船に買い占めを断念させるには、それなりの攻撃材料をそろえておく必要があったからだ。

水谷は、三光汽船が取引先の住友商事と組んで、ペーパーカンパニーを介した〝船転がし〟による粉飾決算をしていたと暴露した。曽根啓介は「あのときほど夢中になって働いたことはない」と述懐するほど、三光汽船の時価発行増資の疑惑を徹底的に洗った。ズバリ、三光汽船による自社株操作の疑いだった。

〝児玉機関〟は、スキャンダルを次々と暴露していく。それが国会で取り上げられ、マスコミが書き立てた。その結果、河本は窮地におちいった。

そごう・水島廣雄が和解交渉をまとめる

児玉が、そごうの水島廣雄《みずしまひろお》を交渉人に担ぎ出した経緯は、水谷によると、こうだ。

〈私が、三光が動揺しているという噂を聞いたのは、ヒョンなところでなんです。河本氏の息子（銀座のプレイボーイといわれた長男の河本東光。引用者注）が、銀座で遊んでいた時がありますね。彼が、ジ・ラインの件で三光が参っていると言ってるという話が、私の知人に伝わって来たんです。（中略）そこで、この時期だと思って、児玉先生に言ったんです。直接、先生が行ったんじゃ、向こうもウンとは言いにくいかも知れないから、然《しか》るべき人を仲介に立てていただいた方が、よろしいんじゃないですかと。それを言ったのが、（七三年）三月の初めです。

そこで先生と太刀川《たちかわ》さん（太刀川恒夫《つねお》秘書。引用者注）と曽根さんと僕が、野村証券の瀬川美能留《せがわみのる》会長の自宅に相談に行ったんです。

その時、瀬川さんから、そごうデパートの水島廣雄社長を使者に頼むのがよいというアドバイスを受けたんです。ジ・ラインは興銀系だから、興銀ＯＢの水島さんが良かろうということですね。三光の株式買い占め参謀の岡庭博専務も興銀ＯＢですし……。

それで、先生以下四人でそごうの本社に行きましてね。社長室で、こういう事情だから、と説明して、使者に頼んだんです。水島さんもフィクサー的なことが好きなんでしょうね。すぐに引き受けてくれて、では、岡庭に、となったんです〉（注8）

水島が仲介して、三光汽船とジャパンラインの和解交渉は決着した。このあたりの詳細は、第5章のそごうの項で取り上げている。

１９７３年4月24日、児玉誉士夫、そごう社長・水島廣雄の立ち会いのもと、三光汽船の社長・河本敏夫とジャパンライン社長・土屋研一が和解の協定書に署名・捺印した。

内容は、
①三光汽船保有株の1億4500万株のうち1000万株を残して売り戻す。
②ジャパンライン側の買い取り価格は一株380円。
③両社は業務提携を進める——であった。
最終的な和解で、三光汽船は一株300円前後で買い集めた株を、ジャパンライン側に380円で引き取らせたわけだから、100億円の売却益を得た計算になる。

ジ・ライン事件には後日談がある。同社には、児玉側から曽根啓介が指南役として送り込まれていた。事件落着後、社長の土屋が退任し、曽根の友人で専務の松永が社長に就いた。

曽根にはこんな秘策があった。松永が社長のうちに自分が取締役に就き、頃合いを見計らって、友人の平和相互銀行会長の小宮山英蔵《こみやまえいぞう》を、ジ・ライン社長か会長にするシナリオを練っていた。戦後、屑鉄商《くずてつ》から成り上がった小宮山は、一流企業のトップになり、財界人として認知されることを望んでいた。

だが、松永は曽根の背後にいる児玉グループの介入を拒否。その松永も社内の内紛《ないふん》で失脚し、曽根が考えていた乗っ取り計画はご破算となる。

ジ・ラインは、日本興業銀行の管理会社となり、海運再編のカードとして、最終的には商船三井に組み込まれた。

底値でつくって高く転売する「船転がし」

三光汽船が急成長する転機は、政府主導で展開された1964年の海運集約であると書いてきた。三光汽船は集約への参加を拒否し、自主独立の道を選び、経営のフリーハンドを確保した。

実際に海運集約がはじまった1965年からジャパンライン事件をはさみ、第一次オイルショックの1

973年までが三光汽船の黄金時代である。集約参加企業が計画造船の割り当てなど、さまざまな制約にしばられているあいだに、三光汽船は独力で船舶を建造し、船隊を倍々ゲームで増やしていった。

日本は奇跡ともいわれる高度成長をなし遂げ、石油、鉄鉱石、石炭、木材などの需要（輸入量）が爆発的に増えたから、海運会社もわが世の春を謳歌《おうか》した。

三光汽船は高度成長の申し子であった。運航船腹数は、アウトサイダーの道を歩みはじめた1966年3月期は22隻、40万重量トンにすぎなかった。それがピークの1977年3月期には、316隻、2520万重量トンに拡大した。わずか11年という短いあいだに、船腹数は14倍、重量はじつに63倍になった。すさまじいまでの拡張ぶりである。

河本敏夫＝岡庭博の三光汽船の経営陣が主役に据えたのが、タンカーである。1966年、67年と日本石油（17年4月に東燃ゼネラルと経営統合してJXTGホールディングス）系の東京タンカー向けに、当時としては、世界最大の15万重量トンのタンカー2隻を就航させた。

昇竜の勢いで急成長を遂げた三光汽船を、メディアはこう評した。

〈四十二年六月に中東戦争が勃発《ぼっぱつ》してスエズ運河が封鎖される事態が続くと、アフリカ南端の喜望峰《きぼうほう》回りでペルシャ湾から欧州向けに原油輸送が切り換わり始め、二十万重量トン以上の大型タンカー（VLCC）時代に突入した。三光汽船は常に日本最大のタンカーを建造、テキサコ、エクソンなどメジャー（国際石油資本）はもちろん出光興産、昭和石油（当時）などわが国の石油大手の原油輸送を担っていた。河本は四十三年、佐藤内閣の郵政相に就任したため、社長の座を下りるが、一年余りで大臣をやめ、再び社長に復帰する。

四十五年からタンカー市況が高騰し、海運業界全体がおよそ一年間、活況に沸《わ》いた。この頃、三光汽船は月二隻ずつ（新しい）船舶を就航させており、河本は、四十八年に船舶量一千万トン、五十二年に

二千万トン体制にするとぶち上げていた。これによって世界の海運会社の頂点に立つ目論見《もくろみ》があった〉（注9）

三光汽船の〝投機的商法〟として名高いのが、船舶の大量発注である。その代表例が1972年からはじまった73隻の中型タンカーの建造だった。

1970年5月、岡庭博が、わが国第3位の海運会社になるとぶち上げたことは前に述べた。時価発行による第三者割当増資で新しい船の建造資金を調達する岡庭式錬金術は、〝三光証券〟と異名がつくほど有名になった。

海運市況には周期性がある。悪いときはどうしようもないが、いずれ時期がくれば市況は回復し収益が上がる。当時、海運市況は下落しており、これにともなって、新造船の発注は急減していた。

ここに目をつけた河本と岡庭は、新造船の価格が底値にあると判断し、8万〜9万重量トンの中型タンカーを大量に発注した。海運市況が回復したとき、欧米の業者に貸し出す一方、転売して大きな利益を得ることを狙ったのだ。タンカーが主力のジャパンラインの乗っ取りを仕掛けたのは、タンカー会社として世界のトップシェアを確保するためでもあった。

1972年12月、第4回目の第三者割当増資を実施したのにともない、12月28日、三光汽船の株価は2560円の最高値をつけ、株式時価総額（株価×株式の発行総数）は新日本製鐵を抜いて日本一となった。

オイルショックをものともしない〝逆張り商法〟

あとから振り返ると、1973（昭和48）年が大きな転換点となった。これ以降、〝三光証券〟の輝きは急速に色褪《いろあ》せていく。同年11月、第一次オイルショックが起きた。タンカー市況は大暴落、海運市況は泥沼状態におちいった。

皮肉にも、河本・岡庭の超積極策が数字として実ったのは第一次オイルショックの後なのである。1974年3月期の売り上げは1・5倍となり、1000億円の大台に乗せた。経常利益は269億円で過去最高を記録した。運航船腹量は1000万重量トンを突破した。

同年6月、岡庭は専務から副社長に昇格した。オイルショック後にもかかわらず、彼はタンカーの大量建造計画を見直すことをしなかった。8万～9万重量トンの中小型タンカー56隻を1977年までのあいだに集中建造した。海運市況は、いつものように、すぐに回復すると読んだからだ。

74年11月、三木武夫内閣が成立。河本は通産大臣に就任した。「政経分離」の方針に基づき、河本は三光汽船の社長を辞任。後任の社長にメインバンクである大和銀行の専務だった亀山光太郎が就任した。以後、河本は政治に専念し、表面上は経営とは無関係ということになった。

1977年3月期、運航船腹量316隻、2520万重量トンで過去最高を達成した。

1979年、第二次オイルショックが勃発した。日本経済は、第二次オイルショックで、完全に低成長経済に突入した。第一次オイルショックがボディーブローのように効いていたなかでの第二次オイルショックの襲来である。高度成長時代は終わり、高度成長の申し子の〝三光丸〟は荒波に洗われることとなる。

1981年6月、岡庭は会長に就任、社長には吉田寛がなった。三光汽船の前身の三光海運の創業者、吉田市之助の長男で、河本敏夫の甥《おい》にあたる。銀行からお目付役として社長に送り込まれていた慎重居士《しんちょうこじ》の亀山光太郎が去り、岡庭ら経営陣は、得意の〝逆張り商法〟へと回帰する。

バラ積み船大量建造という大バクチが外れる

岡庭博は、将来、海運業界はタンカーから貨物船、ドライカーゴ（液体貨物を除いた通常貨物）に移るという中期展望を立てていた。この変化を積極的に先取りするために、125隻ものバラ積み貨物船の建造計画を推進した。バラ積み貨物船は梱包されていない穀物、鉱石、セメントなどを輸送する、比較的に安価で中小型の貨物船をいう。

この大量の船舶建造の資金調達のために、またまた、時価発行増資をおこなった。1983年5月、1億株の第三者割当増資で240億円を調達。同年10月、1億4000万株の第三者割当増資で322億円を手にした。

三光汽船は時価発行増資をする場合、造船所に増資新株を割り当てて資金調達をはかり、その造船所に船を注文する方式をとった。石川島播磨重工業、三菱重工業、三井造船、川崎重工業、日立造船といった大手造船会社のほか、来島《くるしま》どっくなど中小造船会社にも三光汽船株式を割り当てた。1970年代に〝三光証券〟の異名をとった当時とまるっきり同じ方法で、しかもスケールアップしていた。

三光汽船は造船所だけでは足りないと考えて、商社に協力を求めた。商社自身が貨物船を建造するか、商社系のリース会社が大量建造する。その船を三光汽船が10年間の長期用船契約で借り受ける。

お堅いことで知られ「石橋を叩いても渡らない」と揶揄《やゆ》された住友商事は、当時の社長の植村光雄《うえむらみつお》が河本と姫路高校の同窓生という縁で、このディール（取引）に乗った。三菱商事、三井物産、伊藤忠商事は三光汽船の大量発注を危険な賭けと判断し、契約しなかった。大手商社の三光汽船に対するスタンスが大きく分かれたわけだ。

海運集約の立役者だった元東京大学教授の脇村義太郎《わきむらよしたろう》は、「週刊エコノミスト」に『三光汽船の破綻《はたん》が残した教訓』と題して、次のような談話を寄せている。

〈メーンバンクの三銀行（大和銀行、日本長期信用銀行、東海銀行）が融資を渋ったのに、三光汽船は時価発行増資を続けざまにやったということです。それにしても、取引先企業が時価発行増資をやるという場合には、メーンバンクはその大量建造計画を当然知っているわけで、どうして、それを実施させたのかと、いろいろ聞いたら、岡庭博会長や秋篠洋一社長（83年当時の社長は磯村慶　。引用者注）ではなく、やはり河本敏夫氏自らがメーンバンクの首脳部を説得して時価発行増資をやったのだということだった〉（注10）

日本で船をつくる場合、ふたつの視点から当否が判断される。ひとつは技術的にみて航海に耐えうるかどうかという安全性の観点からの判断。もうひとつは、国民経済的にみて、その船をつくることがいいのか悪いのかという視点である。

〈基準がまったくあいまいだから、運輸省の事務当局としては、ああ、これは河本氏のところの船だということになると、許可せざるをえない。河本氏の顔色を見る。要するに、運輸省の事務当局は「国民経済的」な判断よりも自分の地位を守るためにハンを押したということだと思う〉（同注10）

銀行の首脳と運輸省の事務方は、河本の顔色をうかがい、〝忖度《そんたく》〟をして中小型バラ積み貨物船の大量建造にゴーサインを出していたわけだ。

だが、２匹目のドジョウは、どっこいいなかった。海運市況の底値のときに大量建造し、海運市況の回復を待って転売して利益を上げるというシナリオは、空振りに終わった。

海運市況は長期に低迷がつづいた。三光汽船の最終損益は１９８３年3月期が５６０億円の赤字、84年同期が５５０億円の連続赤字となる。巨額赤字がつづいた結果、累積損失は９９９億円に膨れ上がった。

河本と岡庭は、１２５隻ものバラ積み貨物船の大量建造というイチかバチかの賭けに出たわけだが、ふたりが最も得意とする〝大バクチ商法〟は完全に外れた。墓穴を掘り、結局、これが経営破綻の引き金を引いた。

銀行も運輸省も海運業界も見放した

三光汽船の破綻は株価暴落からはじまった。1984（昭和59）年12月21日、前日118円だった三光汽船の株価は、朝方から売り物を浴びズルズルと下がった。一時、23円安の95円まで下げた。香港筋から「三光がいよいよ危ない」というウワサが伝わり、株式市場はパニック状態となった。売りが売りを呼び、株価は歯止めを失った。

年が明けても、株価の下落に、まったく歯止めがかからなかった。1985年2月1日、三光汽船株は63円の安値をつけた。三光汽船株の額面は50円である。喫水線《きっすいせん》スレスレの株価となり、経営危機説が公然と語られるようになった。

第三者割当増資を引き受けた造船会社は、三光汽船株が紙切れになる前に、採算を度外視して売り逃げすることにした。これは、株式市場がいち早く、事実上のデフォルト（破産）を宣告したことに等しかった。

1985年3月決算で、三光本体で繰越損失が1683億円、連結ベースで464億円の債務超過におちいった。三光汽船に引導《いんどう》を渡したのはメインバンクの大和銀行である。

〈六十年八月八日早朝。三光汽船の主力銀行、大和銀行頭取の安倍川澄夫は同社の事実上のオーナーである河本敏夫国務相に会った。

安倍川　主力銀行として三光汽船をなんとか再建しようと努力してきました。でも、もう限界です。当行と日本長期信用銀行、東海銀行の三行で続けてきた不足資金の融資は八月末からできなくなると思います。

河本　まあ、待って下さい。運輸大臣（山下徳夫《やましたとくお》）が海運業救済策を検討している。その対策は数日中にまとまる。それを聞いてから決断してもいいでしょう。

安倍川　わかりました。山下大臣に会って、海運救済策の内容を聞いてみましょう〉（注11）

しかし、運輸省は三光汽船の救済に動かなかった。

〈「三光汽船は我々と違って国の指導した海運集約体制に入るのを拒《こば》み、独自の行動をしてきたではないですか。それが経営が苦しいからといって、いまごろ国に泣きつくなんて土台、筋の通らない話ですよ」

三光汽船と、その主力銀行など三行がこの春、運輸省に経営支援を求めたとき、海運業界の首脳はこう言って顔をしかめた〉（同注11）

銀行、運輸省、海運業界に見捨てられ、四面楚歌《そか》のなか、三光汽船は1985年8月13日、会社更生法を申請して、事実上、倒産した。

1985年12月、海運造船合理化審議会は、集約体制の解除を答申した。河本敏夫と岡庭博が主張してきた海運集約体制の解除は、20年かかってやっと実現したことになる。

海運集約化のアウトサイダーとして急成長した三光汽船は、集約体制の解除とともに、沈没した。なんとも皮肉な結果である。

倒産で政治生命を絶たれる

三光汽船の倒産後、倒産にいたった原因について、さまざまな分析がなされた。

来島どっく社長の坪内寿夫《つぼうちひさお》は、「文藝春秋」で内藤国夫《ないとうくにお》のインタビューに、こう答えている。経営者の視点での分析だから説得力がある。

〈――なんで倒産したと思いますか。

坪内　銀行がもう金を貸さんようになったからですよ。銀行に見放されたんじゃ。

――なんで銀行は見放したんですか。

坪内　これ以上貸しとっても、もうなんぼでも負債が増えるからですよ。赤字を止められん体質になっておったのじゃろう。タンカーは、いま採算が合わんからね。郵船（日本郵船）なんかタンカーを早く売ってしまった。河本さんはタンカーを処分する時期を失した。三光汽船には、いまタンカーが多いでしょう。こりゃ損です。命取りになる。（中略）

——坪内さんの常々説く〝退却〟を三光汽船はタンカーで怠《おこた》ったんですね。

坪内　そうです。郵船は早く退却した。愚図愚図《ぐずぐず》しとったらいかんのよ。パッと退却しなくちゃあ。遅れると、もうタンカーの買い手がなくなるわ。市況が悪いから、スクラップにするしかないでしょう〉（注12）

飽くことを知らない船腹量の拡大を追い求めたがゆえに、退却という二文字が河本の辞書にはなかったという、坪内の見立てだ。

来島どっくは2000万株、46億円の第三者割当増資に応じる一方で、バラ積み船25隻の建造を三光汽船から引き受けていた。三光汽船の倒産で株券は紙切れになり、これが来島どっくグループが解体に追い込まれるきっかけになったことは、第3章の佐世保重工業の項で述べたとおりである。

オーナーの河本敏夫は第二次中曽根康弘内閣の沖縄開発庁長官であったが、三光汽船倒産の責任を取る格好で辞任に追い込まれた。この倒産劇は、河本の政治生命を絶った。

河本は三木武夫から引き継いだ派閥を河本派に衣替《ころもが》えして、政権獲得《かくとく》に意欲をみせていたが、1989年の自民党総裁選への出馬を見送った。河本派が擁立《ようりつ》した海部俊樹《かいふとしき》が自民党総裁に選出され、第76代の総理大臣になった。

1996年の第41回衆議院議員選挙を前に、河本は47年間つとめた衆議院議員を引退した。後任には三男の河本三郎《さぶろう》を据えた。

2001年5月24日、心不全のため東京・新宿区信濃町の慶應義塾大学病院で死去した。89歳だった。

7月18日、地元の兵庫県相生市の市民会館で自由民主党・河本家の合同葬がいとなまれた。葬儀委員長は小泉純一郎《こいずみじゅんいちろう》自民党総裁、喪主は河本三郎がつとめた。

河本は、寡黙《かもく》で謹厳《きんげん》、めったに笑顔を見せないことから、タイの王族ワンワイタヤーコーン・ワラワンにちなんだとされる「笑わん殿下」の仇名《あだな》で知られる。

岡庭博は三光汽船が会社更生法の開始決定を受けた1986年1月31日に、三光汽船の会長を辞任した。その後は、兜町に近い人形町に事務所を構え、得意の株式投資をやっていた。その一方で海運史の著述に専念した。2004年2月20日、岡庭は脳腫瘍《のうしゅよう》のため、91歳で亡くなった。

更生を果たすも2度目の倒産へ

会社更生法を申請した三光汽船のその後について触れておこう。

1986（昭和61）年1月、会社更生法の開始決定を受けた三光汽船は、従業員の削減と船舶の売却の経営合理化を進め、1998年2月、更生計画を9年繰り上げて更生手続きを終結した。

外航海上運送会社として、世界の荷動きに対応した三国間輸送に重点を置く会社に生まれ変わった。中国経済の拡大による鉄鉱石輸送が拡大、2008年3月期の売上高は2293億円。海運大手3社（日本郵船、商船三井、川崎汽船）に次ぐ中堅の海運会社として生きる道を摸索し、東証への再上場を検討していた。

しかし、リーマンショックに端を発する世界的な経済の収縮を受け、三光汽船はふたたび経営危機におちいった。2011年3月期の売上高は1255億円にとどまり、157億円の最終赤字。12年同期の売上高は996億円に落ち込み、純損失は1104億円に達した。

短期的な資金繰りに窮《きゅう》したため、2012年3月9日、船主、造船所、海外金融機関に対し、同日以降の支払い代金の繰り延べを要請、3月15日に事業再生ADR（裁判外紛争処理）を申請した。ADRは裁判所での民事調停や民間団体の斡旋《あっせん》、仲裁などを含めた、訴訟によらない紛争の解決手段の総称である。ADR法（裁判外紛争解決促進法）は、2007年4月1日から施行された。再生計画に対してすべての金融機関が納得すれば、返済の先送りが認められる。

3月29日、全取引金融機関を対象にした第1回債権者説明会には、新生銀行や三菱東京UFJ銀行、三井住友銀行など10行が参加。事業再生案を決議する債権者会議終了時点（7月3日）までの借入金元本の弁済の一時停止について承認を得た。

だが、事態は急変する。5月初旬、自社船「さんこうみねらる」が米東部沖で海外船主に差し押さえられたのだ。4月時点で185隻ある運航船の約8割を国内外の船主から借りていた。3月9日、用船料の繰り延べを求めたことに、ノルウェーやギリシャの船主が反発、差し押さえの挙に出たのである。

差し押さえの動きが広がるのを懸念《けねん》した荷主離れが加速した。さらに貸してもらっていた船の引き揚げが続出。運航する船は150隻にまで減り、引き受けた貨物を輸送できない事態となった。

再生計画のメドが立たなくなったのである。7月3日の第2回の債権者会議に再生計画を提出できなくなり、自力での再建を断念した。

三光汽船（東京・千代田区、松井毅社長）は2012年7月2日、東京地裁に会社更生法を申請した。負債総額は1558億円。2度目の経営破綻となった。

三光汽船は2014年12月2日、東京地裁より会社更生手続き開始の決定を受けた。これも2度目のことである。スポンサーの米ヘッジファンド、エリオット社から出資・融資を受け、海運事業の採算の改善と債務の弁済のめどが立ったと説明した。

ポイント▼投機で成功した経営者はいない

三光汽船の経営は、とどのつまり投機商法だった。

ふたつの大きな特徴があった。ひとつは自民党の大物政治家、河本敏夫が社長をつとめ、政界と深い関わりをもっていたこと。もうひとつは経済学博士の肩書をもつ岡庭博が経営を裏で支えてきたこと。絶妙なコンビぶりを発揮。大阪の小さな船舶会社を日本の海運業の2割のシェアを占める大会社に飛躍させた。

ふたりに共通していたのは大博打を打てることだ。「他社と同じことをやっていては成長できない」――国が主導した海運の集約化を拒み、規制に縛られない道を選んだことから、〝異端児〟と冷たい視線を浴びた。それだけ、ふたりの経営者はバイタリティーがあったのだ。

海運業、船舶売買、株式売買を経営の三本柱に据えた。だが、船舶の転売や株取引は一発勝負。勝ち負けがはっきりする。見方によっては実業とは遠い地平にあるビジネスだ。

海運再編に背を向け、一匹狼を貫き通した三光汽船は、最終的に運輸省、銀行、総合商社、海運業界から見捨てられた。四面楚歌のなか、会社更生法を申請した。

10回博打を打ったとしよう、たとえ9回成功したとしても、最後の1回で読み違いをすれば、結局、勝ったことにはならない。ドボンである。

河本、岡庭の大博打商法は、敗れるべくして敗れたのである。

第9章　シャープ――エセ同族経営が招いた天国と地獄

超強気の中計は鴻海の焦りか

シャープの業績が急回復してきた。台湾の鴻海《ホンハイ》精密工業傘下《さんか》で進めた構造改革の効果が現れてきた。

２０１７年３月期の連結決算の売上高は、前期比16・７％減の２兆５０６億円と３期連続で減少したものの、営業損益は６２４億円の黒字（その前の期は１６１９億円の赤字）と３期ぶりに黒字に転換した。純損失は２４８億円の赤字。前期（２５５９億円の赤字）と比較すると、赤字は10分の１以下に縮小した。

業績の好転を受けて、超強気の中期経営計画を打ち出した。中計の最終年度の２０２０年３月期の売上高は３兆２５００億円、営業利益１５００億円という目標を掲げた。２０１７年３月期に比べて、それぞれ１・６倍、２・４倍である。過去のピークは、売上高が２００８年３月期の３兆４１７７億円、営業利益は２００７年３月期の１８６５億円だったから、最高の業績に迫る挑戦的な計画を策定したことになる。

鴻海精密工業から送り込まれた社長の戴正呉《たいせいご》は、「早期の黒字化と東京証券取引所第一部への復帰」を公約に掲げた。

次は東証一部への復帰だ。

シャープは2016年8月1日、東証一部から同二部に降格になった。液晶事業の不振から同年3月期は2559億円の赤字（その前の期は2223億円の赤字）となり、312億円の債務超過におちいったためだ。

台湾の鴻海精密工業に買収されることが決まっており、7月に新たな経営体制をスタートさせる方針だったが、中国での独占禁止法の審査が遅れて間に合わず、二部に降格の憂《う》き目にあった。2017年3月末までに債務超過状態を解消できなければ、上場廃止になる、ギリギリの局面を迎えたわけだ。

中国の審査がようやく終わり、8月12日、鴻海精密工業から3888億円の出資金の払い込みが完了したと発表した。鴻海は議決権ベースで66・07％のシャープ株式を確保。シャープは鴻海の子会社となり、債務超過（6月末時点で853億円）も解消された。

翌13日、臨時取締役会を開き、新社長に鴻海副総裁の戴が就任した。

戴はシャープの社長に就任すると、原材料から物流まで、従来の取引先や、もろもろの契約を一から洗い直した。経営の意思決定を早め、業績の貢献度に応じて賞与に最大8倍の差をつけるといった具合に、信賞必罰《しんしょうひつばつ》を徹底。鴻海流の改革を進め、1000億円あまりのコストを削減した。

2017年6月、東証一部への復帰に向けて手続きを申請。2018年3月までに復帰をめざす。ムダを削って利益を出したが、今後の課題は右肩上がりの成長軌道を描けるかどうかにかかっている。

中期経営計画の眼目《がんもく》は、液晶テレビを中心とした家電メーカーからの脱皮。新しい技術をテコに人工知能（AI）やモノのインターネット（IoT）、次世代の超高精細画質の「8K」技術を発展させる方向性を示した。

具体的な数字を示そう。現在の主力であるテレビ、スマートフォン用液晶パネルは1兆円以上（2017年3月期の売り上げは8420億円）としたが、伸びを20％弱と低く抑えた。白物家電、太陽電池、I ｏＴを使った家電サービスは１兆円以上（同５５０６億円）と１・８倍、カメラ用部品や車載関連部品は８０００億円以上（同４１３６億円）と１・９倍である。複合機、業務用ディスプレイ、工場の自動化支援は４５００億円以上（同３１７７億円）と１・４倍だ。

やたら強気の目標ばかり目立つが、この数字を達成する具体的な道筋を示せたわけではない。超強気の中期経営計画は鴻海の焦《あせ》りと裏腹の関係にある、といった辛口の見方もある。

ＩｏＴは日立製作所やパナソニックの日本の大手電機メーカーに加え、米アップル、グーグル、マイクロソフトなど世界のＩＴ企業がこぞって力を入れている分野だ。ここ数年の経営危機で、優秀な技術屋が多数流出してしまったシャープが、遅れを取り戻すのは容易ではない。

戴の経営手腕が問われるのは、これからだ。

１日17時間働くモーレツ社長・戴正呉

戴正呉は１９５１年、台湾《たいわん》北東部の宜蘭《ぎらん》に生まれた。台湾の大同工学院（のちの大同大学）機械学部を卒業し、同大学の経営母体である総合電機メーカー、大同に入社した。１９７０年代に新潟県の佐渡島にあった日本企業の工場の半導体ラインで、生産管理を学んだという。

１９８６年、創業11年目の新興企業だった鴻海精密工業に課長として転職。鴻海が世界一のＥＭＳ（電子機器受託製造サービス）メーカーへと急成長を遂げる時期に、幹部として頭角を現した。ソニーなどから大型受注を獲得《かくとく》したことから、独裁者である郭台銘（テリー・ゴウ）会長の信頼を得たと伝えられている。２００４年に鴻海グループのナンバー２、副総裁に登りつめた。郭の大番頭とみられている。

ＥＭＳ事業は利幅の薄いビジネスだ。郭がコストカットの鬼といわれるのは出《い》ずるを制するしか、利益を上げる道がなかったからだ。郭の分身である戴もまた、当然、コストカットの伝道師である。

シャープに乗り込んだ戴は２０１６年8月22日、社員向けのメッセージで早期に黒字化をめざす考えを示した。分社化経営やコスト削減、信賞必罰の徹底などを明確にした。

戴のモーレツな仕事ぶりをメディアはこう伝えた。

〈戴社長は毎朝7時ごろ始動する。７時半からの会議も珍しくない鴻海で身についた習慣で、１日16時間働くとされる郭台銘会長より早く出勤するため17時間働くとも言われている〉（産経ＷＥＳＴ２０１６年10月31日付）

高度成長時代の日本人を彷彿《ほうふつ》させるモーレツ経営者なのである。

人材の流出がつづくなか、退職した優秀な若手を呼び戻し、シャープらしい独創的な商品を産み出し、海外市場でシャープという名のブランド力を取り戻すことができるのか。戴のやるべき仕事は山積していた。

産業革新機構を土壇場でひっくり返した鴻海

「シャープは日本のコーポレートガバナンス（企業統治）の試金石」

海外のメディアや機関投資家はこう見ていた。

シャープの支援に、政府系ファンドの産業革新機構がしゃしゃり出てきたからだ。

日本株式会社が全盛だった頃には、通産省（のちの経済産業省）が旗を振って、企業の再編、統合を進めてきた。シャープの液晶部門と中小型液晶パネルの最大手、ジャパンディスプレイ（ＪＤＩ）の統合構想は、官主導という従来の手法を踏襲《とうしゅう》したものだった。

経営危機におちいったシャープは２０１６年2月4日、スマートフォン（スマホ）や薄型テレビを受託生産する台湾の鴻海精密工業をスポンサーに選んだ。その前日まで、メディアは政府系投資ファンドの産業革新機構で決まり、と報じていた。「日の丸連合で液晶の最先端技術の海外流出を防ぐ」との大義名分を掲げる革新機構は、土俵際《どひょうぎわ》で鴻海にうっちゃりを食らった。

産業革新機構の救済案に土壇場《どたんば》で待ったをかけたのは、社外取締役だった。シャープの主力銀行も、予定調和的な官製救済策に疑問を呈《てい》した。

〈関係者によると、次第にシャープの社外取締役からも「良い条件を選ばないと株主に説明がつかない」と、鴻海案を推す意見が強まったという〉（朝日新聞２０１６年２月５日付朝刊）

革新機構が３０００億円の出資と２０００億円の融資枠の設定で５０００億円。対する鴻海は、出資も含め７０００億円を出す。

金額面で２０００億円も上回る鴻海の提案を蹴《け》って、もし、革新機構を選んだりしたら、取締役として善管《ぜんかん》注意義務（善良な管理者の注意義務）違反に問われかねない。経営にかかわる役員は会社に損害を与えたりすると、賠償《ばいしょう》責任が生じるからだ。

米国でのＭ＆Ａは、国家の安全保障と独占禁止法に抵触するもの以外は経済原則で決まる。１ドルでも高いオファーを出したほうが勝利する。「技術の海外流出を防ぐ」といった感情論を持ち出しても通用しない。

最終コーナーで金額を引き上げ７０００億円を提示した鴻海と５０００億円の革新機構。勝敗は明らかだった。取締役たちは高い価格を提示した鴻海を選んだ。

鴻海は郭台銘が来日し、直接、役員会に乗り込んで、「なぜシャープをパートナーにするのか」その理由を切々と語った。メインバンクにも頭を下げた。

革新機構はどうだったかというと、経済産業省から出向していた役員（ＪＤＩの社外取締役を兼務していた）が、最終プレゼンテーションをしただけ。革新機構のトップは姿を見せなかった。

取り組み方がまったく違った。金額面だけでなく、熱意の大きさ（熱量）でも、革新機構は郭台銘に後《おく》れをとった。これでは、まったく勝負にならなかった。「官邸や経済産業省はシャープを見捨てた」といった噂が永田町を駆けめぐった。

シャープの社外取締役たちは、ホンネはともかく、ガバナンスが土壇場で機能したといっていいだろう。買収価格が低い革新機構をパートナーに選んでいたら、日本の〝ガバナンス元年〟などと安倍晋三《あべしんぞう》首相がいくら叫んでも、お題目にすぎないことが明々白々となったからだ。

革新機構が撤退すると、鴻海精密工業はしたたかぶりを発揮した。シャープの決算が売却交渉の前提となっている数字よりさらに悪化したのをとらえて、出資額の値引き交渉をはじめた。

シャープ株式の取得には当初4890億円を予定していたが、財務リスクが高まったという理由から、最終的には出資額を3888億円に値切った。当初提示した金額より、1000億円下回ったのである。

鴻海がシャープ買収に執念を燃やした理由

鴻海の帝王、郭台銘はなぜシャープを買収したのか。

郭は1950年、台湾・台北《タイペイ》で警察官の家の長男として生まれた。中国・山西《さんせい》省をルーツにもつ外省人《がいしょうじん》である。

1974年、24歳のとき、10名の社員で鴻海を創業。白黒テレビのチャンネルのつまみのプラスチック部品をつくることからはじめた。1990年代以降、中国に巨大な工場群と60万人にのぼる労働者を抱え、世界中の電機メーカーから製品のOEM（相手先ブランド）生産を引き受けて、急成長した。

成功した秘密は、何をつくるかではない。世界トップか2位メーカー向けの製品しか引き受けなかったことだ。世界トップクラスでないメーカーには見向きもしなかった。近年では、米アップルのアイフォーン（iPhone）、アイパッド（iPad）の製造・組み立てが売り上げの4割を占めるといわれている。

郭のシャープ買収の狙いが明らかになった。

シャープと鴻海が共同出資するテレビ向け液晶パネル生産会社、堺ディスプレイプロダクト（SDP、大阪府堺市）は2016年12月30日、中国の広州《こうしゅう》市政府と共同で、世界最大級のパネル工場を新設すると発表した。広州の新工場に共同で1兆円を投じ、2018年秋に生産開始をめざすという壮大な計画である。

発表前日の12月29日、シャープは保有するSDP株の一部を鴻海に譲渡した。これで鴻海の議決権ベースの持ち株比率は39・88％から53・05％に高まり、鴻海はSDPを子会社にした。

シャープが虎の子のSDP株式を売ったのは、ズバリ、決算対策だった。シャープは171億円でSDP株式を譲渡し、2016年10〜12月期の連結決算で2億3400万円の特別利益を計上した。

2017年の年明け早々に、新たな動きがあった。日本経済新聞電子版（2017年1月5日付）は、〈シャープ首脳は同日、SDPの上場について「これから考える。広州の工場はSDPの子会社になるだろう」と記者団に語った〉と報じた。

SDPの新規株式公開（IPO）を検討していると伝わると、1月5日の東京株式市場でシャープ株は一時、前日比31円（11％）高の324円まで上昇。2014年9月以来、2年4ヵ月ぶりに高値をつけた。SDPが上場すれば、シャープは全保有株を売却して、悪化の一途《いっと》をたどる財務内容を改善させることができる、との期待が先行したのだ。

SDPの上場。これが社長の戴が公約した「早期の黒字化、東証一部復帰」の切り札のひとつなのだ。

買収してから半年も経たないうちに攻めに転じたことに、郭台銘がシャープを買収した本当の狙いが見えてくる。

鴻海は世界最大のＥＭＳであるが、"黒子《くろこ》"の存在でしかない。アップルのiPhoneを生産しているが、iPhoneはアップルを代表する世界的な製品であり、鴻海の名前はどこにも出てこない。

ここに、シャープの買収に執念《しゅうねん》を燃やした理由がある。世界的なブランド名を冠した商品を自分の手で開発して、販売までを手がける総合電機メーカーに脱皮するのが悲願なのだ。

鴻海の決算を見ておこう。２０１６年12月期に、株式を上場して以来、初めて減収になった。電子機器の組み立て生産を受託する事業モデルは、中国などの新興国の人件費の上昇で、限界が見えてきた。だからこそ、液晶パネルを持ち、アジアを中心に一定のブランド力があるシャープを買収した。シャープが成長しなければ、鴻海の次もない。

関西のエレクトロニクスメーカーの御三家のひとつだったシャープは、台湾の鴻海精密工業の軍門に下った。シャープの経営が破綻《はたん》したのは、一言でいってしまえば似非《えせ》同族経営が内部崩壊したのである。人事抗争が液晶王国を破局の淵《ふち》に誘《いざな》った。

シャープペンシルを発明した初代・早川徳次

シャープの創業者の早川徳次《はやかわとくじ》は１８９３（明治26）年、東京市日本橋区に生まれた。ちゃぶ台を製造していた父・政吉《まさきち》、母・花の次男で、母が病弱のため2歳にならないうちに養子に出されたが、養母が死去。後添《のちぞ》いの継養母に冷遇《れいぐう》され、衣食も満足に与えられず、小学校も2年で退学させられた。

継母に戸外に放り出され、寒風に凍《こご》えて泣いていたとき、近くに住む盲目《もうもく》の女性に助けられ、奉公先の世話をしてもらった。

7歳のとき、錺《かざり》職人の坂田芳松《さかたよしまつ》の店で住み込みの丁稚《でっち》となる。丁稚奉公時代に最初の発明をした。バックル（留め金）だ。それまでのベルトは穴止めだったが、徳次はバックル部分で挟《はさ》んでベルトを留める方式を考案し、自分の名前にちなんで「徳尾錠《とくびじょう》」と名づけた。バックルは尾錠と訳されていたから、徳次の徳と尾錠を組み合わせたわけだ。

丁稚奉公を勤め上げ、一人前の錺職人となった徳次は独立。1912（大正元）年9月、東京・本所《ほんじょ》区松井町で金属加工業をはじめた。6畳一間のスタートである。他の工場《こうば》でつくっていないものをやろうと智恵を絞り、繰り出し鉛筆の改良に着手。1915年に「早川式繰出鉛筆」を発明。翌16年に「常備芯尖《しんせん》鉛筆」（エバー・レディ・シャープペンシル）が誕生した。それまではセルロイド製で利便性に欠ける繰り出し鉛筆を、金属でつくったところが工夫であった。

これが社名の由来となるシャープペンシルだ。細い黒鉛の芯《しん》を繰り出して用いる機械式の筆記用具で、横浜の商館から大量注文がきたことが評判になり、たちまちヒット商品となる。

徳次と兄・政治が1915年に設立した早川兄弟商会金属文具製作所は、事業が軌道に乗ってきたことから、1922年に従業員を増やし300坪の新工場を建て、シャープペンシルの大量生産に入る。しかし、翌23年9月、関東大震災に見舞われ工場・家屋は焼失、妻とふたりの子供を失い、自身も大火傷《おおやけど》を負った。30歳のときの悲劇だ。

悪いことは重なるというが、関東地区の販売を委託していた日本文具製造（本社・大阪市）から、特約契約金の1万円と事業拡張金として融資してもらっていた1万円の合計2万円の返済を迫られた。日本文具製造はクラブ化粧品で知られる中山太陽堂（のちのクラブコスメチックス）の創業者、中山太一《なかやまたいち》が文具に進出するためつくった会社だ。

やむなく早川兄弟商会は解散。日本文具にシャープペンシルの機械類を譲渡、特許の無償使用と徳次が技師長となって6ヵ月間、技術移転に協力することで2万円の返済をまぬかれた。

徳次は14人の技術者とともに大阪に移り、技術指導に当たった。契約満了で日本文具を退社。大阪で再起をはかるべく、1924年に東成郡田辺町《ひがしなり》（のちの大阪市阿倍野区《あべの》）に小さな早川金属工業研究所をつくった。

バックルやシャープペンシルのように、既存のものを改良して使いやすくするのが徳次の得意技だ。1925年4月、国産初の鉱石ラジオを完成。金属加工技術を生かし、外国製品の半分の値段で売り出し、大ヒットを飛ばした。

この成功に目をつけた日本文具から、債務不履行で訴えられた。シャープペンシルの機械の譲渡や技術移転で決着していたと思っていた徳次は驚愕《きょうがく》したが、関東大震災直後のことで正式な契約書類を交わしていなかった法的な落ち度を衝《つ》かれた。

訴訟は2年10ヵ月におよび、最終的に示談となったが、結局、徳次が1万5000円を支払うことになった。その支払いは1934年までつづいた。

1935年に株式会社に改組。翌年、研究所をとって早川金属工業とした。工場は独自のベルトコンベア方式を採用し、ラジオの生産体制に入る。戦時下の1942（昭和17）年、早川電機工業に社名を変更、軍需産業に転進した。

そして、戦後、ラジオメーカーとして再スタートを切る。

"中興の祖"と呼ばれる二代目・佐伯旭

成功した創業者には信頼できるパートナーが必要である。本田技研工業の創業者、本田宗一郎《ほんだそういちろう》と藤沢武夫《ふじさわたけお》、ソニーの創業者、井深大《いぶかまさる》と盛田昭夫《もりたあきお》の関係は有名だ。松下電器産業（のちのパナソニック）の創業者、松下幸之助《まつしたこうのすけ》には高橋荒太郎《たかはしあらたろう》という名番頭がいた。

シャープの創業者、早川徳次のパートナーは佐伯旭《さえきあきら》である。佐伯は町工場を総合的なエレクトロニクスメーカーに変身させ、シャープの〝中興の祖〟と呼ばれている。

佐伯は傑出した経営者であるのに、評伝らしき評伝はひとつも残っていない。当然、取り上げられていい日本経済新聞の「私の履歴書」にも出てこない。本人が断ったのだろう。財界活動もほとんどしておらず、その素顔はベールに包まれている。

川端寛が「文藝春秋」に書いた「早川家vs佐伯家　シャープ二つの創業家『百年の恩讐《おんしゅう》』」は、「佐伯さんには、自分の出自に対する強烈なコンプレックスがあった」とのシャープのOBの話を収めている。

佐伯旭は１９１７（大正６）年、広島で生まれた。幼い頃に両親に連れられて満州に渡ったが、そこで両親と兄弟を亡くし、孤児となった。ここで満州に来ていた早川金属工業研究所の専務に拾われた。日本に連れ戻された幼い佐伯を引き取ったのが、徳次である。

大阪で再起を果たした後、徳次は会社で事務員をしていた琴《こと》と暮らすようになったが、琴の意思もあって入籍しておらず、子供にも恵まれなかった。

関東大震災でふたりの子供を失った徳次は、佐伯をわが子のようにして育てた。佐伯は早川金属工業研究所に入社後は、夜学の経理専門学校に通い経理を習得した。社長の早川に番頭として仕えた後、１９７０年に社長に就任した。

これが一般的に流布《るふ》している佐伯の経歴である。早川が早くから後継者として育てたという美談仕立てになっている。

前出の川端寛は、関係者の話をもとに、ふたりの関係はそんな単純なものではなかったと暴露している。

〈徳次は晩年、外で知り合ったコトエという女性との間に女児を儲けた。しかし、コトエは子供を生んで直ぐに病気で死んでしまう。女児は早川家に引き取られた。これが、早川家の長女・住江（社会福祉法人『育徳園』前理事長）である。徳次が〝我が子のように育てた〟のであれば、佐伯と住江は兄妹の関係になった筈だが、佐伯は住江の〝兄〟としては扱われなかった。14歳で早川金属工業研究所に働くようになるまで、佐伯の立場は〝早川家の下男〟だったのだ〉（注1）

徳次は、佐伯の商才を買っていた。徳次は1947年、佐伯が29歳のときに取締役に引き上げ、54年に常務、4年後の1958年に41歳の若さで専務に昇進させた。佐伯は徳次にとって最も信頼できる腹心となった。

じつは、ふたりの関係が大きく変化する出来事があった。1950（昭和25）年の経営危機である。

1949年初めから、連合国軍総司令部（GHQ）はインフレ対策として緊縮財政措置（ドッジライン）を実施した。これでラジオが売れなくなり、深刻な事態となった。給料は遅配、手元資金は底をついた。

〈会社の資金繰りが急速に悪化し、追い込まれた徳次は、資金捻出《ねんしゅつ》のために株を売却し、会社を清算する覚悟を固めた。それを察知した佐伯が労働組合と銀行の間を奔走《ほんそう》し、労組に200人強の自主退職を認めさせた。株を手放した徳次は会社にとって象徴的な存在になり、窮地《きゅうち》を救った佐伯が実質的なトップとなった〉（同注1）

1950年6月に勃発《ぼっぱつ》した朝鮮戦争の特需が、不況に喘《あえ》ぐ日本の産業界を救った。ラジオが売れ出し、業績は急回復した。

1953（昭和28）年1月、シャープは白黒テレビの量産に日本のメーカーとして最初に着手した。徳次はラジオが普及しはじめたばかりの1931年に、テレビの研究をはじめていた。これがやっと実を結んだのだ。このときの白黒テレビの価格は、公務員の初任給が5400円だったのに対して、17万5000円。まさに高嶺《たかね》の花だった。

人々はプロ野球、大相撲、プロレスを観るために街頭テレビに群がった。1959年の、現在の天皇陛下と美智子《みちこ》妃のご成婚ブームを機に、テレビは爆発的に売れるようになる。白黒テレビ、洗濯機、冷蔵庫が「三種の神器」ともてはやされ、テレビは一家に1台の時代を迎えることになる。テレビについて付言するなら、1960年7月、東芝が国産初のカラーテレビを発売し、カラーテレビの時代に移っていく。

1958年、佐伯は専務に就いた。

〈(その頃) 徳次は経営への興味を失いつつあった。視察と称して、3ヵ月間も娘の住江を連れて、米欧を回ったりしている。1957年に妻の琴が亡くなったことで、経営と一段と距離を置くようになった。佐伯は専務就任と同時に実質的な〝社長代行〟となり、経営の実権を把握した。

しかし、徳次が健在なうちは決して社長の椅子を要求せず、12年の間、ナンバー2の座に甘んじ続ける。「下男が主人を追い落したのでは、世間からも謀反《むほん》の誹《そし》りを受けるだろう。機が熟する前に事を起こせば、徳次を慕っている古株の役員や従業員を敵に回す」――佐伯はじっと時を待った〉(同注1)

社運を懸けた半導体工場の建設

1970(昭和45)年は、佐伯旭にとって最大の決断の刻《とき》だった。奈良・天理《てんり》市に総合開発センターを建設するか、それとも大阪・吹田《すいた》市で開かれる日本万国博覧会(大阪万博)へ出展するか、であった。このときの天理市の土地取得費用が15億円、大阪万博への出展費用も同じく15億円。どちらかを選択しなければならなかった。

大阪万博は、戦後、高度成長をなし遂げ、米国に次ぐ経済大国となった日本を象徴する一大イベントである。1964(昭和39)年の東京オリンピック以来の国家プロジェクトであり、多くの企業や研究者、そして建築家、芸術家が動員された。岡本太郎《おかもとたろう》が制作した『太陽の塔』は大阪万博のシンボルとなった。

万博誘致は関西経済界をあげての取り組みであり、シャープもその一翼《いちよく》を担っていた。

一方、シャープの技術陣は、半導体事業への進出を検討していた。１９６０年代半ばから、シャープはカシオ計算機と激しい〝電卓戦争〟を戦っていたが、自前の半導体工場を持たないシャープは、心臓部分の半導体は自分たちで回路を設計し、外部の半導体メーカーに生産を委託していた。競争力を高めるにも自前の半導体を持ちたいと、技術陣は切望した。

しかし、シャープには、万博への出展と半導体開発を同時に進めるだけの企業体力はなかった。虎の子の15億円をどちらに使うか、決めなければならない。

役員の意見はふたつに割れた。万博推進派は、「半導体はものになるかどうかわからない。大阪万博は、シャープの認知度を世界的に高めるまたとない機会。出展しなければ、関西経済界から総スカンを喰うことになる」と主張した。対して、半導体推進派は、「たった半年で撤去する万博パビリオンに15億円を投資するのは馬鹿げている。半導体工場を建設することで、シャープは家電メーカーから総合エレクトロニクスメーカーに脱皮できる」と応酬《おうしゅう》した。

社長代行の佐伯はこの案件を役員会に諮《はか》ったが、多数決で決めることはしなかった。創業者である社長の早川徳次の意見を聞き、佐伯自身の意見を述べ、役員の意見をまとめるという手法をとった。

佐伯は「貴重な資金は、長期的な利用が可能な施設に振り向けるほうが経営にとって意義がある」と述べた。電卓は競合他社が相次ぎ参入して収益が悪化している。巻き返しをはかるには、キーデバイス（核となる部品）である半導体の技術を強化するしかないと判断した。

１９７０年、シャープは奈良県・天理市に総合開発センターを建設した。もともとは東大寺が所有していた由緒《ゆいしょ》ある土地だ。ＬＳＩ（大規模集積回路）の工場と中央研究所、人材教育センターを併設した。土地買収を含めた総工費は75億円。当時のシャープの資本金は１０５億円である。社運を懸けた投資となった。

佐伯は、大阪・吹田市の千里丘陵《せんりきゅうりょう》で開かれる大阪万博への出展を断念して、奈良市の天理の総合開発センターへの投資を決断した。このときの佐伯の英断は「千里から天理へ」と呼ばれ、長く語り継がれることとなる。

千里から天理への決断は、家電メーカーから、半導体を生産し、液晶や太陽電池を開発する総合エレクトロニクス企業に飛躍するスプリングボードとなった。

早川家から佐伯家へとパワーシフト

１９７０年1月1日、シャープ株式会社に社名を変更した。社名変更の理由はふたつある。ひとつは、半導体などエレクトロニクスの新分野で意欲的な活動を展開していく企業にふさわしい社名にしたい、ということ。もうひとつは、社名とブランド名を一本化して、国内だけでなく海外でも企業イメージを強力に浸透させたいという思いがあった。社名から創業家の早川が消えた。

１９７０年9月、76歳の徳次は会長に退《しりぞ》き、53歳の佐伯が満を持して代表取締役社長になった。会長の肩書は残ったが、徳次は社業には一切口出しせず、中小企業経営者の相談相手をつとめた。中小企業の経営者の、世にいう早川詣《もう》でのはじまりである。

「マネされるものをつくれ」

革新的な技術を生み出す企業文化をシャープに根づかせた創業者の徳次は、１９８０年6月、86歳で亡くなった。松下電器産業の創業者、松下幸之助が弔辞《ちょうじ》を述べた。

佐伯は１９８６年に取締役会長に就き、わずか1年後の87年に相談役に退いた。佐伯が社長に就いてからの17年間が、シャープ大躍進の時代だった。「佐伯の引き際はみごと」との称賛の声が、経済メディアで紹介された。

〈だが、実はそこからが佐伯に依《よ》る長い院政の始まりだった。佐伯が92歳で大往生するのは2010年。院政は、その少し前の2008年まで続くのである〉（同注1）

佐伯は経営陣を、自分の姻戚《いんせき》で固め、早川家の縁者は遠ざけられた。

〈早川姓を名乗る徳次の義理の息子（住江の夫）や、その子供（徳次の孫）たちが要職に就くことはなかった。早川家の関係者の中には「佐伯に会社を周到に乗っ取られた」という者もいるが、「創業者に経営を任された」というのが佐伯側の言い分だろう。佐伯の周到さ故、早川家から佐伯家へのパワーシフト（権力の移行）は、表向きには、お家騒動が起きることもなく静かに完了した〉（同注1）

三代目・辻晴雄は佐伯の娘婿の兄

1986年6月、佐伯は会長に退き、辻晴雄《つじはるお》がシャープの三代目社長に就任した。辻は佐伯の娘婿《むすめむこ》の実兄である。佐伯家による世襲経営が鮮明になった。

辻晴雄は1932年、大阪市東住吉区《ひがしすみよし》に生まれた。父親は紙の販売と印刷業をいとなんでいた。小学生時代に父親の手ほどきを受けたテニスの腕前には自信があった。

1951年、関西学院大学商学部に進み、「会計学の父」として知られる青木倫太郎《あおきりんたろう》研究室で会計学を学んだ。1955年、早川電機工業に、文系の大学一期生として採用された。

経理課に配属された辻は、〝経理の鬼〟と呼ばれた佐伯の目にとまり、当時の花形商品である白黒テレビの販売計画を担当した。つくれば右から左にテレビが売れる時代である。辻は販売数量の上方修正を乱発したが、工場長に「製造部門への配慮を欠く」と叱責《しっせき》された。これ以来、辻は販売店への情報収集を徹底し、市場の動きを予測したマーケティングを積極的に導入した。

辻はマーケティングや販促で手腕を発揮したが、社長就任の決め手となったのは、なんといっても佐伯と姻戚関係にあったことだ。佐伯の次女が辻の弟と結婚していた。院政を敷くには、身内を社長にしたほうがコントロールしやすい。

佐伯は家電の王様であるテレビ市場の攻略に心血を注いだ。１９５３年に国産第一号の白黒テレビの量産を開始したのはシャープである。どこよりも早くテレビ事業をはじめたシャープだが、企業規模が小さかったため、自前のブラウン管工場を持つことができなかった。

当時、家電の王様とされたカラーテレビは、ソニーがトップを走っていた。独自開発のブラウン管、トリニトロンは世界で最高の画質と評された。シャープの佐伯旭、辻晴雄は、ソニーにあこがれと強い嫉妬《しっと》心を抱いていた。

テレビという同じ製品をつくっているのにブランド力に圧倒的な差があり、シャープや三洋電機などの関西メーカーのテレビは、家電量販店の安売りの目玉商品になることが多かった。ブランドではなく、安さで売れるテレビ、メーカーの顔が見えない商品だった。

長年の屈辱《くつじょく》をはらす、乾坤一擲《けんこんいってき》のチャンスがめぐってきた。いちはやく液晶テレビの開発を推進してきたシャープは、１９８８年、世界に先んじて14インチ液晶モニターの商品化に成功した。超薄型の壁掛けテレビの先駆けとして、世界が注目した。

米電気電子学会（ＩＥＥＥ《アイトリプルイー》）は２０１４年、技術分野の歴史的な業績を讃《たた》える「ＩＥＥＥマイルストーン」に、この14インチの液晶モニターを認定した。シャープは電子式卓上計算機（電卓）と太陽電池につづく３度目の受賞であり、３度の受賞は日本企業として初の快挙となった。

１９９０年４月、液晶事業部が液晶事業本部に昇格した。液晶ディスプレイ事業を本格的に立ち上げるための体制固めである。

辻は「液晶のシャープ」の土台を築いた。

四代目・町田勝彦は佐伯の娘婿

「液晶のシャープ」が全面開花するのは、四代目社長の町田《まちだ》勝彦《かつひこ》時代である。町田は佐伯の娘婿だ。佐伯の長女と結婚した。次女は辻晴雄の弟と結婚したことは前に書いた。娘婿だから、佐伯とはより近い。「日経ビジネス」（2001年2月26日号）で、佐伯との出会いについて語っている。町田の人物像を知るうえで重要なので要約紹介する。

町田勝彦は1943（昭和18）年、大阪府で、木材などを原料とした人造繊維で織った布のスフ（ステープルファイバーの略）の研究をしていた父・平一郎の長男として生まれた。大阪南東部の「河内《かわち》音頭《おんど》」で知られる河内育ちだ。化学肥料の製造卸売りをいとなむ祖父の勝次郎は、学者肌の平一郎よりも孫の勝彦に目をかけ、瀬戸内のミカン畑をめぐる集金旅行に幼い町田を連れ歩いた。

〈「祖父は何も言わないんだけどね。後を継いでほしい、という気持ちは黙っていても伝わってくるものです。商売は10年やったら5年はとんとん、2年は儲かるが3年は損をする、なんて祖父の言葉を、分かりもせず聞いていた記憶は忘れられません」〉（注2）

京都大学農学部に進んだのは、家業である肥料製造を意識しての選択だった。京大ではノルディックスキーに熱中した。国立大学として最強のスキー部を主将として率い、1年のうち半分は山にこもる生活をつづけた。町田は100人を超える距離スキー選手のなかで、上位8番目のタイムを記録した。

京大時代にクラスメイトと再会し、恋愛結婚したことが、その後の運命を変えた。

〈中学時代の同級生だった優子に偶然、京都の葵祭《あおいまつり》で再会し、自然に交際が始まったのである。その優子がシャープ中興の祖と言われる最高顧問、佐伯旭の長女であることは「挨拶《あいさつ》に訪れた実家の大きさを

見て初めて知った」〉（同注2）

1966年、京大農学部を卒業。家業を継ぐつもりだった町田は毎日乳業に入社して、徳島の酪農家を回る社会人生活をはじめた。「日経ビジネス」は徳島時代のエピソードを、このように書いている。

〈ある日、シャープの専務になっていた佐伯が徳島に出張することになり、支店関係者が空港に出迎えた。すると、向こうから2輪車に乗って長靴を履いた作業服姿の男が近づいてくる。「いやー、お父さんお久しぶり」。声をかけたのが町田その人だった。

当時の町田は、原乳を提供してくれる酪農家の間で「子供の家庭教師をしてくれる毎日乳業の町田さん」として人気を集め、廊下で寝泊まりしながら農家の間を渡り歩く日々を過ごしていた。そのままの格好で空港に現れただけなのだが、シャープの関係者の驚きは並大抵ではなかったようで、さすがの佐伯も苦笑せざるを得なかったという〉（同注2）

町田は岳父の佐伯からシャープ入りを請《こ》われた。迷う町田の背中を押したのは家業の衰退と祖父、勝次郎の死だった。父、平一郎は家業をつづけるよりも廃業を望んだ。

〈「シャープに入社すれば当然、佐伯さんの娘婿という期待を寄せられるのは分かっていました。正直言って迷ったんです。でも、家内の顔を見ているうちに、運命を受け入れる覚悟を決めました」と町田は振り返る〉（同注2）

1969年、町田は入社した。その翌年の70年、社名が早川電機工業からシャープに変更され、佐伯は早川の後を継いで社長となった。佐伯は姻戚関係にあった辻晴雄や町田勝彦を取り込み、経営の足場を固めた。

体育会系の親分肌で豪放磊落《ごうほうらいらく》――町田の人物評である。リーダーシップがある町田を、佐伯は自分の後継者として育てていく。シャープに入社した後は、早くから将来の社長候補と目《もく》されて、生産から国内営業、海外まで幅広く担当し、帝王学を学んだ。

それだけに、社長就任に際して世襲の問題をいちばん気にかけた。「社員の士気に悪影響を与えないだろうかと悩みました」と社長就任時のインタビューで述懐している。

とはいえ、覚悟を決めて社長の座を引き受けた以上、もう迷いはなかった。世襲批判を跳《は》ね返すには前進あるのみだ。

液晶テレビ「アクオス」で国内シェア首位に

「2005年までに国内で販売するテレビをブラウン管から液晶に置き換える」

1998年6月に社長に就任した町田は、就任会見で「液晶テレビ宣言」をした。

テレビが家電の花形商品だった時代に、シャープはソニーや松下電器産業のように自社製のブラウン管を持っていなかったため、「一・五流」とバカにされてきた。その悔《くや》しさが、テレビを四角い箱から平面に変えるという大きな賭けに出る原動力となった。

液晶テレビ宣言に対して、当初、技術者は「夢物語だ」と否定的な反応を見せた。それでも、「オンリーワンの会社になる」と意気込む町田は突き進んだ。

一時的にせよ、町田の賭けは成功した。

町田の意気込みをメディアはこんな受け止め方をした。

〈町田は強気だった。2000年、元旦から4日間連続でテレビに流した30秒のスポットCMには、こんな台詞《せりふ》を使った。「20世紀に、置いてゆくもの。21世紀に、持ってゆくもの」。置いていくのはブラウン管テレビ、持っていくものはもちろん液晶テレビだ。CMには国民的女優の吉永《よしなが》小百合《さゆり》を起用し、液晶関連の商品ばかりを取り上げた。シャープの社長として液晶に賭ける覚悟を社内外に示すのが狙いだった。

01年1月1日、シャープはついに「アクオス」と名付けた液晶テレビを販売する。アクア（水）とクオリティ（品質）を組み合わせた造語で、液晶のイメージを具現化した。初代モデルは20インチで22万円とブラウン管テレビの10倍ほどだったが、発売2年間で、100万台を売り上げた〉（注3）

吉永小百合のCM効果で「アクオス」は瞬《また》く間に、シェアで国内首位に躍り出た。ブラウン管テレビから液晶テレビへの置き換えは、目標の2005年より早く実現した。かつて関西の三流メーカーといわれていたシャープは、ソニー、パナソニックとともに〝テレビ御三家〟と並び称されるまでになった。

液晶テレビへの転換は大成功だった。液晶テレビで世界的企業をめざすと決めた町田は、他社を一気に引き離すため、次世代型の液晶工場の建設を決断する。パネルの生産から最終的なテレビの組み立て工程まで一貫しておこなうために、三重県亀山《かめやま》市に新しい工場を建設する。

「身の丈に合った経営をしないと、大変なことになる」

2004年1月、亀山第一工場が稼働した。産地名をブランド化した「世界の亀山ブランド」は、日本のモノづくりの成功モデルとされた。町田は得意の絶頂にあった。

液晶テレビ「アクオス」の大ヒットにより、町田は一躍、大物経営者の仲間入りをした。時の人となった町田に、マスコミが取材に殺到した。

こんなエピソードが残っている。

〈夜討ち朝駆けの新聞記者が押し掛けた。初めて町田の自宅を訪ねた記者は、一様に道に迷った。教えられた住所（地番のこと）を頼りに行くと、その門には〝佐伯〟の表札が掛かっていたからだ。記者たちは本社に電話をかけ、「この住所、間違っています。最高顧問の家ですよ」と不平を言う。

事情を教えずに夜討ちに行かせた先輩記者は、「そこでいいんだよ。勝手口に回ってみろ」と電話口で嘯《うそぶ》くのが常だった。勝手口に回ると、そこに〝町田〟という申し訳程度の表札がかかっていた。女婿《じょせい》の町田は、佐伯邸から通っていたのである。2人の関係は〝推して知るべし〟だ〉（注4）

ところが、その佐伯が、亀山工場の大型設備投資に懸念《けねん》を示した。

〈ある有力OBは、こんなエピソードを明かす。

「2002年のことだったと思います。もう80歳代半ばだった佐伯さんが会社に来られて、こう言うんです。『液晶への大投資は亀山で最後にしてほしい。うちは身の丈《たけ》に合った経営をしていかないと……。このままでは大変なことになる』。遺言のような感じでしたが、それが当時の経営者に省《かえり》みられることはなかった」〉（注5）

2002年といえば、その前年に発売した液晶テレビ、「アクオス」が大ヒットした時期と重なる。社長の町田はテレビで世界の一流メーカーになるという野心に燃え、三重県亀山市に大型工場の建設をはじめていた。借入金に頼らない堅実経営を貫いてきた佐伯は、娘婿の一か八かの大勝負に危険なものを感じていたのだろう。

佐伯は「千里より天理」として語り継がれてきた奈良県天理市での総合開発センターの成功で、今日の地位を築いた。町田は亀山工場の建設で、その地位を盤石《ばんじゃく》にすることを狙った。

亀山第一工場は、当初の計画では設備投資額は1500億円だったが、最終的には3500億円に膨《ふく》らんだ。2006年8月、亀山第二工場も稼働した。第一、第二工場合わせて5500億円の巨費を投じた。「亀山で最後」という佐伯の言葉は完全に忘れ去られた。堺工場の建設プロジェクトが動き出し、巨額の負債を抱えることになる。

売り上げは1・5倍、営業利益は2倍に

２００５年１月７日。首相の小泉純一郎《こいずみじゅんいちろう》はシャープの液晶テレビ一貫生産工場である亀山工場を視察した。社長の町田勝彦、取締役の片山幹雄《かたやまみきお》が同行し、１時間20分にわたり液晶テレビの生産ラインを見て回った。小泉首相の「最先端工場を視察したい」との要望によるものだった。

シャープは液晶テレビ「アクオス」が大ヒット。経済メディアはシャープを時代の寵児《ちょうじ》ともてはやした。首相の小泉が亀山工場を視察したのは、シャープが絶頂期のときだった。

シャープが右肩上がりの急成長を遂げるのは２００２年３月期決算からである。２００２年３月期に１兆８００３７億円だった売上高は、毎年２ケタの増収を達成。２００６年同期には２兆７９７１億円と１・５５倍に急伸した。この間、営業利益は７３５億円から１６７３億円へと２・２８倍になった。当期純利益は１１３億円から８８６億円に、７・８４倍という爆発的な伸びを記録した。

株価も上昇した。株式の時価総額（期末株価×期末発行済み株式数）は、２００１年３月期末の１兆７９８１億円から２００６年３月期末の２兆２７４５億円と４７６４億円も積み増しされた。

シャープは新興企業ではない。すでに売上高が１兆円を超えていた大企業だ。それが液晶テレビで急成長企業に大変身したのだ。

町田は老舗《しにせ》を蘇らせた辣腕《らつわん》経営者として絶賛された。あまりの大成功に酔った町田は、岳父である佐伯旭の「身の丈に合った経営を」という警告に耳を傾けることはなかった。時代に取り残された年寄りの小言《こごと》としか聞こえなかったのかもしれない。

売上高3兆円、拡大路線をつづける五代目・片山幹雄

２００７年４月１日、片山幹雄がシャープの五代目社長に就任した。ときに49歳。町田は社長から会長

に退くにあたり、25人いた取締役のなかで最も若い片山を後継に指名した。片山は佐伯と姻戚関係はないが、佐伯と片山の父が知り合いだったことが、入社のきっかけになった。

片山幹雄は1957（昭和32）年、岡山県倉敷《くらしき》市で生まれた。東京大学工学部を卒業。1981年にシャープに入社した。入社時の面接では、工学部出身だが、経営をやりたいと希望を述べたという。

〈片山は極めて早い段階から将来の社長候補と目されており、佐伯は片山が三〇歳の頃、片山の上司だったシャープの役員に「(片山が）社長の器《うつわ》かどうかを見極めてくれ」と首実検を依頼している〉（注6）

液晶や太陽電池の技術者として頭角を現した片山は、1998年に40歳で液晶事業部長に就いた。1998年は町田が社長就任して、「2005年までにテレビをすべて液晶に置き換える」と宣言した年だ。シャープが液晶テレビに経営の軸足を移すなか、取締役、常務、専務と超スピードで出世の階段を駆け上がっていった。プリンスと呼ばれ、2001年にシステム液晶開発本部長、そして、49歳の若さで社長の座を射止めた。

片山が海外事業を担当したことがないので、それを経験してからでも遅くはないと、町田は周囲から翻意を求められたが、それを押し切った。

当時、社内ではこんな噂が流れた。

〈「実は後から、こんなことが噂になりました。片山さんがソニーから声をかけられていて、自分が持っている液晶の特許ごとソニーに移るとの話が首脳陣の間でも駆け巡っていたようだと。片山は昔から『自分は社長になるんだ』と公言していた人です。町田さんは悩みながらも片山さんをトップにした。だから本人（＝町田）はシャープの歴史上初めて代表取締役会長になって片山を牽制《けんせい》しようとした。町田さんしか片山をコントロールできる人はいないんです」〉（注7）

亀山工場でつくった液晶テレビは飛ぶように売れ、町田と片山は「世界の亀山ブランド」と胸を張った。

得意満面のシャープ経営陣はさらなる拡大策に突き進む。世界シェアをいっそう高めるために、巨額投資をつづけていく。

佐伯は天理を、町田は亀山を成功させた。片山は堺工場の建設で片山時代を築くことを考えた。片山の我欲である。『シャープ崩壊　名門企業を壊したのは誰か』は、片山の驕《おご》りをこう書き記した。

〈そして、片山はこう言い始める。

「液晶の次も液晶です」

ブラウン管に取って代わった液晶のさらに次のディスプレーは何かと聞かれたときの答えだ。成功とは皮肉なものだ。このときすでに「驕り」という失敗の種がまかれていた。「液晶の技術は私が一番分っている」と豪語していた片山にとっても、シャープにとっても、亀山の成功は一刻の「あだ花」となった〉（同注７）

「驕る平家は久しからず」という。最盛期というものはそれほど長くはつづかない。頂点をきわめると、そのあとは駆け足で没落していくのが常である。驕りが下落のスピードをさらに速めた。

驕りの典型が、液晶への一極集中だ。一極集中とリスク軽視はメダルの表裏をなす。いまになって、「液晶に依存する一本足打法が仇《あだ》になった」と分析する電機担当のアナリストが多いが、全盛期にも一極集中へのリスクを警告していたアナリストはいた。だが、その声は経営陣にも銀行にも、ましてや投資家には届かなかった。

テレビのような家電は頻繁《ひんぱん》に買い替えるものではない。急激な需要増のあとには冷え込みがくるのは、これまでなんどもくり返されたことだ。経営の神様といわれた松下幸之助でさえ、テレビ需要の変動にどう対処するか、悪戦苦闘した。ましてや、シャープ、ソニー、パナソニックの３社が一斉にテレビに経営資源を集中したのだから、なおさらだ。

しかし、儲かっているときはイケイケドンドンになるのが常だった。リスクを警告する意見が受け入れられることはなかった。

液晶パネルから液晶テレビまで一貫生産する戦略が当たり、業績は急拡大。2008年3月期には過去最高となる売上高3兆4177億円、当期純利益1019億円を計上した。

だが、2008年秋のリーマンショックで、翌期は1258億円の巨額赤字に転落した。天国から地獄へ転落したわけだが、片山は急ブレーキを踏むどころか、身の丈を超えた拡大路線を、さらに突き進む。

ブーム終焉で世界最大の液晶工場は稼働率5割に

2009年10月1日、世界最大の液晶パネル工場である堺工場が生産を開始した。その規模は、亀山工場の4倍。127万平方メートルの広大な敷地に、シャープの工場のほか液晶部品企業の工場が集積した。シャープの設備投資額は4200億円、進出企業を含めた総投資額は1兆円にのぼった。創業以来、最大のプロジェクトだった。シャープは薄型テレビのトップランナーとして、韓国サムスン電子など海外の有力企業に真っ向勝負を挑《いど》んだのだ。

試練はすぐにやってきた。液晶テレビの需要が落ち込みはじめた。米国や中国で大型テレビの流通在庫が積み上がり、液晶パネルがあふれ出した。急激な円高で価格競争力も失われた。

国内ではソニーや東芝が液晶テレビ事業を縮小した。両社は堺工場から液晶パネルを購入する有力な顧客だった。

シャープは当初、堺でつくったパネルの半分以上を自社以外のテレビメーカーに供給する計画を立てていた。ところが堺工場が稼働直後、エコポイント特需で国内の液晶テレビが爆発的に売れた。

このとき、シャープは自社製テレビへのパネルの供給を優先し、外販に回すパネルの量を絞った。これにソニーが激怒して、シャープからの購入を中止した。この結果、２０１１年秋以降、堺工場は稼働率が5割という低空飛行がつづき、これが命取りとなった。

短期間のうちにトップブランドに駆け上がった成功体験が、あまりにも大きすぎたのである。

「液晶で一流企業に」という町田と片山の妄執

町田の経営哲学は「ナンバーワンよりオンリーワン」だった。最盛期のインタビューで、町田はこう語っている。

〈「選択と集中」で一番悩んだのは、当時、大きな事業の柱である半導体と液晶のどちらを経営の柱にするかということでした。デバイス事業は継続的に巨額の投資が必要なため、両方に、これまでのような投資を続けるのは無理だと判断したからです。だから、一つに絞らないといけない。その選択が大変辛かったですね。

当時シャープとしては、半導体、いわゆるＬＳＩ事業のほうが規模は大きく、利益も上がっていました。しかし、当時の売上高は半導体が世界の二〇番目くらいで、当社より規模の大きな企業がたくさんありました。

一方、液晶は規模こそ小さいけれども当社が世界ナンバーワンでした。しかも、いろいろ応用商品が考えられ、今後は当社の強みが発揮できるのではないかと、液晶への注力を選択したのです〉（注８）

新しい技術やシステムや新製品は、ヒットすると、すぐにマネされる。マネが競争を生み、技術を向上させる。守りに入れば開発のパワーが失われて、すべてが後ろ向きになる。それが、創業者の早川徳次がつねづね言っていた「他社がマネしてくれるような商品をつくれ」という、本当の意味だ。

早川なら、現在トップの液晶技術を、シャープ単独で囲い込めるとは考えなかっただろう。片山は「液晶の次は液晶です」と言ったが、これが早川なら、間違いなく「液晶の次は液晶ではない」と考えただろう。

シャープは日本で最初に発売した製品をたくさん持っている。鉱石ラジオ、国産第一号の白黒テレビ、電子レンジ、世界初のトランジスタ電卓等々。他社に先駆けて世に出したが、すぐに圧倒的な販売力をもつ松下電器産業などの大手電機メーカーにマネされ、あっという間に追い抜かれた。

この苦い経験から導き出されたのが、「マネされてもいいから、次々とライバルがマネしたがる新商品を出していくこと」というモノづくりの基本だった。これは早川の遺志でもあった。早川は「マネされる商品をつくれ」が持論で、これを実践《じっせん》した。

言葉を換えるなら、世の中の変化は激しいから、オンリーワンにいつまでも固執するなということだ。しかし、町田は液晶テレビの大成功に気をよくして、オンリーワンを呪文《じゅもん》のように唱えはじめた。これが、シャープの経営がおかしくなっていく分水嶺《ぶんすいれい》となる。

他社でマネされることで市場が広がると考えた早川は、どんな製品でも技術を抱え込まなかった。技術供与に寛容《かんよう》だった。

1970年代の終わりに、シャープは重要な技術を韓国のサムスン電子へ供与している。サムスン電子は、その技術でテレビを安くつくり、企業規模を大きくした。サムスン電子との競争に敗れたシャープの半導体事業は大幅に落ち込み、経営悪化の原因となった。

このときサムスンに技術指導をしたシャープの伝説的な技術者が、元副社長の佐々木正《ささきただし》である。いまもサムスンは佐々木を恩人と崇《あが》めている。しかし、サムスンに苦杯《くはい》をなめさせられた半導体メーカーや経済産業省から、〝技術の神様〟・佐々木は〝国賊〟という、故《ゆえ》なき批判を浴びた。

堺工場を着工したときには、韓国サムスン電子の台頭で、オンリーワンの地位は揺らぎはじめていた。リスクを回避するために、核となるデバイスをつねに複数持つスパイラル戦略を立てるのがシャープの伝統的な手法だったが、液晶の一本足打法に急傾斜してしまったことが、シャープの傷口を広げた。

ソニーやパナソニックの全売り上げに占めるテレビ事業の割合が10％台にまで下がっていたのに対して、シャープは売上高の約半分を液晶テレビと大型ディスプレイが占めていた。「液晶で一流企業になった」という町田と片山の思い込みが自滅を速めた。

派閥抗争に明け暮れる経営陣

〝中興の祖〟と呼ばれた佐伯旭は、2010年2月1日、慢性腎不全《まんせいじんふぜん》のため、大阪市内の病院で死去した。92歳だった。

「液晶への投資は亀山で終わりにしたほうがいい」

佐伯が晩年、最も懸念していたのは、堺工場への巨額投資だった。だが、老境の域に達していた佐伯に、この投資をストップさせる力は残っていなかった。堺のパネル工場が稼働した4ヵ月後に、佐伯は他界した。佐伯は巨大な堺工場がシャープの墓碑となることを予感していたのかもしれない。

2011年4月、液晶事業の収益が悪化。会長の町田と社長の片山の責任のなすり合いが表面化した。

〈蜜月《みつげつ》だった2人の間には亀裂《きれつ》が生じ始める。当時の片山の側近はこう語る。

「片山さんは堺工場の失敗で四面楚歌《そか》になりました。町田さんは堺への巨額投資に同意しました。ただ、状況が悪くなると、『なんで、片山は情報を上げへんのや、どないなっとるんや、あいつは会長をなんやと思ってるんや』と話すようになりました。片山さんも、失地回復に焦っていたんでしょう。あの2人が対立したことで会社は大変なことになりました」〉（注9）

2012年9月15日、シャープは創業100周年を迎えた。節目となるこの年が、日本のテレビ産業が白旗を上げた年となった。2012年3月、シャープが誇る世界最大にして最新鋭の液晶パネル工場、堺工場が台湾の鴻海精密工業の郭台銘個人に明け渡された。赤字の元凶《げんきょう》をシャープは本体から切り離したのである。これが現在の堺ディスプレイプロダクトだ。2016年、シャープ本体を鴻海が買収したため、すべての施設が鴻海の傘下に入った。シャープは同年、阿倍野区にあった旧シャープ本社を売却し、本社機能を堺ディスプレイプロダクトの工場内に移転させた。

2012年3月期決算は3760億円の最終赤字に転落した。経営責任を取り、社長の片山は代表権のない会長になり、町田も相談役に退いた。

六代目の社長には、常務執行役員の奥田《おくだ》隆司《たかし》が昇格した。最高権力者である町田が「人畜無害。黙って座っているだろう」ということで決めたトップ人事は、内部抗争を激化させただけだった。相談役の町田が実質的なトップとして居座り、町田に切られた片山が復権をめざして巻き返しに出た。社長になったとはいえ、奥田の立場は部長のままだった。

代表権と業務執行権を持たないにもかかわらず、町田と片山は、別々に出資者探しに奔走《ほんそう》した。対外的な提携交渉に、代表権も業務執行権もない相談役や会長が現れるのは異常である。

経営中枢の混乱が極まり、特別顧問の辻晴雄の再登板が取り沙汰《ざた》された。

「誰が経営権を持っているのかわからない」

社内外から、非難の声が発せられるようになった。

主力取引銀行である、みずほコーポレート銀行と三菱東京UFJ銀行が持つ切り札は、2013年9月に期限を迎える2000億円の転換社債の償還に充てる資金を融資するかどうかだった。社長に権限を集中するために、会長の片山、相談役の町田、特別顧問の辻の社長経験者、3人の経営への影響力の排除を求めた。

銀行の追加融資がストップすれば、シャープは即、債務不履行になり経営破綻する。3人の社長経験者の首を差し出すしか、選択肢はなかった。

2013年3月期決算の最終赤字は、5453億円に膨らんだ。経営責任をめぐり、経営陣の人事抗争が再燃した。片山が復権を狙ってクーデターを敢行。奥田はたった1年で社長退任に追い込まれた。片山のクーデターの実行部隊の隊長だった高橋興三《たかはしこうぞう》が七代目社長に就いた。銀行の後ろ盾を得た高橋は、社長就任が内定するや、町田と辻の大物OBを切った。専用車も個室も取り上げた。片山も追い出した。

似非《えせ》同族経営とは無縁の番外地（複写機の分野）で育った高橋は、佐伯の息子たちに絶対服従する「けったいな文化」を変えようとした。だが、長年にわたって染みついた習性は、一朝一夕には変わらなかった。

2015年3月期は2223億円の最終赤字を出し、高橋は経営者失格の烙印《らくいん》を捺された。事ここに至って、政府がシャープ救済に動き出した。政府系ファンドの産業革新機構が支援に乗り出したが、最終的に台湾の鴻海精密工業にかっさらわれた。

経営危機を乗り切るには、日産自動車を建て直したカルロス・ゴーンのように、権限をひとりに集中させることが絶対に不可欠なのだが、この大事な時期に、シャープの経営陣は派閥抗争に明け暮れていた。これでシャープが再建できたら不思議というほかはない。

シャープは、その長い歴史のあいだ、親戚関係でつながった同族色が強い企業形態のままだった。似非同族経営が名門の崩壊を招いた元凶といっていい。

会社を崩壊させたA級戦犯たちのその後

シャープを崩壊に追い込んだA級戦犯である町田勝彦と片山幹雄について触れておこう。

町田勝彦は2015年6月23日、シャープの特別顧問を退任した。ほとんど会社に姿を見せなくなり、京都市内の自宅で悠々自適の日々を過ごしていた。

町田は佐伯旭の長女、優子と恋愛結婚したことがシャープの社長の椅子に座る近道となったが、その妻、優子は2000年4月4日、56歳の若さで他界した。町田が液晶テレビで大勝負に打って出ている最中のことだ。町田はよほどショックだったようで、同級生たちにも知らせず、告別式・葬儀は近親者のみでおこなった。

それから12年後の2012年9月、「週刊文春」が町田の再婚を報じた。シャープが経営危機にもがき苦しんでいる、その時期に再婚し、京都の豪邸でセカンドライフを満喫《まんきつ》しているというのだ。

「週刊文春」はこう報じた。

〈九月一五日に創業一〇〇周年を迎えたシャープが、いよいよ瀬戸際に追い込まれている。企業の信用力を反映するデリバティブ商品CDS（クレジット・デフォルト・スワップ）の値が、いつ破綻してもおかしくないレベルにまで跳ね上がっているからだ。CDSは社債が債務不履行になった時に保険の役割を果たす。つまりCDSの値が高いほど、破綻のリスクも高い。

シャープのCDSは九月一四日、過去最高の二三三一を記録。この数字が意味するのは、シャープが資金調達する際、金利プラス二三％の保証料の支払いを求められるということだ。もはやサラ金生活者と変わりない。同日現在、CDSランキングワースト1がシャープ。破綻前のJALとほぼ同じ水準である〉（注10）。

〈町田氏には『オンリーワンは創意である』（文春新書）という著書もあるが、オンリーワン戦略が逆に破局を招いてしまった。

本誌記者は町田氏の自宅を訪ねたが、町田氏は二階の小窓から顔を出して記者の様子を窺《うかが》い、そのままピシャリと閉めてしまった。後日、シャープ広報を通して「現役が頑張っているので、発言を控えたい」と回答があったが、現役世代に対する責任は感じていないのだろうか？〉(同注10)

これに対して、片山幹雄は現役の経営者として健在だ。片山はシャープのフェロー（技術顧問）を2014年9月1日付で退任し、超小型モーターで世界最大手の日本電産の顧問に就任。10月1日から技術部門のトップとなり、最高技術責任者（CTO）を兼務。2015年6月、株主総会を経て代表権を持つ取締役副会長になった。創業者である永守重信《ながもりしげのぶ》会長兼社長兼最高経営責任者（CEO）にスカウトされ、華麗に転身したのだ。

片山の入社が呼び水になったかどうかは不明だが、日本電産に転じたシャープの技術者は100人を超えた。200〜300人になっているという人もいる。シャープの経営危機の際、政府系ファンドの産業革新機構との交渉にあたった前副社長の大西徹夫《おおにしてつお》は2016年6月、日本電産の副社長に就いた。シャープから優秀な技術者が日本電産に移るのは〝片山効果〟といわれている。

だが、古巣のシャープでの片山の評判は最悪。「会社を崩壊させたのに、その反省もない。いまでも経営者ヅラしているのは許せない」というのだ。

日本電産の永守は冷徹なワンマン経営者だ。片山の知識とノウハウを吸収し尽くせば、お役御免となるのではないかとの見方が多い。

鴻海傘下で復活、8Kに注力

台湾の鴻海精密工業の傘下に入って1年、業績はV字回復した。2017年4〜6月期連結決算の売上高は前年同期比19・6％増の5064億円、本業の儲けを示す営業利益は171億円の黒字（前年同期は25億円の赤字）、最終利益は144億円の黒字（同274億円の赤字）だった。4〜6月期としては7年ぶりの黒字、売り上げも3年ぶりに増加した。

2016年8月、親会社となった鴻海の販路を活用して、中国で液晶テレビの販売をはじめたが、これが順調だった。主力のディスプレイ事業では中国に加え、旧経営陣が手放した欧州のテレビブランドを取り戻し、再参入した効果も出た。車載用の液晶パネルも寄与し、同事業の売上高は同49・4％増と大幅に伸びた。

2018年3月期の売上高は前期比22・4％増の2兆5100億円、営業利益は44・1％増の900億円、最終利益は590億円の黒字（前期は248億円の赤字）と増収・増益を見込む。

成長の柱として期待するのが8K対応の液晶だ。8Kは現行の4Kの4倍の解像度を持つ。8Kの液晶パネルを生かした事業の2021年3月期の売上高は3000億円を計画している。

鴻海の郭台銘会長は2017年7月26日、ホワイトハウスでドナルド・トランプ米国大統領とともに、ウィスコンシン州で100億ドル（約1・1兆円）を投資し、液晶パネル工場を建設すると発表した。「鴻海とシャープは先進的な8Kのエコシステムの製造拠点を米国に移していく」と語った。鴻海とシャープは2017年春、中国・広州で大型パネル工場を着工しており、米国を含めて2兆円規模の投資をおこない、8K対応の液晶パネルの生産体制の構築を急ぐ。

8Kの液晶がシャープの目論見《もくろみ》どおり、次のテレビの主役になるかどうかはわからない。元社長の片山幹雄は「液晶の次も液晶」と語り、巨額投資に踏み込んだ。シャープは過剰投資が引き金になり経営危機におちいり、鴻海の軍門に下った苦い教訓を生かしているとはいえない。今回は液晶の進化を先取りした賭けに出た。

シャープは8月10日、鴻海の傘下に入った1年を機に記者会見を開いた。社長の戴正呉は、経営危機におちいっている中小型液晶パネルで世界首位のジャパンディスプレイ（ＪＤＩ）について、「シャープが主導するなら（建て直しに）自信がある」と語った。この発言は、事実上の経済産業省＝産業革新機構に対する勝利宣言である。

経産省＝革新機構は、シャープや東芝メモリの売却をめぐり、鴻海と激しく対立してきた。シャープは鴻海に軍配が上がったが、東芝メモリの入札では３兆円を提示したにもかかわらず、経産省から門前払いを喰らった。

鴻海の郭は17年6月22日の記者会見で、「安藤《あんどう》（久佳《ひさよし》・経済産業省商務情報政策局長、現在は中小企業庁長官）に妨害された」と名指しで激しく批判した。

ＪＤＩは２０１７年度末（18年3月）までに新しいスポンサーを決めるが、同社の救済をめぐり、経産省と鴻海は３度目の対決をすることになる。

ポイント▼会長・社長入り乱れた内紛で自滅

メーカーのトップの力量は、新工場の建設をいつ、どういうタイミングで決断するかで測ることができる。工場建設にゴーサインを出してから実際にその工場が稼働するのに、最低でも2年間のタイムラグがあるからだ。市場の動向を先読みして、ジャスト・イン・タイムで立ち上げるのは至難の業である。

シャープの二代目社長、佐伯旭は１９７０年に奈良県天理市にＬＳＩの新工場を建てた。当時の資本金は105億円だったが、新工場に75億円を投下した。この成功で佐伯はシャープの「中興の祖」と呼ばれた。

佐伯の娘婿で四代目社長の町田勝彦は、2004年に三重県亀山市に液晶パネルの生産からテレビの最終組み立てまでおこなう一貫工場をつくった。「世界の亀山モデル」として売り込み、シャープのテレビのシェアは急上昇。皮肉なことに、この成功体験が経営危機におちいるきっかけをつくった。

「液晶のプリンス」と呼ばれた五代目社長の片山幹雄は、大阪府堺市の液晶パネル工場を立ち上げる。片山はこの堺工場で社内の権力を一挙に固める腹づもりだった。設備投資額は4200億円。進出企業を含めた総投資額は1兆円にのぼった。身の丈に合わない過剰投資で、シャープは巨額赤字に転落した。

経営危機におちいると、お決まりどおり内紛が激化した。会長の町田勝彦と社長の片山幹雄が鋭く対立し、経営は迷走する。六代目、七代目の社長も無為無策に終わった。

内紛の果てにシャープは自滅。台湾の鴻海精密工業に飲み込まれてしまった。

注7、注10、注13　辻井喬『彷徨の季節の中で』（新潮社）
注9、注20　辻井喬『父の肖像』（新潮社）
注11　上林国雄『わが堤一族血の秘密』（文藝春秋1987年8月号）
注12　有森隆『創業家物語 世襲企業は不況に強い』（講談社＋α文庫）
注15　立石勝規『ダイヤモンド「腐蝕の連鎖」 政・官・業が集う「日本の密室」』（講談社）
注16　立石泰則『ふたつの西武　揺らぐ兄弟の王国』（日本経済新聞社）
注17　山口瞳『新東京百景』（新潮文庫）
注18　立石泰則『漂流する経営　堤清二とセゾングループ』（文藝春秋）
注19　有森隆『社長解任　権力抗争の内幕』（さくら舎）

■第8章　三光汽船

注1、注9、注11　日本経済新聞特別取材班『座礁　ドキュメント三光汽船』（日本経済新聞社）
注2　山口孝「栄光から転落へ―三光汽船倒産への軌跡―大きかった企業者精神の落とし穴」（エコノミスト1985年9月3日号）
注3、注5、注7　有森隆＋グループK『秘史「乗っ取り屋」 暗黒の経済戦争』（だいわ文庫）
注4、注6、注8　美里泰伸「児玉誉士夫戦後事件史（第四回） 原爆河本敏夫はなぜ敗れたか　ジ・ライン事件」（週刊文春1982年9月16日号）
注10　脇村義太郎「三光汽船の破綻が残した教訓―経営再建のキメ手は管財人」（エコノミスト1985年9月3日号）
注12　坪内寿夫、内藤国夫「私だけが知っている三光汽船倒産の内幕」（文藝春秋1985年11月号）

■第9章　シャープ

注1、注4、注6　川端寛「早川家vs佐伯家　シャープ　二つの創業家『百年年の恩讐』」（文藝春秋2015年7月号）
注2　寺山正一「フォーカスひと 町田勝彦氏（シャープ社長）テレビ革命宣言、もう1.5流企業とは言わせない」（日経ビジネス2001年2月26日号）
注3、注5、注7、注9　日本経済新聞社編『シャープ崩壊　名門企業を壊したのは誰か』（日本経済新聞出版社）
注8　町田勝彦、大下英治「トップの戦略(9)シャープ 町田勝彦　『オンリーワン』をめざす。」（潮2006年9月号）
注10　有森隆＋本誌取材班「瀕死のシャープ“液晶一本足打法”の責任者の再婚」（週刊文春2012年9月27日号）

■第5章　そごう

注1、注3、注5、注7、注15、注17　水島廣雄追想録出版委員会編『評伝水島廣雄　あとから来る旅人のために』（諏訪書房）

注2、注4、注6、注11、注16　江波戸哲夫『神様の墜落　〈そごうと興銀〉の失われた10年』（新潮社）

注8　注13　水島廣雄「特別手記　善悪は存知せざるなり」（新潮45　2001年9月号）

注9　斎藤貴男『そごう水島広雄（前会長）の大罪――副社長を自殺に追い込んだ“田舎百貨店”のドン』（文藝春秋2000年7月号）

注10　産経新聞取材班『ブランドはなぜ墜ちたか――雪印、そごう、三菱自動車事件の深層』（角川書店）

注12　竹森久朝『見えざる政府　児玉誉士夫とその黒の人脈』（白石書店）

注14　「王国はこうして作られた 虚飾のビジネスモデル。土地神話を過信したそごう転落の歴史」（週刊東洋経済2014年9月13日号）

■第6章　安宅産業

注1　松本清張『空の城』（文春文庫）

注2、注6、注8、注14　NHK取材班『ある総合商社の挫折』（日本放送出版協会）

注3、注5　横田俊也「安宅産業の悲劇―なぜ2兆円企業は崩壊したか（ドキュメント）」（エコノミスト1976年12月28日号）

注4、注7、注11、注13　日本経済新聞特別取材班『崩壊　ドキュメント・安宅産業』（日本経済新聞社）

注9　有森隆『日本企業モラルハザード史』（文春新書）

注10、注12　西川善文『ザ・ラストバンカー　西川善文回顧録』（講談社）

■第7章　セゾングループ

注1、注3、注8、注14、注21　児玉博「堤清二『最後の肉声』（前・中・後）」（文藝春秋2015年4月～6月号）

注2　「ライフ・清水信次会長『政財界交遊録』（下）」（週刊朝日2017年1月27日号）

注4　福本邦雄『表舞台裏舞台　福本邦雄回顧録』（講談社）

注5　渡邉恒雄（述）、伊藤隆、御厨貴、飯尾潤（インタビュー・構成）『渡邉恒雄回顧録』（中央公論新社）

注6　近藤洋太「辻井喬と堤清二⑶　反レッド・パージ/オルグ/新日文」（現代詩手帖2014年4月号）

注12　「メインバンク住友銀行と絶縁　成仏できない大昭和製紙・齊藤了英名誉会長の誰もほめない『蛮勇』」（週刊文春 1986 年 3 月 27 日号）
注14　「取締役会で三男社長を突如クビ　あまりのバカバカしさに『止め男』も出てこない大昭和製紙四兄弟の『大喧嘩』」（週刊文春 1985 年 5 月 16 日号）
注16　「企業研究シリーズ　大昭和製紙　目に余る『会社の私物化』」（選択 1991 年 5 月号）
注17　水野裕司「大昭和製紙、多難な『脱同族』　再建阻む超ワンマン経営 30 年のツケ　経営陣・支援企業の足並みにも乱れ」（日経ビジネス 1995 年 7 月 3 日号）
注18　「『一億円はプレゼント』　大昭和齊藤名誉会長のワンマン的金銭感覚」（週刊読売 1993 年 11 月 28 日号）

■第3章　佐世保重工業

注1　柴田錬三郎『大将』（集英社文庫）
注2、注4、注6　青山淳平「裸になった再建王　坪内寿夫の本懐」（正論 1998 年 10 月号）
注3、注5、注7、注10　島地勝彦「ゆかいな怪物伝(2)大悪党か、救世主か？　再建王の坪内寿夫（上・下）」（新潮45　2009 年 2 〜 3 月号）
注8　遠藤健「AJ 人国記―愛媛メディア・ウォーズ―坪内寿夫社長 vs. 白石春樹知事取材拒否事件で頂点に達した宿命の対決の行方」（朝日ジャーナル 1986 年 2 月 21 日号）
注9、注11　高杉良『小説　会社再建　「太陽を、つかむ男」』（集英社文庫）

■第4章　ミサワホーム

注1、注3　高木純二『ミサワホーム　三澤千代治にみる発想・戦略・経営』（ぱる出版）
注2　松崎隆司「三澤千代治氏（ミサワインターナショナル社長）『200 年住宅』で夢よ再び」（日経ビジネス 2008 年 2 月 11 日号）
注4　三澤千代治「山本幸男という男」（三澤ブログ 2007 年 8 月 7 日付）
注5　内田通夫「ミサワホーム　借金 5000 億円。連結債務超過説は本当か？」（週刊東洋経済 2000 年 6 月 17 日号）
注6　有森隆『社長解任　権力抗争の内幕』（さくら舎）
注7、注9　佐高信インタビュー「トヨタ自動車と UFJ が組んだミサワホーム乗っ取り劇に創業者の三澤千代治氏が激怒！『トヨタは“人殺し”で儲ける会社だ』」（週刊金曜日 2005 年 4 月 15 日号）
注8　阿部和義「トヨタホームとミサワホームの住宅問題の背景」（阿部事務所の HP に 2015 年 12 月から 27 回連載）

参考資料

■第1章　タカタ

注1　「『私財提供する気はないのか』タカタ総会、株主から怒号」（日本経済新聞2017年6月28日付朝刊）

注2　「『タカタ破綻』～最大の債権者はアメリカ合衆国の415億円～」（東京商工リサーチ「TSR情報全国版」2017年6月28日号）

注3、注6、注8　「『殺人エアバッグ』タカタはこれでも潰れないのか」（週刊現代2015年11月28日号）

注4　西川善文『ザ・ラストバンカー　西川善文回顧録』（講談社）

注5　「余録　太平洋戦争での日米両軍でよく比較されたのは…」（毎日新聞2017年6月27日付朝刊）

注7、注11　田中幾太郎「創業家エゴ剝き出しのタカタ『マザコン経営』の悪あがき」（ZAITEN2017年4月号）

注9　「これが『タカタ殺人エアバッグ』搭載の全車種だ」（週刊現代2014年12月13日号）

注10　野中大樹「『タカタ製エアバッグ問題』で姿の見えない自動車メーカー」（週刊金曜日2015年11月27日号）

注12　「エアバッグ　タカタ社長　5億円の大豪邸を新築していた!」（週刊文春2015年8月13・20日夏の特大号）

注13　「タカタの巨大リコール　『教訓』置き去り」（日本経済新聞電子版2017年5月22日付）

注14　「迫真　タカタ破綻（1）幻の解任動議」（日本経済新聞2017年7月11日付朝刊）

注15　「株は紙屑！　息子と骨肉の争いでも『タカタの女帝』は優雅な老後」（週刊新潮2017年8月17・24日夏季特大号）

■第2章　大昭和製紙

注1、注9、注15　「ゴッホ、ルノワールしめて250億円買い漁り　アンパン大好き老人、『大昭和製紙のドン』齊藤了英氏はおたく族」（週刊朝日1990年6月1日号）

注2、注4、注6、注8、注10　山本茂「『大昭和のマルコス』齊藤了英『私物化の論理』」（プレジデント1990年8月号）

注3、注11　『晩節を汚す　齊藤了英大昭和製紙前名誉会長　まだまだ俺がやらねば大昭和のドンの焦り』（Weekly AERA1993年12月27日号）

注5、注7、注13　立石泰則「齊藤了英の落日―企業を私物化したワンマン『ご乱心の果て』」（現代1991年11月号）

著者略歴

経済ジャーナリスト。早稲田大学文学部卒。三〇年間全国紙で経済記者を務めた。経済・産業界での豊富な人脈を生かし、経済事件などをテーマに精力的な取材・執筆活動を続けている。

著書には『日銀エリートの「挫折と転落」―木村剛「天、我に味方せず」』（講談社）、『経営者を格付けする』（草思社）、『世襲企業の興亡』『海外大型M&A 大失敗の内幕』『社長解任 権力抗争の内幕』『社長引責 破綻からV字回復の内幕』『住友銀行暗黒史』（以上、さくら舎）、『実録アングラマネー』（講談社+α新書）、『ネットバブル』『日本企業モラルハザード史』（以上、文春新書）、『創業家物語』（講談社+α文庫）、『強欲起業家』（静山社文庫）、『異端社長の流儀』（だいわ文庫）などがある。

巨大倒産《きょだいとうさん》
――「絶対《ぜったい》潰《つぶ》れない会社《かいしゃ》」を潰《つぶ》した社長《しゃちょう》たち

二〇一七年一〇月一一日　第一刷発行
二〇一七年一一月一五日　第四刷発行

著者　有森《ありもり》　隆《たかし》
発行者　古屋信吾
発行所　株式会社さくら舎　http://www.sakurasha.com
東京都千代田区富士見一-二-一一　〒一〇二-〇〇七一
電話　営業　〇三-五二一一-六五三三　FAX　〇三-五二一一-六四八一
編集　〇三-五二一一-六四八〇　振替　〇〇一九〇-八-四〇二〇六〇

装丁　石間　淳
写真　Alamy／アフロ
印刷・製本　中央精版印刷株式会社

ISBN978-4-86581-120-9